中 国 现 实 经 济 热 点

鞍山师范学院区域经济学学科资助

辽宁汽车产业集群竞争力研究

Study on Competitive Power of Liaoning Auto Industry Cluster

王福君 著

经济管理出版社
ECONOMY & MANAGEMENT PUBLISHING HOUSE

图书在版编目（CIP）数据

辽宁汽车产业集群竞争力研究/王福君著. —北京：
经济管理出版社，2011.7
ISBN 978-7-5096-1536-2

Ⅰ.①辽…　Ⅱ.①王…　Ⅲ.①汽车工业—产业经
济学—研究—辽宁省 ②汽车工业—市场竞争—竞争
力—研究—辽宁省　Ⅳ.①F426.471

中国版本图书馆 CIP 数据核字（2011）第 142742 号

出版发行：**经济管理出版社**
北京市海淀区北蜂窝 8 号中雅大厦 11 层
电话：(010)51915602　　　邮编：100038
印刷：北京银祥印刷厂　　　　　经销：新华书店

组稿编辑：刘　宏　　　　　　　责任编辑：刘　宏
责任印制：杨国强　　　　　　　责任校对：陈　颖

720mm×1000mm/16　　　14 印张　　　224 千字
2011 年 9 月第 1 版　　　2011 年 9 月第 1 次印刷

定价：38.00 元
书号：ISBN 978-7-5096-1536-2

前　言

随着我国汽车产业的高速发展，汽车产业在国民经济中的支柱地位日渐形成，汽车产业对其他产业和区域经济的拉动作用日益明显，中国汽车产量占世界汽车产量的比重不断上升，从 2007 年的 12.1%，上升到 2009 年的 22.6%。同时，受国际金融危机的冲击，2009 年国际汽车行业格局发生了重大调整，美国、欧洲、日本等几大传统汽车市场产销量大幅度下滑，而中国汽车产业在《汽车产业调整和振兴规划》等相关政策措施的支持下逆势上扬，2009 年汽车产销量均超过美国，跃居世界第一。在中国汽车产业飞速发展的同时，也应该清醒地看到当前中国汽车产业发展存在着核心技术缺失、自主创新能力不强，零部件质量和技术含量不高、品牌附加值低，产业集中度不高、专业化协作程度差，新能源汽车前行阻力大、汽车售后服务市场发展不足等问题。随着我国国际化和全球经济一体化进程的加速，提升我国汽车产业国际竞争力，增强核心技术创新，实现汽车产业结构升级已是一项非常急迫的任务。

产业集群是当今世界经济发展的主流模式之一，是促进区域经济发展和提高产业竞争力的一股强劲动力，是世界汽车工业发展的基本规律。目前，我国汽车产业已经基本形成长江三角洲、珠江三角洲、京津环渤海地区、东北地区、华中地区和西南地区六大汽车生产区域。辽宁省是东北地区经济最为发达的省份，汽车产业是辽宁省最重要的支柱产业之一。随着我国经济社会发展进入一个新的阶段，国民经济持续稳定发展，城乡居民收入稳定增长，消费结构升级步伐加快，汽车已经成为居民家庭的重要代步工具。同时，由于受资源环境约束和国际汽车工业转移的影响，国家不断加大新能源汽车的研发和推广，发达国家不断向低成本国家和地区转移汽车零部件生产、研发、设计、采购、销售等环节，这些为辽宁汽车工业提供了巨大的发展空间。如何利用国际和国内产业分工调整和加速转移的有利时机发展辽宁汽车产业集群，提升辽宁汽车产业的竞争力，已经成为辽宁省政府、汽车业界和学术界所普遍关注的问题。

辽宁的汽车工业起步较早，但其真正的发展却在新中国成立以后。新中国成立后，辽宁汽车工业的发展大体经历了相关产业建立、汽车工业开创、汽车工业大会战、汽车工业恢复整顿、汽车工业全面发展五个阶段，逐渐形成了以华晨金杯、曙光黄海和沈阳中顺三大集团为核心，包括沈阳、丹东两大整车生产基地以及沈阳—辽阳—营口—大连与沈阳—锦州—朝阳两条汽车长廊，以及沈阳、丹东、大连、朝阳、锦州五个汽车产业集群区域雏形。但辽宁汽车产业集群发展仍然存在着专业化协作不够、配套能力不强，规模不经济、龙头企业作用不突出，汽车产业价值链不完整、本地化的合作体系未建立、企业自主开发能力较差、中介组织发展不健全等问题。从SWOT角度来看，辽宁汽车产业集群发展优势、劣势、机遇和挑战并存，机遇大于挑战；从国内区域和省份两个角度来看，辽宁汽车产业的国内竞争力在全国居于中上游，经营规模和获利能力具有一定优势，但经济效益较差。

本书从保障辽宁汽车产业集群的良好发展和竞争力的提升角度，构建辽宁汽车产业集群竞争力保障体系，主要包括：辽宁汽车产业集群的市场服务体系建设；辽宁汽车产业集群的技术创新体系建设；完善辽宁汽车产业集群的政府支持体系；以高科技产业园区为载体，积极实施集群化战略；辽宁汽车产业集群的宏观环境建设。在此基础上，本书从政府和市场两个角度提出了辽宁汽车产业集群竞争力提升的对策和建议，主要有：加快汽车产业兼并重组步伐，做大做强汽车企业；多渠道支持关键零部件技术创新；加大新能源汽车研发和商业化支持力度；鼓励出口和海外并购，提高汽车产业国际贸易地位；以汽车电子产业自主化为突破口，提高汽车产业自主创新能力；加快汽车产业信息化步伐。

目 录

第一章 绪 论

第一节 研究背景

一、我国汽车产业在国际金融危机爆发后的发展现状

随着我国汽车产业的高速发展，汽车产业在国民经济中的支柱地位日渐形成，汽车产业对其他产业和区域经济的拉动作用日益明显，中国汽车产量占世界汽车产量的比重不断上升（见图1-1）。2007年中国汽车产量占世界汽车产量的比重为12.1%，销量占世界汽车销量的比重为12.2%，汽车工业总产值占全国工业总产值的比重为4.26%，占机械工业总产值的23.44%。2008年中国汽车产量占世界汽车产量的13.3%，销量占世界汽车销量的15.9%，汽车产销量均列世界第二位，汽车工业增加值达到4104.1亿元，占国内生产总值的比重为1.37%。受金融危机的冲击，2009年国际汽车行业格局发生了重大调整，美国、欧洲、日本等几大传统汽车市场产销量大幅度下滑，与2008年相比，日本汽车产量2009年同比下降31.54%，美国下降34.28%，德国下降13.88%。中国汽车产业在《汽车产业调整和振兴规划》等相关政策措施的支持下逆势上扬，2009年汽车产销量分别达到1379.1万辆和1364.5万辆，比2008年分别增长近48%和46%。其中乘用车产销量分别完成1038.4万辆和1033.1万辆，同比分别增长54%和53%；商用车产销量分别完成340.7万辆和331.4万辆，同比分别增长33%和28%。分车型来看，受购置税减半政策的刺激以及居民消费更趋理性的积极影响，1.6升及以下

小排量乘用车的销售量增长迅速，所占市场份额显著提高。2009 年 1.6 升及以下小排量乘用车的销售量为 719.6 万辆，比 2008 年增长 71%，占国内汽车市场的份额达到 53%，较 2008 年提高 84 个百分点，对汽车销售总量增长的贡献率为 71%。分区域来看，随着居民收入水平的不断提高以及汽车消费优惠政策的实施，在一线城市主力市场继续保持高速增长的同时，二、三线城市和农村市场的有效需求也得到释放。2009 年前三个季度北京、上海等一线城市的汽车销量增速为 34%，而二、三线城市市场则分别达到了 41% 和 51%，首次超过一线大城市。从国际占比来看，中国汽车产量占世界汽车产量的比重由 2008 年的 13.3%，上升到 2009 年的 22.6%，产销量均超过美国，跃居世界第一。

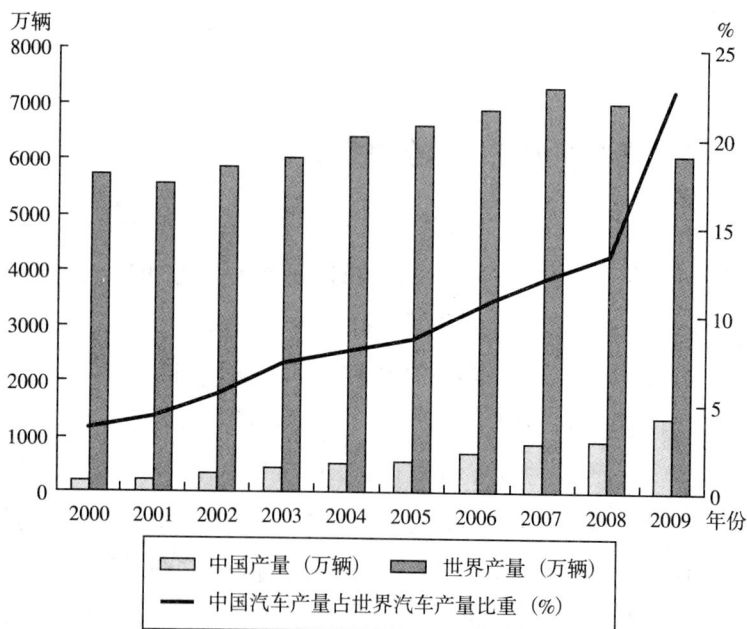

图 1-1　2000~2009 年中国汽车产量占世界汽车产量的比重

在中国汽车产业飞速发展的同时，也应该清醒地看到当前中国汽车产业发展存在的隐忧，我国汽车产业存在着核心技术缺失，自主创新能力不强，品牌附加值低，产业集中度不高，新能源汽车前行阻力大等问题。尽管中国汽车产业在全球范围内的竞争力有所提升，汽车产业规模经济显著提高，产业集中度进一步提升，产业创新能力有所增强，但大而不强的问题没有根本改变，汽车产业核心竞争力弱，劳动生产率低，零部件发展相对滞后。随着我国国际化和全球经济一体化进程的加速，提升我国汽车产业国际竞争力，增强核心技术创新，实现汽车产业结构升级已是一项非常急迫的任务。

影响和制约我国汽车产业发展的上述问题，主要是长期以来由于汽车产业的行业利润较高，产业关联性强，一直是地方经济的支柱。因此，在各自地方利益的驱使下，各个地方政府都争相上马汽车产业，造成企业小而全、集中度低，分散了我国有限的汽车资源，与当今世界汽车产业集群化的趋势相违背，严重阻碍了我国汽车产业竞争力的提高。从汽车产业发展的历史以及美国、日本等发达国家的经验来看，产业集群是汽车工业发展的战略动向和必然选择，其竞争力状况决定着一个国家或地区汽车产业的整体竞争力。汽车产业集群作为一种汽车产业发展的空间组织形式，对区域经济的发展和竞争力的提高起着重要的带动和推动作用。汽车产业集群的发展壮大是汽车产业适应经济全球化和竞争日益激烈的新趋势，为创造竞争优势而形成的一种产业空间组织形式，它具有强大的集群竞争力和集聚规模效益。目前，我国汽车产业已经基本形成长江三角洲、珠江三角洲、京津环渤海地区、东北地区、华中地区和西南地区六大汽车生产区。在全球汽车产业发展重心向中国转移的市场条件下，中国汽车产业内外环境和条件不断改善、汽车产业体系不断趋于完善、自主创新能力不断增强，中国已经具备成为汽车强国的条件。但如何把这种潜在的条件转变为现实的优势，实现我国汽车产业由大变强，关键在于抓住国际汽车产业格局变化带来的机遇，加快我国汽车产业的结构调整，促进汽车产业集群健康发展，从而提升汽车产业的国际竞争力，这已经成为了我国汽车业界、学术界以及各省市地方政府和各类战略研究机构所关注的前沿研究问题。

东北地区是中国汽车产业发展的六大生产基地之一，近年来，汽车产业发展很快，已经成为带动东北地区经济发展的龙头产业。辽宁省是东北地区经济最为发达的省份，汽车产业是辽宁省最重要的支柱产业之一。"十一五"期间辽宁省把产业集群作为促进汽车产业发展的有效组织形式，逐步打破企业"大而全、小而全"的生产组织结构，围绕汽车产业，按照企业主体、市场主导、政府推动，专业化、集中化、网络化、地域化发展的原则，重点培育专业化分工、社会化协作的汽车产业集群以及汽车零部件产业集群，使辽宁省汽车工业实现了更快、更好的发展。目前，我国经济社会发展已经进入一个新的阶段，国民经济持续稳定发展，城乡居民收入稳定增长，消费结构升级步伐加快，汽车已经成为居民家庭的重要代步工具。同时，由于受资源环境约束的影响，国家不断加大新能源汽车的研发和推广力度，这为汽车工业提供了巨大的发展空间。如何利用国际和国内产业分工调整和加速转移的有利时机发展辽宁汽车产业集群，提升辽宁汽车产业的竞争力，为辽宁经济发展提供强大的发展动力？面对深刻变化的国际国内形势，辽宁汽车产业发展如何定位？如何利用自身优势融入到东北地区和环渤海地区汽车产业集群之中？同时，传统汽车和新能源汽车的发展仍然面临着国际国内激烈竞争和资源环境压力加大的挑战。面对机遇和挑战并存、机遇大于挑战、有利因素大于不利因素的发展环境，我们必须认真研究辽宁汽车产业的发展，立足科学发展、着力自主创新、完善体制机制，牢牢抓住机遇，妥善应对各种挑战。

二、我国汽车产业发展面临的主要问题

2009 年在国际金融危机的影响下，我国汽车制造业对 GDP 增长的贡献率仍然超过了 10%。即使在通用、丰田等国际汽车巨头举步维艰、产量大幅度下降的时期，我国汽车产销量仍然迅速增长，汽车企业不断发展成长。一方面，通过产销规模的不断扩大带动了国内汽车企业自主创新能力建设；另一方面，国内汽车企业择机实施"走出去"战略，展开了一系列的海外并购和投资建厂，加快了国际化的步伐。在发展绿色经济、低碳经济和循环经济已经成为时代潮流的背景下，我国汽车行业在新能源汽车方面也取得了积极进展，新能源汽车初步具备产业化条件，技术研发和政策支持力度不断提高。为了提高汽车产业国际竞争力，在相关政策的推动下，2009 年我国汽车产业进行了大规模的兼并重组，使我国汽车销量前 10 名的企业集团共销售汽车 1189.33 万辆，占汽车销售总量的 87.17%，同比提高 4.3 个百分点，汽车产业集中度进一步提升，逐渐形成了长江三角洲、珠江三角洲、京津环渤海地区、东北地区、华中地区和西南地区六大汽车产业集群雏形。[①] 但我国汽车产业集群还处于集群办产业阶段，汽车产业集群还存在着不少问题，

① 胡安生，冯夏勇. 中国汽车产业集群发展雏形及评价（上）[J]. 上海汽车，2005（1）：2-4.

主要是：

1. 专业化协作程度差

我国汽车产业集群只是地域集中，而不是真正意义上的产业集群。汽车厂家普遍存在"大而全、小而全"的弊病，企业集团往往实行内部配套，使得整个交易处于集团内部，没有实现企业间的专业化分工协作。通用、丰田等国际汽车集团的零部件自制率只有 30% 左右，而我国汽车企业的自制率却高达 70%。例如，上汽集团拥有 43 家零部件企业，天汽集团拥有 52 家汽车零部件企业。另外，我国汽车产业整车制造企业与零部件制造企业之间的协作配套性差，配套体系不完善，大而强的配套企业少，很多整车制造企业的本地一次性配套率低，不得不拿到全国各地去做。例如，辽宁省零部件企业为金杯客车海狮轻型客车一次性配套率仅为 30% 左右，为原金通雪佛兰/开拓者配套率仅有 5%，为中华轿车配套率不到 30%，为华晨宝马配套更少。① 专业化协作程度差，导致中国汽车生产效率较低的问题日益突出，2008 年中国汽车劳动生产率仅为 31.68 辆/（人·年），不到汽车发达国家劳动生产率上限值的一半。

2. 集群创新能力较差

2009 年我国汽车产销量虽位居全球第一，但在整体自主创新以及核心技术掌握方面，与美国、日本等汽车强国还有很大差距。我国汽车企业大多以引进资金、技术、管理和车型为主，但这种模式过分依赖国外，导致绝大多数国产轿车零部件缺乏自主知识产权，技术含量高的关键零部件往往依靠进口或由合资、独资企业提供，发展主动权被牢牢掌握在别人手中，比如汽车空调、电动转向、电子制动、悬挂系统、发动机控制等电子技术零部件仍由外方独资企业或合资企业控制，而出口的汽车零部件往往局限在汽车轮胎、汽车玻璃等资源型和劳动密集型的低端产品。我国汽车产业的集群创新往往局限于部分地区和部分企业，大部分地区的行业性研发机构尚未建立，研发活动主要依赖大型整车制造企业和部分大型零部件企业，创新没有成为汽车行业中普遍性的行为，没有建立起统一的集群创新体制。

---

① 唐晓华等. 产业集群：辽宁经济增长的路径选择 [M]. 北京：经济管理出版社，2006：255.

3. 汽车售后服务市场发展不足

目前，国内汽车产业主要是欧美、日本等汽车发达国家的装配车间，汽车产业的核心技术研发和高端售后服务两头在外，主要从事劳动密集型的汽车制造环节，使汽车产业链中汽车制造环节对地方生产总值贡献最大，"重汽车制造、轻汽车服务"现象突出，各地方政府纷纷将较多的资源投向了汽车制造业，对发展汽车服务业不重视、投入少。主要表现在：一是汽车产业链上各主体联动不充分，除生产制造环节外，其他如汽车金融、生产性物流、汽车租赁、二手车交易、报废回收等高附加值、高技术含量的汽车服务业发展滞后，不能满足国内汽车制造业发展和汽车消费者的要求。二是我国二手车市场发展与国外发达国家相比仍有较大差距，交易量不足新车销量的1/3，与发达国家二手车交易量是新车销量 1~3.5 倍的比例相比，明显规模不足，水平偏低。三是汽车维修市场管理混乱，无证无照经营、夸大汽车故障、配件以次充好甚至使用假冒伪劣产品、以各种名目乱收费用、汽车维修技工水平参差不齐等汽车维修黑洞多，广大车主利益以及保险公司利益严重受损。四是重大事故车辆维修技术不高，标准不完善，主要表现为重大事故车辆修复的不合格比率高，事故车维修企业资质标准不完善，缺少车身修复竣工验收标准。

4. 汽车零部件质量和技术含量不高

我国汽车零部件行业发展存在着关键零部件少、产品附加值低、核心技术缺乏等问题，这是影响我国汽车产业竞争力的关键因素。近年来，中国出口汽车零部件主要是汽车轮胎、汽车玻璃、铸造件、冲压件、开关、发动机零件、紧固件、锻造件及车灯等劳动密集型、附加值低的低端产品，而进口的汽车零部件主要是变速箱、装有差速器的驱动桥、燃油喷射装置等技术含量高、附加值高的高端产品。在售后服务市场上，进口最多的产品是滤清器、车灯、刹车片、活塞、散热器、发电机、保险杠等，而一些关键零部件的更换往往由外资和港澳台企业提供。由于我国汽车零部件生产技术含量较低，因此产品在国际市场上常常以低价取胜，很容易遭到反倾销调查。目前，我国汽车零部件出口产品大部分还停留在维修市场，只有少数以低价进入全球汽车配套市场。

5. 新能源汽车研发、产业化和配套政策方面还存在问题

一是新能源汽车的市场能力培育和试点示范没有与自主创新能力的形成衔接起来，以应用带动创新效果不显著。由于产业化未准备好，以及地方保护等原因，一些项目蜕化成为进口关键技术（电池、电机、电控）组装新能源汽车，这与国家发展新能源汽车的战略目标相悖。二是动力电池等核心技术方面还需花大力气攻关，对动力电池研发和产业化的经费支持明显不足。三是产业发展引导和规范不足，尚需完善各种配套措施加以总体推进，其方式除了标准和准入政策等手段外，还需要关注重视不够、发展滞后的产业联盟方式。

三、集群化是汽车产业发展的必然途径

产业集群是当今世界经济发展的主流模式之一，是促进区域经济发展和提高产业竞争力的一股强劲动力，是世界汽车工业发展的基本规律。汽车最早诞生在德国，但汽车工业却在美国的底特律形成且发展壮大成为全球性产业。这一历史表明，汽车工业形成之初就是以产业集群为基础的，是通过产业集群形成的集群效应和集群竞争力来不断发展壮大的。目前，欧美、日本等世界主要汽车工业国家都形成了汽车产业集群。美国的汽车工业集中在"汽车城"底特律，这里拥有通用、福特和克莱斯勒三大汽车公司；日本汽车工业集中在"丰田城"、东京和横滨；德国汽车工业集中在沃尔夫斯堡和斯图加特；法国汽车工业集中在巴黎和比扬古；意大利汽车工业集中在都灵；韩国汽车工业集中在蔚山；等等。

汽车工业实行产业集群是汽车工业自身发展的内在要求。首先，汽车工业是典型的装配型制造业。每台汽车大约由 2.5 万个零部件装配而成，每个零部件都是一个生产环节。每个生产环节都涉及机械、电子、化工、材料等不同技术，生产技术和工艺复杂多样，这就要求汽车工业按照产业链实行高度的专业化分工和紧密的社会化协作。其次，汽车工业产业链长，前后关联效应明显，对相关产业的依赖性和带动作用非常强。汽车产业链包括上游的冶金、钢铁、橡胶、塑料、玻璃、电子、电器、石油、化工、机械、仪表等众多工业行业，下游的服务、贸易、金融、保险等配套产业，也包括投资、生产、采购、销售、研发等主要环节。也就是说，一个汽车产品的装配完成

需要产业链上众多企业提供的零部件配套产品，而支撑这样大的生产公司，起码需要150~250家的零部件供应商，这种大规模的配套协作生产只有实行产业集群才能实现整车和零部件企业同步开发，就近配套，协作生产。最后，消费者需求的改变。在目前供过于求的汽车消费市场上，消费者需求趋于个性化，车型更新速度加快，要求企业既要多品种生产，提供差异化产品，又要努力降低成本，实现盈利，这只有实行集群内的精益生产方式才能做到。同时，消费者对节能、环保、安全、便捷、娱乐和享受的追求，要求汽车企业的研发必须始终走在消费者需求的前沿，这种高研发投入的行业只有实行集群化的共性基础技术研发才能降低开发风险。

汽车工业实行产业集群有比其他产业组织形式更加明显的比较优势。首先，产业供应链长，集聚效应更加明显。汽车工业的产业供应链长，产业协作频繁，所涉及的行业数目众多，消耗上游冶金、钢铁、橡胶、塑料、玻璃、电子、电器、石油、化工、机械、仪表等众多行业的产品，需要冲压、车身、油漆、装配等众多工序的配合，企业之间的纵向关联很深，集聚效应非常明显。其次，关联效应强，集群的外部效益明显。汽车工业产值与相关产业的直接关联度是1:2，间接关联度则达到1:5，汽车产业对机械、冶金、电子、橡胶等行业具有很强的拉动作用，可以带动上下游产业的发展。经验数据显示，汽车工业每增值1元，可带动上游产业增值0.63元，下游产业增值2.65元；汽车工业每增加1个就业人员，可带动上下游产业增加10~15个就业人员。[①] 汽车实行产业集群发展的外部效应主要表现在：共享公共基础设施和公共基础技术资源；技术和管理方法可以在集群内部快速扩散；市场和销售网络的分享；可以通过共享整车制造企业的品牌，迅速扩大中小型零部件配套企业的市场竞争优势。最后，汽车工业的精益生产方式，需要灵活多变的集群组织。随着经济组织方式的演变和居民消费偏好的多样化，世界汽车产业也开始从原来的大规模标准化生产向着灵活多变、精益和多样化的柔性专业化方向发展。作为汽车工业发展的追赶型国家，日本创造了精益生产方式，这种灵活多变的生产模式要求各相关生产以及市场销售等环节的紧密结合和频繁交流，精益生产方式的有效实施也是以产业集群为基础的。

---

① 邱华祯. 福建汽车产业集群发展研究 [D]. 福州：福建师范大学硕士学位论文，2007：12.

　　汽车工业实行产业集群能显著地增强汽车企业的竞争力。首先，汽车产业集群能有效降低生产成本。汽车产业集群的大规模生产能够对生产要素进行综合利用，集群实行大批量集体采购，对产品进行大批量运输，能够降低购销成本。同时，产业集群可以实现集群内部管理系统高度专门化和信息化，提高管理水平和工作效率，降低管理成本。其次，汽车产业集群能有效降低交易成本。汽车产业集群的交易成本包括集群范围内企业内部和企业之间的交易成本。由于高度专业化，汽车企业的纵向一体化程度大大降低，组织结构更加简单和灵活，企业内部交易成本降低。同时，由于地域的集中和产业链上的分工协作，可以节省运输和库存成本，使企业之间更容易建立起长期的、稳定的互利合作关系，降低寻找合适的交易对象、签订合同、防范违约行为等方面的外部交易成本。另外，汽车产业集群内部所有零部件企业都形成了高度灵活的专业化生产协作网络，可以大大降低交易成本、信息成本、基础设施成本、与生产有关的配套产品的采购运输成本以及人力资源所耗成本等。再次，汽车产业集群有利于技术创新与扩散。汽车产业集群内部高度灵活的专业化生产协作网络，使企业间的人员交流和信息沟通频繁，新思想、新经验、新技术、新产品可以迅速地传播扩散到集群内部各个配套企业。同时，为了共性基础技术和应对多变的市场需求，集群内部各个零部件企业往往要实现产业链上的一体化创新，以方便整车的装配。最后，汽车产业集群有助于提高企业核心竞争力。产业集群的高度专业化使汽车零部件企业专精于某一方面零部件的生产，集中资源专注于某一种零部件的研发，有利于提高零部件质量，提高协作化水平。汽车产业集群效率的提高和实力的增强，又能吸引更多的整车制造企业和零部件制造企业加入该集群，形成良性循环。同时，还可以利用集群的优势在汽车的生产和销售过程中实行产品差异化战略，满足消费者对汽车产品的个性化需求，以获取较强的市场竞争优势。这一切表明，产业集群是培育和提升汽车产业竞争力的重要途径，汽车产业的发展必须以产业集群为基础。

第二节　国内外研究现状

由于汽车产业规模经济效益明显、关联产业多、配套环节多和产业链长，对国民经济发展和区域经济增长具有十分重要的作用，同时，美、日、德等发达国家的汽车产业都是通过产业集群的方式来加快发展的，因此各个国家学术界与产业界对汽车产业集群竞争力研究非常重视。

一、国外研究现状

美国、日本、德国等汽车产业比较发达的国家关于汽车产业集群的理论书籍和著作很多，如有关汽车流水线、精益生产、柔性生产等方面的很多理论已经在汽车产业集群中实施。在国外第一个系统研究产业集群现象的经济学家是马歇尔，他曾把经济规模分为外部规模经济和内在规模经济，认为产业集群是由外部规模经济所致。他认为生产和销售同类产品的企业或存在产业关联的上中下游企业集中于特定的地方，易于使用专门人才、专门机构、原材料并因此产生很高的效率，而这种效率是处于分散状态下的企业所不能达到的。[①] 产业集群是基于外部规模经济而形成的，具有产业组织效率。与马歇尔的规模经济理论不同，韦伯从工业区位理论的角度阐释了产业集群现象，最早提出聚集经济的概念。他认为产业集聚有利于道路、煤气、自来水等基础设施的建设和共享，可以减少经常性开支成本，促进产业集聚，[②] 从而能够提高产业集群竞争力。

把产业集群竞争力研究推向新的高峰的是迈克尔·波特，他认为产业集群的核心内容是其竞争力的形成和竞争优势的发挥，在《国家竞争优势》一书中提出了国家竞争优势的"钻石模型"。"钻石模型"的构架主要由四个基

[①] ［英］阿弗里德·马歇尔. 经济学原理（上册）[M]. 廉运杰译. 北京：华夏出版社，2005：324–331.

[②] ［德］阿尔弗雷德·韦伯. 工业区位论（中译本）[M]. 李刚剑，陈志人，张英保译. 北京：商务印书馆，1997：117–120.

本的因素（要素条件；需求条件；相关及支撑产业；企业的战略、结构与竞争）和两个附加要素（机会和政府）组成的一个动态的系统，只有在每一个要素都积极参与的条件下，才能促进企业投资和创新，而地理集中是必要条件，能够将四个基本要素整合成一个相互作用的整体，从而形成产业国家竞争优势。[①]迈克尔·波特后来提出的五力分析模型进一步阐释了产业竞争力的来源。他认为一个产业中存在着五种基本的竞争力量，即潜在的行业新进入者、替代品的竞争、买方讨价还价的能力、供应商讨价还价的能力以及行业内竞争者现在的竞争能力。这五种力量的状况及综合强度，决定着行业的竞争力。约翰·A.卡瑞卡在1988年使用1970~1975年加拿大制造业的数据，以相对国际竞争力指数作为自变量，以原材料密集度、资本密集度、劳动密集度、人力资本密集度、技术密集度（工程师所占的比重）、规模效应、单位产出成本等为因变量，对比较优势理论、资源禀赋理论和其他竞争力来源理论进行了验证，发现产业国际竞争力与原材料密集度（资源富裕度）、劳动密集度有正相关关系，但与资本密集度、技术密集度和人力资源成本的关系不明显或负相关，与规模效应负相关。[②]Luehrman在1991年实证研究了1978~1987年汇率变动与汽车制造业和钢铁产业的价值再分配的关系，研究表明企业并不能从本国货币贬值而获得竞争方面的利益，相反，本国货币贬值与两个产业的大部分企业在产业价值链份额的大量减少相关。[③]Carlos在1997年利用对欧盟和其成员国经济的一般均衡计量经济学模型模拟预测了2015年政府的一些旨在保护环境而不损害竞争力和经济增长的汽车产业环保政策的效果，结果显示那些鼓励汽车企业从事基于环境友好的R&D活动、技术创新和扩散的政策不仅能刺激企业避免损害环境，而且能保持他们在市场上的竞争力，对经济增长也有促进作用。[④]Sumila Gulyani从交通运输的角

[①]［美］迈克尔·波特. 国家竞争优势［M］. 李明轩，邱如美译. 北京：中信出版社，2007：70-116.

[②]杨旭. 中国汽车产业国际竞争力及贸易战略研究［D］. 北京：首都经济贸易大学硕士学位论文，2007：3.

[③]Luehrman, Timothy A. Exchange Rate Changes and the Distribution of Industry Value［J］. Journal of International Business Studies，1991.

[④]Geoffrey S. Kirkman, Carlos A. Osorio and Jeffrey D. Sachs. The Networked Readiness Index：Measuring the Preparedness of Nations for the Networked World. Center for International Development（CID）at Harvard University，2002.

度对印度汽车产业作了相关的研究，结果表明，比较脆弱的交通运输状况和供应链的不经济、不可靠等问题都影响着汽车产业的积聚。[①] 内生的汽车产业集群技术特征是汽车产业集群形成的动力，Granster 的研究表明，虽然从技术和经济上说，并非所有的技术组合都可行，但总体上可用于结合的技术呈指数增长。[②] 德瑞杰尔（A.Drejer）认为技术对企业组织和战略的未来具有决定性作用，技术进步降低了企业内部纵向一体化生产的优势，使产业集群成为可能。[③]

二、国内研究现状

在借鉴国外学者对汽车产业竞争力研究成果的基础上，中国学者也开始了对汽车产业竞争力的研究和探索。这种研究无论在数量还是在质量上都有质的飞跃，主要表现在研究成果的数量趋于不断增长，研究的视角和领域不断趋于多样化。

周红梅等在分析汽车工业行业特点、发展现状和若干影响竞争力不利因素的基础上，从集群学习、社会资本和外部经济三个方面论述了产业集群战略培育汽车工业竞争力的机理。[④] 黄水灵则在介绍全球汽车产业集群概况和我国汽车产业地域分布格局的基础上，从专业化、资源集聚效应、降低汽车成本、集群学习和创新、提高品牌效应、培育分工协作的竞争机制等角度论述了产业集群可以提高我国汽车产业的竞争力。同时也列举了我国汽车产业集群存在着生产的地域集中而不是集群、地区间封锁和政府主导型投资行为严重、"大而全、小而全"普遍、生产集中度不高、规模不经济、相关产业发展滞后等问题，并提出了建立汽车产业集群应充分发挥政府作用、发展汽车行业协会和中介组织、引进和发展关键性企业、整合汽车产业链、实行专

① Sumila Gulyani. Effects of Poor Transportation on Lean Production and Industrial Clustering: Evidence from the Indian Auto Industry [J]. World Development, 2001, 29 (7): 1157-1177.

②O. Granster, et al. External technology acquisition in large multi-technology corporations [C]. R&D Management, 1992, 22 (2):118.

③Drejer. The discipline of management of technology, based on considerations related to technology [C]. Technovation, 17 (5), 1997: 253-265.

④ 周红梅, 何苇杭, 魏双盈. 产业集群与汽车工业的区域竞争优势[J]. 武汉理工大学学报（社会科学版）, 2004 (10): 614-617.

业化分工协作等措施。① 李元从技术创新这一新的视角展开对产业国际竞争力的分析和研究。从技术创新角度分析影响产业国际竞争力的因素，并从技术创新的投入能力、R&D 能力、技术创新产出能力等方面，建立评价产业国际竞争力的指标体系。② 朱小娟运用综合评价法和标杆法，从环境竞争力、显示性竞争力、企业竞争力和产品竞争力四个方面对汽车产业国际竞争力状况进行了初步的评价，认为我国汽车产业的综合竞争力明显弱于美、日、德、韩四国，提高我国汽车产业的综合竞争力首先应从企业和产品竞争力两方面入手。③ 张丽莉从我国汽车产业集群发展存在汽车企业规模小、汽车产业分散、自主开发能力弱、零部件发展滞后等现状出发，分析丰田汽车产业集群发展成功的经验，归纳出其集群发展成功的三大关键要素，即核心企业成长壮大、紧密的企业网络联系、良好的社会文化氛围以及面临的危机和挑战，并总结出对我国汽车产业集群发展的启示。④ 王彦森分析了汽车产业集群具有竞争优势和技术创新优势，分析了发展中国汽车企业集群的可行性，认为汽车产业集群形成与发展的成功关键因素至少有四项：一是具有良好的机械制造业与相关产业基础；二是存在较大的汽车市场需求，最好存在大量挑剔的汽车消费者；三是拥有一批充满活力和具有较强竞争意识与创新精神的企业家；四是具备一些优质的不可移动的生产要素，能够吸引其他可引动的生产要素落户本地。⑤ 陈伟、刘秋等指出，我国汽车产业有相当大的发展潜力，而技术的改造与升级是提高产业竞争力的一个重要途径。国内企业应采用联合开发的模式，共担风险，共获收益，这样才能更有效地节约成本，缩短开发周期，提高行业标准以使其达到国际水平。只有加强宏观政策的调整，开放汽车消费市场，加强技术引进和吸收，建立完整营销体系，树立民族品牌，才能真正提升我国汽车产业竞争力。⑥ 王宁、黄立平等指出，提升汽车产业竞争力的关键在于"第三利润源"——物流中的供应链管理。供应

① 黄水灵. 产业集群与我国汽车产业 [J]. 北京汽车，2004 (3)：29–32.
② 李元. 产业国际竞争力的模糊综合评判模型探析 [J]. 工业技术经济，2002，124 (6)：80–81.
③ 朱小娟. 产业竞争力研究的理论、方法和应用 [D]. 北京：首都经济贸易大学博士学位论文，2004：112–208.
④ 张丽莉. 丰田汽车产业集群的发展及启示 [J]. 汽车工业研究，2005(3)：2–7.
⑤ 王彦森. 中国汽车产业集群化发展的可行性研究[J]. 上海汽车，2004 (7)：6–7.
⑥ 陈伟，刘秋，刘冬. 我国汽车产业国际竞争力分析与研究 [J]. 商业研究，2005，321 (13)：92–94.

链物流协同管理要求核心企业对整个供应链流程进行整合，通过物流的功能整合、过程整合和资源整合来全面整合产业供应链，才能敏捷地应对市场竞争和客户需求的变化。相对于产业集群理论对产业竞争力的外部推动，供应链协同战略对汽车产业集群竞争力具有内生性的提升作用。①杨莹、张莉提出，提升汽车产业国际竞争力的最有效途径是打造自主品牌。品牌是不同企业产品相互区别的标志，也是企业无形资产的重要组成部分，品牌的价值是由市场对该品牌的认可和接受程度来衡量的。在汽车行业，自主知识产权是打造企业自主品牌的前提，通过自主知识产权可以提升品牌价值，进而提升整个汽车产业的竞争力。②颜炳祥、王立新从开放的市场、FDI效应及国际化的经营策略三个方面入手，分析经济与市场全球化的趋势对汽车产业集群竞争力的影响：整合和重构汽车产业的价值链；通过嵌入全球性的价值链体系，从中搜寻、捕捉、创造新的价值；实施FDI战略，促进技术溢出效应，完善产业布局，形成国际化的集群网络体系，提高集群网络的创新能力；通过全球化经营理念的贯彻与实施，克服汽车产业集群固有的刚性，推动集群生命周期的更替；国际化的市场策略可以扩大集群内产品的市场空间，扩大集群生产要素的来源渠道。③朱杰、李溥从产业集群理论出发，提出了我国汽车产业集群发展要构建管理创新平台、技术创新平台和品牌创新平台的发展战略。④

从区域角度研究区域汽车产业集群竞争力主要都采取实证分析法，并提出了相应的发展对策和启示。邓恢华、杨建梅、⑤吴璇、⑥侯春峰⑦等探讨了广州汽车产业集群竞争力的提升途径、模式选择与动因，提出了用集群品牌

① 王宁，黄立平，袁胜军. 基于价值链的汽车产业供应链协同管理分析 [J]. 工业工程，2006，9 (6)：28-34.

② 杨莹，张莉. 汽车产业自主知识产权与自主品牌 [J]. 科学学与科学技术管理，2007 (2)：175-176.

③ 颜炳祥，王立新. 全球化背景下的我国汽车产业集群竞争力研究 [J]. 科技进步与对策，2007，24 (9)：170.

④ 朱杰，李溥. 我国汽车产业集群创新平台的构建 [J]. 科技进步与对策，2008，25 (8)：89-92.

⑤ 邓恢华，杨建梅. 从集群品牌视角探讨广州汽车产业集群竞争力的提升 [J]. 南方经济，2005 (9)：59-61.

⑥ 吴璇. 广州汽车产业集群发展的影响因素分析 [D]. 广州：广东外语外贸大学硕士学位论文，2009：10-44.

⑦ 侯春峰. 国际汽车产业集群的发展模式与广州汽车产业集群模式选择 [D]. 广州：暨南大学硕士学位论文，2005：33-62.

来促进广州汽车产业集群竞争力提升的观点和打造广州汽车产业集群品牌的建议。雷鹏从产业实力、产业积聚、产业链、空间布局与分工等方面分析了北京汽车产业集群的发展现状、特征以及存在的主要问题，并在此基础上提出了促进北京汽车产业集群进一步发展的重要举措。[①] 安徽汽车产业发展迅速，被业界誉为中国汽车业的"安徽现象"。贾凯军对安徽汽车零部件产业发展进行 SWOT 分析，一方面对"安徽现象"作出一定解释，另一方面通过对安徽汽车零部件产业发展的盘点，对如何进一步促进其发展提出针对性对策。[②] 湖北是我国三大汽车产业集团之一东风集团的所在地，何玉芹根据湖北汽车产业集群的发展现状，采用产业集中度法和区位商法对湖北省汽车产业集群集聚度进行测算，并提出了湖北省汽车产业集群的发展对策。[③] 周敏通过分析湖南汽车工业现状和发展环境，总结现行的技术创新模式，并结合当前主要的汽车工业技术创新模式比较分析，提出适合湖南发展需要的汽车工业技术创新模式：以技术引进为基础，以模仿创新为主要形式，模仿创新是湖南汽车工业的现实选择；以自主创新为追求目标；在组织方式上尝试整合行业内部资源，企业、政府、科研机构和高等院校多方参与的合作型创新模式。[④] 佟岩[⑤]和王翰钊、题正义、张子瑛[⑥]等都运用 GEM 模型量化分析工具，对沈阳市及辽宁省的汽车产业集群竞争力进行了综合分析，并指出了制约辽宁汽车产业集群进一步发展的瓶颈因素。

---

① 雷鹏. 谈北京汽车产业集群的发展 [J]. 兰州学刊，2005（2）：95-97.

② 贾凯军. 安徽汽车零部件产业发展的 SWOT 分析 [J]. 合肥工业大学学报（社会科学版），2008，22（2）：28-31.

③ 何玉芹. 湖北汽车产业集群的效应研究 [D]. 武汉：武汉理工大学硕士学位论文，2009：20-59.

④ 周敏. 湖南汽车工业技术创新模式分析[J]. 湖南商学院学报，2009，16（2）：54-58.

⑤ 佟岩. 产业集群竞争力的实证分析——以沈阳市汽车产业集群为例 [J]. 辽宁大学学报（哲学社会科学版），2007，35（3）：6-11.

⑥ 王翰钊，题正义，张子瑛. 产业集群竞争力分析——以辽宁汽车产业集群为例 [J]. 科技与产业，2008（12）：4-6.

第三节　问题的提出和研究意义

一、问题的提出

汽车产业是规模经济效益明显、关联产业多、配套环节多和产业链长的支柱产业，实施产业集群战略是汽车产业发展的必然选择。目前我国除宁夏、青海、西藏和贵州等七个省（自治区）没有汽车整车制造业外，其他各省、市、自治区都有汽车制造业，而且广东、吉林、上海、辽宁等17个省、市、自治区都把汽车制造业作为了地区支柱产业，并在《汽车产业调整和振兴规划》的指导下，利用全球汽车动力技术革命的机遇，已经相继采取措施积极推动本省汽车产业集群的形成与发展，并在实践中取得了一定的成功，促进和带动了区域经济的增长。实践的发展需要理论研究的及时跟进和正确指导，而且汽车产业特别是新能源汽车的研发和产业化已经被各国政府提到国家战略的高度。汽车产业的重要性已经引起了各国政府的高度重视，以美国、日本和德国为代表的发达国家政府大力发展自主性汽车产业，积极支持和推动汽车企业及相关科研机构发展新能源汽车，将发展新能源汽车作为振兴汽车产业进而带动经济复苏的重要突破口。在我国，汽车"量"的赶超并没有带来"质"的飞跃，核心技术缺失、自主创新能力不强、品牌附加值低、产业集中度不高、零部件生产技术含量低等问题依然存在，这些问题已经严重制约了中国从汽车大国向汽车强国的转变。促进中国汽车产业做大做强的必然选择是汽车产业集群化，汽车产业集群发展及其重要作用已经引起了学术界的普遍关注，并成为经济地理学、经济学、管理学以及业内研究的热点问题之一。中国汽车产业以主导企业为核心的汽车产业集群已经初步形成，汽车产业链较为完整，但产业链上的协作和分工生产还有待开发，集群专业化分工特征不明显，自主创新能力还有待于提高。这些问题如不及时解决，我国的自主性汽车产业就永远不可能快速崛起，在全球范围内的汽车产业格局中将永远是发达国家汽车产业的装配车间，在世界汽车产业竞争中将永远处于劣势。因此，需要加强对汽车产业集群竞争力的研究，为中国汽车产业的发展壮大提供理论支撑。本书通过对辽宁汽车产业集群的剖析，研究了汽车产业集群竞争力理论，并对辽宁汽车产业集群的发展现状及辽宁汽车产业集群的竞争力进行了实证分析，在此基础上探讨了辽宁汽车产业集群竞争力保障体系并提出了提升辽宁汽车产业集群竞争力的对策建议。

二、研究意义

研究辽宁汽车产业集群竞争力，对推动辽宁汽车产业集群的发展壮大，提高辽宁汽车产业集群竞争力具有十分重要的理论与现实意义。

首先，产业集群是汽车产业发展的必然选择，也是提升汽车产业竞争力的有效手段之一。在全球汽车产业格局发生深刻变化的条件下，研究汽车产业集群竞争力以解决辽宁省汽车产业发展所面临的实际问题，具有十分重要的现实意义，可以丰富和发展产业集群竞争力理论体系。

其次，集群化发展是培育与提升辽宁汽车产业国际竞争力的重要途径。开展对汽车产业集群竞争力理论、辽宁汽车产业集群的发展现状和辽宁汽车产业集群竞争力的实证分析，对于辽宁汽车产业实现自主创新、自主品牌的实质性突破，提升辽宁汽车产业在国内和国际上的竞争力水平具有重要的现实意义。

再次，适逢世界汽车产业进入动力系统转换的时代，在不放松对传统汽车技术追赶的同时，适时研究新能源汽车的发展，对其技术研发和产业化进行研究，揭示了中国以及辽宁新能源汽车发展所具有的相对比较优势，为新能源汽车尽快形成商业化竞争能力提供理论依据。

最后，本书虽然以辽宁汽车产业集群发展为例，来研究辽宁汽车产业集群发展现状和产业竞争力情况，并提出辽宁汽车产业集群竞争力保障体系以及提升辽宁汽车产业集群竞争力对策，但其结论却具有一定的产业普遍性和指导意义，可以为我国其他区域汽车产业集群发展提供参考和借鉴。

第四节 研究的思路和方法

一、研究思路与结构安排

本书综合运用产业集群和产业竞争力的基本理论，采取规范分析和实证分析相结合的方法，系统、全面、深入地探讨了汽车产业集群竞争力理论、辽宁汽车产业集群发展现状和竞争力情况、辽宁汽车产业集群竞争力保障体系和辽宁汽车产业集群竞争力提升对策。在理论研究中，广泛查阅了国内、国外相关领域的文献资料，对产业集群和产业竞争力的基础理论进行了较系统的梳理。在实证分析中，从纵向和横向两个视角分析了辽宁汽车产业集群的发展现状，并且从区域和省份两个层次分析了辽宁汽车产业集群竞争力情况。最后，采取理论和实际相结合的方法，构建了辽宁汽车产业集群竞争力的保障体系和提出了辽宁汽车产业集群竞争力的提升对策。具体结构安排如图1-2所示。

二、主要研究方法

本书主要采用定性分析与定量分析，理论分析与实证分析，横向比较与纵向梳理相结合的方法。

1. 定性分析与定量分析

概念的界定、理论的阐述等主要采取文献研究法和比较研究法等定性分析方法，而辽宁汽车产业的国内竞争力分析是采取定量分析方法。

2. 理论分析与实证分析

产业集群理论、竞争力理论以及汽车产业集群竞争力理论等都是理论分析。在理论分析的基础上进行实证分析，探讨了辽宁汽车产业集群发展的现状、辽宁汽车产业集群竞争力情况。在理论和实证的基础上，本书构建了辽宁汽车产业集群竞争力保障体系和提出了辽宁汽车产业集群竞争力的提升对策。

```
┌─────────────┐
│    绪论      │
└─────────────┘
        │
        ▼
┌─────────────────────┐
│  产业集群竞争力理论    │
└─────────────────────┘
     │           │
     ▼           ▼
┌──────────┐  ┌──────────┐
│辽宁汽车产业 │  │辽宁汽车产业 │
│集群发展现状 │  │集群竞争力情况│
└──────────┘  └──────────┘
     │           │
     ▼           ▼
┌─────────────────────────────┐
│  辽宁汽车产业集群竞争力保障体系构建  │
└─────────────────────────────┘
              │
              ▼
┌─────────────────────────────┐
│   辽宁汽车产业集群竞争力提升对策    │
└─────────────────────────────┘
              │
              ▼
┌─────────┐  ┌─────────┐  ┌─────────┐
│论文创新点 │◄─│结论与展望 │─►│存在的不足 │
└─────────┘  └─────────┘  └─────────┘
```

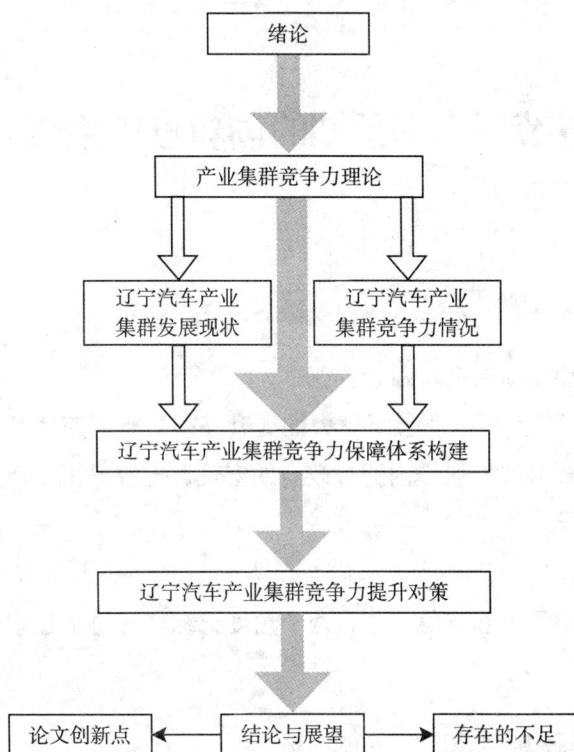

图1-2 本书的研究结构安排

3. 横向比较与纵向梳理

辽宁汽车产业集群发展状况、辽宁汽车产业国内竞争力分析等都是采取国内横向比较分析，而中国汽车产业国际竞争力分析则是采取国际横向比较分析。本书中的横向比较不是仅仅局限在某一个时点上，而是从比较优势演化的角度，来分析中国以及辽宁汽车产业集群竞争力的变化。本书还以时间演进为视角，纵向梳理了辽宁汽车产业集群的发展脉络。

第五节　本书预期的创新点、主要内容

一、本书的创新点

本书的可能创新之处有两点:

(1)阐明了汽车产业集群竞争力的提升必须具有保障体系,这为汽车产业集群竞争力提升以及区域内通过政府的宏观调控提升汽车产业集群竞争力提供了理论指导。

(2)在进行辽宁汽车产业国内竞争力分析时,采取了双重集成评价方法,即从区域竞争力和省份竞争力两个角度,综合评价了辽宁汽车产业集群国内竞争力。

二、主要研究内容

根据本书研究的总体逻辑思路及结构安排,全书共分为七章,每章研究的主要内容如下:

第一章是绪论。首先,介绍了本书的研究背景,分析了我国汽车产业在国际金融危机爆发后的发展现状和面临的主要问题,提出产业集群化是汽车产业发展的必然途径。其次,阐述了国内外汽车产业竞争力研究现状,提出了需要研究解决的问题和研究意义。最后,阐述本书的研究思路与结构安排、主要研究方法、本书可能的创新点和主要研究内容。

第二章是汽车产业集群竞争力理论综述。首先,介绍了产业集群和产业竞争力的基本理论,这是产业集群竞争力理论的基础。一是对产业集群的内涵和形成机制进行分析,总结出产业集群的形成机制主要有市场创造型、政府引导型和混合型三种形成机制。二是阐述了产业竞争力的内涵和理论基础,在介绍产业竞争力内涵的基础上分析了产业竞争力的理论基础比较优势理论和竞争优势理论以及二者之间的关系。其次,在查阅资料的基础上,对产业集群竞争力理论进行综述,主要有马歇尔的外部规模经济理论、韦伯的集群因素理论、佩鲁的增长极理论、克鲁格曼的新经济地理学理论和迈克尔·波特的新竞争优势理论，并论述了汽车产业集群具有外部经济效应、集群发展阶段高级化、产业组织结构优化、技术结构升级、空间结构合理化和成员企业协同发展六种效应。最后，从汽车产业国际竞争力和汽车产业国内区域竞争力两个角度，阐述了汽车产业集群竞争力的评价方法。这一章是本书的基础理论部分，为后续的研究打下坚实的理论基础。

第三章是辽宁汽车产业集群的发展现状分析。在本章实证分析中，运用了本书前面提出的一系列理论和分析框架。首先，从区域层面分析了辽宁汽车产业集群发展概况。对辽宁汽车产业发展进行了纵向梳理和横向的发展概况分析，并总结出了辽宁汽车产业集群的特征和发展中存在的问题。其次，为了更加深入、全面地了解辽宁汽车产业集群的现状，本书利用 SWOT 分析法，对辽宁汽车产业集群发展的优势、劣势、机遇和挑战进行了详细分析。

第四章是辽宁汽车产业集群竞争力的实证分析。首先，进行了中国汽车产业的国际竞争力对比分析，把中国汽车产业与日本、德国进行产业环境竞争力、产业组织竞争力、产业创新竞争力和国际绩效竞争力比较分析，说明中国只是一个汽车大国，而不是一个汽车强国。其次，分析了辽宁汽车产业的国内竞争力。从国内区域和省份两个角度评价了辽宁汽车产业集群和汽车产业的国内竞争力，结果显示辽宁汽车产业竞争力在全国居于中上游，经营规模和获利能力具有一定优势，但经济效益较差。本章是在第三章辽宁汽车产业集群发展现状基础上进行的更加深入的分析。

第五章是辽宁汽车产业集群竞争力保障体系的构建。健全的保障体系是提升汽车产业集群竞争力和整体效率的可靠保证。本书从保障辽宁汽车产业集群的良好发展和竞争力的提升角度，构建辽宁汽车产业集群竞争力保障体系，主要包括辽宁汽车产业集群的市场服务体系建设；辽宁汽车产业集群的技术创新体系建设；以高科技产业园区为载体，积极实施集群化战略；完善辽宁汽车产业集群的政府支持体系；辽宁汽车产业集群的宏观环境建设。

第六章是提升辽宁汽车产业集群竞争力的对策建议。汽车产业是国家的战略性产业，本章从政府和市场两个角度提出了辽宁汽车产业集群竞争力提升的对策建议，主要有加快汽车产业兼并重组步伐，做大做强汽车企业；多渠道支持关键零部件技术创新；加大新能源汽车研发和商业化支持力度；鼓励出口和海外并购，提高汽车产业国际贸易地位；以汽车电子产业自主化为突破口，提高汽车产业自主创新能力；加快汽车产业信息化步伐。

第七章是结论与展望。总结本书研究的基本结论，并指出本书存在的不足之处和需要进一步研究的问题。

第二章 汽车产业集群竞争力理论综述

第一节 产业集群的内涵和形成机制

一、产业集群的内涵

"集群"概念源于生态学，原意是指以共生关系生活在同一栖息场所中的生物族群。集群作为一种经济现象最早出现在西方国家的制造业中，因此西方国家对产业集群的研究比较早。由于各学者对产业集群研究的视角不同，在各自的定义中，其内涵、着眼点也不尽相同。亚当·斯密在《国富论》一书中虽未给出产业集群的明确概念，却首先提到了集群一词。他写道："工人所穿的粗劣呢绒上衣和牧羊剪毛所用的剪刀这两种产品，是由家庭作坊和手工业工场为基本单位的小企业集群联合劳动完成的。"① 后来很多学者都认为亚当·斯密从分工的角度，认为产业集群是由一群具有分工性质的企业以完成某种产品的生产联合为目的而结成的群体。马歇尔从规模经济的角度对产业集聚的内涵、外延进行了探讨，指出了产业集群产生的基本原因，即追求共享基础设施、劳动力市场等外部经济、规模经济而产生的聚集体。② 德国经济学家阿尔弗雷德·韦伯从空间布局角度，强调集群的形成取决于集

① [英] 亚当·斯密. 国民财富的性质和原因的研究（中译本，上卷）[M]. 郭大力，王亚南译. 北京：商务印书馆，2003：280.
② [英] 马歇尔. 经济学原理（中译本，上卷）[M]. 朱志泰译. 北京：商务印书馆，2005：28.

聚和分散两组因素的对比，认为产业集群是生产在很大程度上被带到某一地点所产生的市场化。① 胡佛将规模经济引入产业集群理论，他将规模经济划分为三个层次：单个区位单位（工厂、商店等）的规模决定的经济；单个公司（即联合企业体）的规模决定的经济；该产业在某个区位的聚集体的规模决定的经济。② 因此，胡佛将产业集群表述为企业为追求规模经济而在空间集聚的现象。威廉姆森从产业组织的角度认为企业集群是基于专业化分工和协作的众多企业集合起来的组织，是介于纯市场组织和科层组织之间的中间性组织，是克服市场失灵和科层组织失灵、节约交易费用的一种有效的组织形式。③ 以克鲁格曼为代表的新经济地理学家以报酬递增、垄断竞争为假设前提，在迪克西特—斯蒂格利茨（Dixit-Stiglitz）模型基础上加入了劳动力流动与要素报酬之间的累计循环因果关系，从而解释了产业集群现象，认为产业集群是企业报酬递增、运输成本和生产要素移动三者之间相互作用的结果。美国竞争经济学大师迈克尔·波特从竞争力的角度明确提出了产业集群的概念，他认为"产业集群是在某特定领域中，一群在地理上邻近，有交互关联性的企业和相关法人机构，并以彼此的共通性和互补性相联结"。④

在借鉴西方学者对产业集群概念研究的基础上，我国学者从各自的研究视角出发对产业集群给出了不同的定义，但这些定义大同小异。曾忠禄认为，产业集群是指同一产业的企业以及该产业的相关产业的企业在地理位置上的集中。⑤ 徐康宁认为，产业集群是指相同的产业高度集中于某个特定地区的一种产业成长现象。⑥ 符正平也强调产业集群的产业特征，认为产业集群是相同产业在某一地区的成长现象。⑦ 刘友金、黄鲁成认为，产业集群中的产业概念不是指广义上的产业，而是指狭义上的产业，如个人计算机产

① ［德］阿尔弗雷德·韦伯.工业区位论（中译本）[M].李刚剑，陈志人，张英保译.北京：商务印书馆，1997：117-120.
② 冯德连，王蕾.国外企业群落理论的演变与启示[J].财贸研究，2000（5）：1-5.
③ ［美］奥利弗·E.威廉姆森.市场与等级制（中译本）[M].北京：商务印书馆，2003：82.
④ ［美］迈克尔·波特.竞争论[M].高登第，李明轩译.北京：中信出版社，2003：210.
⑤ 曾忠禄.产业集群与区域经济发展[J].南开经济研究，1997（1）：69-73.
⑥ 徐康宁.开放经济条件下的产业集群及其竞争力[J].中国工业经济，2001（11）：22-27.
⑦ 符正平.论企业集群的产生条件与形成机制[J].中国工业经济，2002，175（10）：20-26.

业、传真机产业、医疗器械产业等。[①] 沈玉芳、张超认为产业集群是一种区域产业群落，它强调了相关产业中相互依赖、相互合作、相互竞争的企业在地理上的集中，这种集中是在竞争环境中产生和形成的，它不仅仅是一种生产组织形式，更是一种经营组织形式，是市场经济的产物。[②] 仇保兴认为，产业集群是一种新的产业组织形式，是一种新生的企业和产业组织制度，这种组织形式介于纯市场和纯科层组织之间，是由一群彼此独立但相互之间又有特定关系的中小企业根据专业化分工和协作在某一地理空间高度聚集而形成的，[③] 集群中企业间的以合作为特征的互动行为，可以产生集群内的"外部经济"，这类互动行为包括中小企业间形成交易关系和相互的行为调适。慕继丰、吴思华、王春晓等从企业网络和企业间信任的角度考察了产业集群现象，认为产业集群是在一定区域内形成的企业间信任网络，这种长期关系无须用契约来维持，而以"信任和承诺"等人文因素来维持集群的运行。慕继丰认为，企业网络是指一批具有相互联系的企业和机构在某些地理区域的集中。[④] 我国台湾学者吴思华将中小企业集群定义为一群独立自主又彼此信赖的成员组合，成员之间具有专业分工、资源互补现象，彼此间维持着长期的非特定的合约关系。[⑤] 王春晓、和丕禅认为，集群内企业间的信任是集群存在和发展的基础，信任直接影响了一个社会中经济实体的规模、组织方式、交易范围和交易形式。在低信任度经济中，当事人之间的地位和信息是非对称的，声誉机制几乎不起作用；在高信任度经济中，由于当事人着眼于未来的长期利益，声誉机制有较强的约束力，容易自发地发展成为具有强大向心力的大规模组织。[⑥] 信任作为所有交易问题的中心问题同样也是企业集群治理的基本问题之一，在集群的阶段性演进过程中，企业间的信任是从最初的关系型信任向计算型信任和制度型信任过渡的，而制度型信任是集群内

---

① 刘友金，黄鲁成.产业集群的区域创新优势与我国高新区的发展 [J].中国工业经济，2001（1）：33-37.

② 沈玉芳，张超.加入 WTO 后我国地区产业调控机制和模式的转型研究 [J].世界地理经济，2002（1）：15-23.

③ 仇保兴.小企业集群研究 [M].上海：复旦大学出版社，1999：45.

④ 慕继丰，冯宗宪，李国平.基于企业网络的经济和区域发展理论 [J].外国经济与管理，2001（3）：26-29.

⑤ 吴思华.产业网络与产业经理机制之探讨 [C].台北：第一届产业管理研讨会，1992.

⑥ 王春晓，和丕禅.信任、契约与规制：集群内企业间信任机制动态变迁研究 [J].中国农业大学学报（社会科学版），2003，51（2）：32-33.

各企业以契约、合同、规则和制度为基础的基于制度的信任模式。[①] 王辑慈等强调产业群内企业共同的社会文化背景及价值观念，认为只有具备了这些条件，群内企业才具有区域的"根植性"，才可以形成稳定的产业集群。从这个思路出发，王辑慈认为产业集群是具有共同的产业文化和价值，在地理上靠近的相互联系的一组企业和关联机构，在一定地域空间内集聚形成的具有共性和互补性的专业化空间组织。[②]

概括地说，以上学者对产业集群的研究是从外部经济、集聚因素、新竞争优势和新经济地理优势四个角度来进行的，并没有一个明确的定义。从产业集群理论的形成和进一步发展的过程看，马歇尔是产业集群外部经济理论的代表，韦伯是产业集聚因素理论的代表，迈克尔·波特是产业集群新竞争优势理论的代表，克鲁格曼是新地理经济理论的代表。[③] 无论是从哪个角度出发，以上众多学者给出的定义都分别强调了以下几点：地域和空间上的接近性；集群内企业间的关联性；公共设施和基础技术的共享；群内知识交互和鼓励技术创新；社会、历史、文化等因素的沉淀。鉴于此，本书认为，产业集群是在具有一定产业基础的某一特定地域内，大量具有密切联系的产业关联性企业、生产性物流企业、知识生产机构、专业性研发机构、中介服务机构、基础设施供应商等围绕主体产业中的大型企业以及一些相联或相同、相近产业在某一优势区位进行集聚，并能快速进行知识交流和技术创新，能够形成强劲、持续竞争优势的现象。产业集群是以优势产业定位、完整产业链条、现代产业业态和相关资源整合来形成产业与区域的有效结合，是一种有效的空间组织方式。它最适合那些产业链条长、配套环节多、迂回生产方式复杂的产业，这些特点唯有制造业最具备。这意味着产业集群最适合制造业，而制造业也最需要产业集群。

二、产业集群的形成机制

由于每个国家的宏观环境和企业形态不同，每个国家产业集群的形成机

① 郑春颖，郭舒. 企业间信任机制变迁：一个集群的观点 [J]. 渤海大学学报（哲学社会科学版），2010（5）：12.

② 王辑慈. 地方产业群战略 [J]. 中国工业经济，2002（3）：18-25.

③ 惠宁. 产业集群理论的形成及其发展 [J]. 山西师大学报（社会科学版），2005，32（6）：40-43.

制也不同。目前，理论界关于产业集群形成机制的争论一直没有停止过。本书认为，要素流动是产业集群形成的前提条件，要素的流动机制主要有市场机制、政府机制和混合机制三种，所以产业集群的形成机制主要有三种。一是市场创造机制，认为产业集群主要源于专业化市场的发达而形成的竞争优势或规模经济，比如美国底特律和日本丰田汽车产业集群的形成。二是政府引导机制，认为产业集群主要是依靠政府的政策，以各级开发区为载体，大量吸引内外资企业以及相关支撑机构在开发区集聚，形成产业集群。①产业集群已发展成为全球性的经济发展潮流，世界各地许多政府对产业集群发展表现出浓厚的兴趣，中国六大汽车产业集群雏形的出现就是国家产业政策不断调控的结果。三是混合型机制，强调市场和政府的共同作用。

1. 强调市场机制的市场创造型产业集群

韦伯和克鲁格曼等学者认为，产业集群完全是市场自发形成的，而且集群的形成有很大的偶然性，即在哪里形成什么样的产业集群都是偶然的，很少受非市场因素的影响。韦伯的产业集群理论出现于宏观经济理论产生之前，属于古典的市场创造型产业集群理论。他在《工业区位论》中对产业集群进行了较为深入的描述，他认为集聚因素对工业区位的影响非常重要，若干个厂商集聚在一个地点能给各个厂商带来更多的收益或者降低很大的成本，所以每个厂商都有集聚在一起的愿望。集聚之所以能带来收益的递增和成本的节省，主要是因为为多个厂商提供服务的专业化厂商的出现，比如专业化的劳动力市场、专业化的修理服务厂商以及公共的基础设施等。另外，韦伯还对产业集群进行了定量研究，确定了产业集群的集聚程度。韦伯认为，集群的形成是因为迁移所增加的运费小于或等于迁移后集聚而节约的成本，纯粹是市场这只无形的手的作用，而不需要政府这种外部力量。

克鲁格曼认为，产业集群是规模报酬递增带来的外部经济的产物。他将外部经济归纳为三种类型：市场规模扩大带来的中间投入品的规模效应、劳动力市场规模效应和信息交换与技术扩散规模效应，并认为前两者在产业集群形成过程中起到了关键性的作用。克鲁格曼指出，企业和产业倾向于在特

---

① 饶宝红，徐维祥，陆央央，沈阳松.产业集群与城市化发展的实证研究——以浙江义乌、江苏昆山为例 [J].经济问题探索，2006（9）：149.

定区位空间集中，不同的群体和不同的相关活动又倾向于集结在不同地方，结果空间集聚的差异在某种程度上与产业专业化有关，这种同时存在的空间产业集群和区域专业化的现象，是在城市和区域经济分析中被广泛接受了报酬递增原则的基础。克鲁格曼在其集群理论和贸易理论中都强调产业发展的自发性，强调历史和偶然因素的作用，并且引入诺斯的路径依赖思想来解释集群的特征和贸易的演进。① 因为很容易被模型化，这种观点得到了理论模型的支持。但是实证的分析基本上不支持这一理论，正如马丁和萨利所指出的：现实却未必如此简单，因为现实世界的"历史"和"偶然"中可能包含着确定性的、关键的决定因素。② 克鲁格曼的产业集群模型从理论上证明了工业活动倾向于空间集聚的一般性趋势，并阐明由于外在环境的限制，如贸易保护、地理分隔等原因，产业集聚的空间格局可以是多样的，特殊的历史事件将会在产业区形成过程中产生巨大的影响力，也说明了现实中产业区的形成具有路径依赖性，而且产业空间集聚一旦建立起来，就倾向于自我延续下去。我国国内不少学者也持有这种观点。梁琦认为，一个特定的产业集中在一个特定的区域，是历史事件和偶然事件的影响、积累循环的自我实现机制或预期的作用。历史或偶然事件是产业区位的源头，而循环积累过程有滚雪球般的效果导致产业长时期地锁定在某个地区。③ 她认为，影响产业集聚有运输成本、规模经济和马歇尔的外部性三个基本因素和地方需求、产品差别化、市场关联、贸易成本四个市场因素。其实梁琦论述影响产业集聚的基本因素和市场因素都是强调市场机制的作用。

在国际汽车工业发展的初期，汽车产业集群现象就已经存在，它是自然形成的，这种由市场竞争而形成的集群具有强大的竞争力。从全球范围看，世界汽车工业的发展也是以产业集群为特征的。例如，日本的丰田汽车城就是围绕丰田汽车公司而形成的汽车产业集群；美国的底特律汽车城是围绕着通用、福特和克莱斯勒三大汽车公司而建成的汽车产业集群。总之，由市场机制创造的汽车产业集群，它既可以是落户在汽车产业具有传统优势的地

① Krugman, P. Increasing returns and economic geography [J]. Journal of Political Economics, 1991, 99 (3): 483-499.

② Martin, Sunley. Paul Krugman's geographical economics and its implications for regional development theory [J]. Economic Geography, 1996, 3.

③ 梁琦. 产业集聚论 [M]. 北京：商务印书馆，2006：64.

区，也可以是新创优势的地区，但这种机制形成的汽车产业集群具有强大的生命力，企业的转移和重组都靠市场机制来完成。

2. 强调政策引导机制的政府引导型产业集群

产业集群作为一种经济发展的战略方式，也可以通过当地政府的引导自上而下地形成。增长极理论认为，从地理空间上看，经济增长是不均匀发生的，它以不同的强度呈点状分布，通过各种渠道影响区域经济的发展。根据该理论，一个地区的经济增长需要一个推动性产业嵌入其中并形成一个增长中心，以增长中心为基础形成聚集经济，以推动整个地区的经济发展。佩鲁认为，增长极存在着金钱外部性、模仿和创新、乘数效应、竞争性创新四个诱因，推动着产业集群的形成。增长极推动产业集群成长的模式主要有：增长极由于区位变化，带动另一个地区产业集群的形成，是增长极的漂移；增长极在原来的区位继续增长，形成产业集群，是增长极的叠加。① 后来很多学者认为，根据增长极理论在本地区内建立起的一系列推动性产业，通过产业集聚，推动经济的增长，这种推动性产业的建立可以依靠国家政策或地区政策自上而下地完成。

地域生产综合体理论是由苏联学者在总结实践基础上提出来的。他们认为，地域生产综合体是由一些具有不同功能的部分所组成的，包括经营类、关联类、依附类企业和基础设施。综合体内部有一些主导的专门化企业，它们是综合体的核心。除了综合体核心以外，还有与其紧密联系的关联类企业和依附类企业以及生产性基础设施和社会性基础设施。地域生产综合体是苏联计划经济的产物，也是苏联经济战略的重要组成部分，它的建设完全是由国家投资完成的，因此，与增长极理论相比较，自上而下形成集聚的特征更加明显。地域生产综合体的根本思想是区域生产专业化和综合发展相结合，专业化部门的确立主要取决于各地区自然资源的特点。与区域生产综合体相似的是产业综合体，它是美国区域经济学家艾萨德于 1959 年提出来的，他把产业综合体看成是一个特定区位上的一组经济活动，这些活动之间的技术、生产和分配联系带来了很大的节约。该理论强调企业之间稳定和正式的

① 段世德，寿厉冰. 漂移与叠加——增长极的两种成长模式及启示 [G]. 城市经济、区域经济 (复印报刊资料). 中国人民大学书报资料中心，2008（9）：3.

投入—产出关系。

卡尔多在论及区域经济增长和区域产业结构时，非常强调要素不可分的观点和技术的作用。他认为要素的不可分性和技术特点在规模报酬递增中发挥了重要的作用，地区要素禀赋的特点是集聚经济的基础。卡尔多也认为经济发展过程中存在着路径依赖，但与克鲁格曼不同，他认为要素禀赋和技术特征会导致内生性的产业集群并决定其发展过程。这些观点得到了后人的进一步阐释，因为除了物质要素的不可分性之外，某些知识和技术的传播也非常有地域性，而且受地区文化的影响很大。例如，隐性知识只能通过面对面的交流才能传播，多数生产性技术和技能的扩散是有一定范围性的，超过了一定的距离，扩散的能力将急剧下降。所以，这些因素受地理因素的制约程度很大，如果某些产业发展中这些因素的作用比较大，那么这类产业的集群化过程受地理因素的影响就比较大。一些经济地理学家通过大量的经验研究，发现消费多样化的需求和柔性专业化是产业空间集聚的原因。他们认为，经济地理学中最有影响的产业组织方式已经从福特式的大批量生产转变为更为柔性的专业化生产方式。斯科特和斯多普指出，企业内部的规模经济和范围经济已被增加的市场不确定性的技术变化所削弱，产业对此的反应是水平和垂直的非一体化以及生产的分散化，因为这样可以更好地面对多变的需求和更好地适应市场变化。由于产业组织方式的这些变化，使得企业之间的多重联系成为关键，而只要这种多重联系在空间地理上交易成本很高，产业的空间集聚就会产生，而且产业集群的核心竞争力就在于这种多重联系的优势和集聚的外部经济。如果根据以上这些观点，即产业集群的产生主要由地区要素特点、技术及其扩散性质、地区消费偏好和市场变化以及地区文化引致和决定，那么市场经济的自发作用就相对弱化，而且产业集群形成的偶然性也将被这些确定性所冲散，① 政策的引导机制将是产业集群形成的主要原因。

韦伯的产业集群理论是自下而上的，增长极理论和地域生产综合体理论是自上而下的。韦伯的产业集群理论认为厂商是为了追求增大的利益和成本

---

① 闵越. 装备制造业结构升级与产业聚集互动机制研究 [D]. 大连：大连理工大学硕士学位论文，2005：11.

的节省而自发实现的，只有当厂商认为集聚的利益大于集聚的成本时，集群才会发生。增长极理论侧重于"产业—集聚—增长"的研究，认为产业集群的形成必须有一个推动性产业的存在，所以政府为了推动地区经济增长，往往采取将某种推动性产业植入某一地区的做法。地域生产综合体是苏联计划经济时期的产物，为了解决国民经济中的一些重大问题，政府动用人力、物力和财力集中建立起一个区域生产综合体。由于这种综合体的计划性，其经济性往往被政治目的所掩盖。国外汽车产业集群的经验表明，汽车产业集群并非是可以在任何地方随意打造的，它需要具备相应的条件，政府不应该也不可能在那些缺乏基础和条件的地方刻意制造出汽车产业集群。

3. 强调市场和政府共同作用机制的混合型产业集群

这是一种比较折中的看法，典型的是波特的观点，波特从产业集群的诞生、发展和衰亡出发，认为产业集群的产生过程必须有市场竞争的参与，但他同时又强调地区禀赋的作用和地区政府战略的影响。波特认为在产业集群的萌芽或发展时期，政府可以强化或提供协助，但不应该试图创造一个全新的产业集群，新的产业集群最好是从既有的集群中萌芽。当然产业集群的发展，也可以由外商投资而埋下种子，并获得加强，因此，政府应该在专业化培训、基础设施和其他相关商业环境等方面做出努力，提供支援，从而吸引外商直接投资。在产业集群升级中，政府的角色是鼓励竞争而非扭曲竞争。政府投资的重心应该是改善产业集群发展的环境，鼓励那些影响产业集群发展的公共物品或准公共物品的发展。波特指出，产业集群的产生和发展关键在于其竞争优势，而竞争优势的影响因素是多方面的，其中既有市场自发作用，也有资源禀赋因素，还有非市场因素（如政府政策）。因此产业集群的影响因素也是多方面的，产业集群的形成和发展中既有偶然因素又有确定因素，既有市场因素又有非市场因素。比较优势理论认为，集聚的形成是在收益高的区位，虽然不需要政府这种外部力量，但其形成与发展却需要政府的扶持，政府虽然不是产业集群形成的动力，却可能因为要素的流动性差而成为其阻力。

我国一些学者对此也有中肯的论述，如王缉慈等指出，产业集群一般主要由市场自发形成，但受地区比较优势和其他因素影响，特别是政府可以通过各项措施来调控、影响和促进产业集群的发展。魏后凯认为，在集群竞争优势的形成过程中，地理集中（集聚经济）、灵活专业化（社会网络）、创新环境、合作竞争和路径依赖等都发挥着重要的作用。其中，集聚经济、灵活专业化以及创新环境所带来的知识溢出效应，都是外部经济的重要组成部分，而合作竞争和路径依赖等也对各产业集群的竞争优势都有着重要影响。①强调市场和政府共同作用形成产业集群的学者认为，虽然产业集群大都是在市场机制的作用下自发形成的，但是引导产业集群合理有序发展，创造一个有利于创新的良好外部环境，以及防止产业集群退化甚至走向衰亡等方面，政府政策的作用都是十分重要的。

从产业集群发展的现实情况来看，折中主义的观点更符合实际情况，虽然这些理论很难模型化，而且作用机制非常复杂，但它毕竟能够最有说服力地解释了产业集群的形成，而且也比较符合系统论和辩证唯物主义内因与外因共同作用的观点。现代汽车产业集群发展已经很成熟，在某些地区，既可以通过市场机制自发形成产业集群，也可以通过技术转让或合资生产形成一个汽车产业集群，又可以在某一地区统一规划，通过政府引导较快地新组建一个汽车产业集群，但都必须经受市场竞争的考验后，才能发展成熟。

第二节 产业竞争力的内涵和理论基础

一、产业竞争力的内涵

1. 产业竞争力的概念

产业竞争力研究的集大成者是迈克尔·波特，现在国内外很多学者都用迈克尔·波特的"钻石模型"来解释产业竞争力形成的机理。迈克尔·波特在《国家竞争优势》中并没有直接给"产业竞争力"下定义，但他却从产业和企业的角度研究了国家竞争力问题，认为国家竞争力取决于产业和企业的竞争优势，而产业和企业的竞争优势又取决于"国家环境"。他根据对 10 个国

---

① 魏后凯. 对产业集群和竞争力关系的考察 [J]. 经济管理，2003（6）：3-8.

家上百种产业发展历史的研究归纳出著名的"钻石模型"，以分析国家如何在特定领域建立竞争优势，进而指出，可以采用"钻石模型"来分析产业竞争力问题。一个国家的关键要素如果处于有利的状态或正在开发中，就可以预期这个国家的产业即将获得较强的竞争优势。而当一个国家正失去某些关键要素时（例如，客户的挑剔性不存在、国内需求跟不上国际需求的步伐、上游产业缺乏技术创新能力、研究机构的兴趣与产业需求脱节），这个国家未来的竞争优势也会出现减弱、断档、丧失等现象，导致产业结构升级也将起落盛衰。在产业竞争力研究中，最权威的机构要属日内瓦的世界经济论坛（World Economic Forum，WEF）与瑞士洛桑国际管理发展学院（International Institute for Management Development，IMD），他们研究了产业国际竞争力，分别给出了各自的定义。WEF 在 1985 年的《国际竞争力报告》中认为，国际竞争力是"企业主目前和未来在各自的环境中以比它们国内和国外的竞争者更有吸引力的价格和质量来进行设计生产并销售货物以及提供服务的能力和机会"。IMD 在 1997 年的《国际竞争力年鉴》中将竞争力定义为，"一国或一公司在国际市场上均衡地生产出比其竞争对手更多财富的能力"。金碚是国内研究产业竞争力较早的著名学者，他认为产业竞争力是指在国际间自由贸易条件下（或在排除了贸易壁垒的假设条件下），一国特定产业以其相对于他国的更高生产力，向国际市场提供符合消费者（包括生产性消费者）或购买者需求的更多产品，并持续获得盈利的能力。[1] 张金昌认为，产业竞争力是产业内企业整体的竞争力，也是一个国家产业的竞争力。从比较角度来看，它是产业内企业能力差异、产业发展所需的资源条件差异和产业发展环境差异的反映；从产业自身来看，它是产业组织结构、产业市场竞争结构、产业整体素质和国家产业政策的反映。[2] 陈柳钦认为产业竞争力是一个国家或地区产业对于该国或该地区资源禀赋结构（比较优势）和市场环境的反映和调整能力。[3] 陶良虎等认为，产业竞争力亦称产业国际竞争力，是指某国或某一地区的某个特定产业相对于他国或地区同一产业在生产效率、满足市

---

① 金碚. 中国工业国际竞争力——理论、方法和实证研究 [M]. 北京：经济管理出版社，1997.
② 张金昌. 国际竞争力评价的理论和方法 [M]. 北京：经济科学出版社，2002.
③ 陈柳钦. 产业集群与产业竞争力 [J]. 中国海洋大学学报（社会科学版），2005（2）：47-48.

场需求、持续获利等方面所体现的竞争能力。[①] 唐志红认为，产业竞争力是产业比较优势和竞争优势的综合反映，并最终体现在市场影响力、资源配置力、产业增长力、结构转换力和企业创新能力上。[②]

上述产业竞争力的概念，都强调了产业竞争力是一个比较的概念，但本书认为产业竞争力既然是一个比较概念，就应该涉及比较主体、比较客体、比较目的和比较条件。具体来说，产业竞争力比较的主体可以是国家，也可以是某个区域；比较的客体可以是产品、企业及产业的市场实现能力，也就是产业的比较生产力，也可以是经济发展的各种因素；比较目的就是确定产业竞争优势；比较条件是指在什么情况下比较的问题，任何比较都是在一定的环境和条件下进行的。因此，本书认为产业竞争力就是一个国家或者一个国家内部区域间的相同产业在一定的环境和条件下，与竞争对手竞争过程中所表现出来的不同的市场竞争能力，其实质是一种比较优势。

2. 产业竞争力的研究层次

从以上产业竞争力的概念中可以看出，产业竞争力的主体可以是一个国家、一个区域、一个产业或一个企业。因此，从竞争主体的角度看，如果产业竞争力是不同国家之间的同一产业的比较关系，则可以称为产业国际竞争力，这是国家层次上的比较，有时也叫国家竞争力，是国家之间在国际竞争中所表现出来的力量；如果产业竞争力是一个国家内部不同区域之间的同一产业的比较关系，则可以称为区域产业竞争力，这是中观层次上的比较，是区域发展所需的资源条件的差异和区域发展环境的差异的反映；如果产业竞争力是一个国家内部不同企业之间的比较关系，则可以称为企业竞争力，这是微观层次上的比较，是企业之间在某些方面的比较优势或差距的表现。从比较客体来看，也可以将产业竞争力分为产品竞争力、价格竞争力、成本竞争力、生产率竞争力、规模竞争力、出口竞争力等。从比较条件上看，产业竞争力可以分为静态比较优势和动态比较优势。

3. 产业集群竞争力

产业集群竞争力是指在国内和国际市场竞争中，整个产业集群的表现或

---

① 陶良虎，张道金. 论产业竞争力理论体系 [J]. 湖北行政学院学报，2006（4）：54.

② 唐志红. 区域层次上的产业竞争力分析 [J]. 财经科学，2003（6）：107-111.

地位。产业集群竞争力是介于国家竞争力和企业竞争力之间的一种层次，是同一属性产业集群之间竞争力的比较，具有相互影响和相互作用的关系。企业竞争力是构成产业集群竞争力的基础，而产业国际竞争力和区域产业竞争力则是产业集群竞争力的反映。产业集群竞争力主要表现在两方面：一方面，通过集群内企业间的合作与竞争以及群体协同效应，可以获得诸多经济效率方面的竞争优势；另一方面，通过支撑机构和企业间的相互作用，形成一个区域创新系统，提升整个集群的创新和竞争能力。产业集群竞争力并不等于群内企业竞争力的简单加总，群内企业竞争力的形成是因为利用集群的优势而加强。产业集群竞争力也不同于区域产业竞争力，虽然两者都有涉及内部企业的相互关系及相关产业和辅助产业的状况，但是产业集群是一个联系更为紧密的，类似生物有机体的动力系统。

汽车产业是一个全球性产业，对上下游产业经济效应明显，而且汽车产业链条长，包括汽车制造业、汽车批发零售业、汽车服务业三个门类。所以，汽车产业集群竞争力是指在开放的市场竞争条件下，一个国家或地区的汽车产业集群在国内外汽车市场上所表现出来的，在汽车投资、研发、采购、生产、营销、售后服务等经营环节上所具有的掌控能力，是集群内汽车企业持续地获取最佳市场份额和利润的能力。汽车产业集群竞争力是汽车产业链上的一种综合能力，是产业环境竞争力、产业组织竞争力、产业创新竞争力和国际绩效竞争力等方面的综合反映。

二、产业竞争力的理论基础

任何理论研究都有其理论基础和渊源，产业竞争力理论的形成和发展也是以经济学传统理论为研究基础的，产业竞争力理论的渊源和基础主要有比较优势理论和竞争优势理论。

1. 比较优势理论

（1）传统比较优势理论。比较优势可以分为静态比较优势和动态比较优势。静态比较优势是指自然形成或历史生产所造成的比较优势。静态比较优势理论假定各国、各地区的各种资源配置是既定的，不适合于生产要素广泛流动的开放经济条件。根据静态比较优势理论形成的国际分工和贸易格局对发展中国家不利，会导致发展中国家与发达国家之间的差距越来越大，从而跌入"比较优势陷阱"。动态比较优势是指可以由人类的经济活动创造出来的比较优势，或由于改变规模经济、生产技术等要素所形成的比较优势。动态比较优势既强调已成为事实的静态比较优势，也重视由于生产组织、生产要素等改变所带来的优势。比较优势也有广义和狭义之分，广义的比较优势包括绝对比较优势和相对比较优势，而狭义的比较优势仅指相对比较优势。

绝对比较优势是亚当·斯密提出来的，认为比较优势来自于各国劳动生产率差异而造成的绝对成本的差异（因此被称为绝对成本比较优势理论）。各国都应该专业化生产比较优势产品，交易双方都能获利。这种绝对比较优势就是用比另一个生产者更少的投入生产某种物品的能力，[①] 是形成各国产业分工的主要原因。大卫·李嘉图认为如果各国专门生产和出口其生产成本相对低的产品，就会从贸易中获益。或者反过来说，如果各国进口其生产成本相对高的产品，也将从贸易中获利。[②] 简单地说，比较优势就是"一种商品相对于他国所具有的较低的比较成本"，[③] 这种比较成本优势产生的根本原因是各国间劳动生产率的差异，从而必然导致生产成本和产品价格的相对差别。如果一国生产一种产品的机会成本比另一国低，该国在生产这种物品上就有比较优势，[④] 各国都是按照劳动生产率比较优势进行国际分工和国际贸易，以获得资源的优化配置。劳动生产率比较优势理论是国际贸易理论的"基石"，[⑤] 它揭示了产业所具有的互利性，证明一个国家或地区可以通过发展本国相对比较优势产业，来提升产业竞争力。20 世纪 30 年代初在批评李嘉图劳动生产率比较优势理论的基础上，赫克歇尔和俄林提出了要素禀赋比较优势理论。他们认为，不同的商品生产需要不同的生产要素比例，而不同国家拥有

---

① [美] 曼昆. 经济学原理微观经济学分册（第4版）[M]. 梁小民译. 北京：北京大学出版社，2006：52.

② [美] 保罗·萨缪尔森·威廉·诺德豪斯. 经济学（第十七版）[M]. 萧琛主译. 北京：人民邮电出版社，2004：241.

③ Alan V. Deardorff. Benefits and Costs of Following Comparative Advantage [A]. Discussion Paper No. 423. Research Seminar of International Economics [R]. Ann Arbor, USA: School of Public Policy, The University of Michigan, 1998.

④ 梁小民. 西方经济学 [M]. 北京:中央广播电视大学出版社，2002：400-402.

⑤ Steven M. Suranovic. The Theory of Comparative Advantage -Ovrview [EB/OL] . http://internationalecon.com/v1.0/ch40/ 40c000.html1, 1997-11-19.

不同的生产要素，"两国资源禀赋差异才是比较优势的成因"。①所有国家即使具有同等的技术，但由于要素禀赋不同，也会使国家之间的产业具有不同的比较优势。每一个国家或地区都生产自身要素禀赋相对丰富的产品，然后通过自由贸易重新分配各国生产要素，以实现国际生产要素的价格均等化。②

亚当·斯密的绝对成本比较优势理论标志着内生比较优势理论的起源，③内生比较优势是指比较优势可以通过后天的专业化学习或通过技术创新与经验积累人为创造出来，它强调的是比较优势的内生性和动态性。而李嘉图的劳动生产率比较优势理论以及赫克歇尔—俄林的要素禀赋比较优势理论都未考虑分工与专业化因素，④认为比较优势都是外生的，强调了经济机制以外因素作用的结果，所以，都被称为外生的相对比较优势理论。传统比较优势理论都强调了各国按照某类因素（绝对成本、劳动生产率或要素禀赋的差异）来确立各自的比较优势。

（2）比较优势理论的演化进展。1947年里昂惕夫用投入产出法对美国200个产业的产品进行检验时，得出了与上述观点刚好相反的结论，即里昂惕夫反论（里昂惕夫之谜）。⑤"里昂惕夫之谜"的提出使人们开始怀疑要素禀赋理论的普遍实用性。20世纪50年代在"里昂惕夫之谜"的推动下，导致了比较优势理论在两个方面上得到了快速发展：一个是继续沿着赫克歇尔—俄林定理的假设，即假定规模收益不变和各国技术可获得性相同的前提下，引入人力资源、土地等更多要素来发展比较优势理论，产生了需求偏好差异说、要素密度逆转说、人力资本说、自然资源说、贸易保护说等理论，这种改进得到了实证支持，但这些理论都以规模效益不变为前提，都没有离开要素禀赋理论的基本分析方法，即一国要素禀赋比率决定一国产业比较优劣势的方法；另一个是放弃赫克歇尔—俄林定理的部分重要假定，在批评传统外生比较优势理论的同时，从专业化、技术差异等"软件"要素角度对比

① Steven M. Suranovic. The Heckscher–Ohlin （Factor Proportions） Model ［EB/OL］ http://internationalecon.com/v1.0/ch60/60c010.html，1998–07–08.

② 梁小民. 西方经济学 ［M］. 北京：中央广播电视大学出版社，2002：400–402.

③ 王元颖. 从斯密到杨小凯：内生比较优势理论起源与发展 ［J］. 技术经济，2005，206（2）：37.

④ Morrow P. M. East is East and West:a Ricardian–Heckscher–Ohlin model of comparative advantage ［R］. Working Paper，University of Toronto，2007.

⑤ Leamer E. E. The Leontief paradox reconsidered ［J］. Journal of Political Economy，1980（88）：495–503.

较优势理论进行拓展，逐渐演化成为比较优势理论研究的新主流。

其一，放弃规模收益不变的假定，引入收益递增来研究比较优势理论。赫尔普曼和克鲁格曼（Helpman and Krugman，1985）认为，传统的比较优势理论强调比较优势是外生给定的，而许多情况下，它是后天的规模经济和外部经济带来的，规模经济和外部经济是这种内生比较优势的来源。① 而迪克西特-斯蒂格利茨（Dixit-Stiglitz）建立的 D-S 比较优势模型认为，"一国的企业或者行业可能仅仅由于历史或者偶然的原因而较早地进入某个产业，从而可以较早地扩大生产的规模并利用规模经济来形成产品在国际市场上的成本优势"。②

其二，放弃各国技术可获得性相同的假设，利用技术可获得性差异理论来研究比较优势。技术可获得性差异理论，既可以用来解释发达国家之间的贸易，也可以用来解释发达国家与发展中国家之间的贸易。就发达国家而言，即使两个发达国家在开发技术方面具有相同的能力，由于随机因素的影响，开发出来的具体技术也是存在差异的，且不同国家还可能专业化地开发不同产品或生产技术，因此，两个国家的技术能力相同并不意味着最终产品相同，具有相同技术能力的国家仍然存在贸易的可能性。就发达国家与发展中国家而言，其研究结果是导致著名的产品或技术"生命周期"理论的产生，③ 以及筱原三代平的动态比较成本说和赤松要（Kaname Akamatsu，1932）的雁行形态理论的出现，都认为一国在发展经济过程中的比较优势是可以变化的，而且取决于技术、知识、规模经济等多种因素的影响。

根据不断变化的世界经济贸易、分工情况，对传统比较优势理论进行一些修正、补充和改造，提出一些新学说，这是对传统比较优势理论的挑战。这是因为，在产业内贸易和产业内分工普遍发展的情况下，再坚持传统比较优势理论的分析方法，很难对产业内贸易和产业内分工做出有力的解释。传统比较优势理论以国家为基本分析单位，以国际市场是完全竞争市场、要素在国际间不能自由流动为分析前提，但现实的市场已经是垄断竞争市场，生

---

① 王瑞祥，穆荣平. 三种优势理论及政府在产业发展中的作用 [J]. 研究与发展管理，2003（4）：66.

② 林毅夫，李永军. 比较优势、竞争优势与发展中国家的经济发展 [J]. 管理世界，2003（7）：22-27.

③ 李曼. 比较优势理论与竞争优势理论关系探究 [J]. 国际商务研究，2008（6）：20.

产要素的国际流动已成为普遍现象，跨国公司的决策对贸易格局、生产分工的影响已不可忽视。传统比较优势理论认为比较优势来源于生产要素禀赋比率不同而造成的比较成本差异，而比较优势演化理论则认为在水平分工日益发展并成为主导分工形式的情况下，其比较优势来源于一国企业的垄断优势、规模经济，强调了多因素的综合影响。

2. 竞争优势理论

20 世纪 80 年代，迈克尔·波特提出了竞争优势理论，其精髓主要是"钻石模型"理论。迈克尔·波特的"钻石模型"是解释产业竞争力形成机理的核心内容，他认为决定一个国家某种产业竞争力的因素主要由生产要素，国内市场需求，相关产业和支持性产业，企业战略、企业结构和同业竞争四个具有双向作用的主要要素和机会、政府两个辅助性变数共同作用而形成的（见图 2-1）。

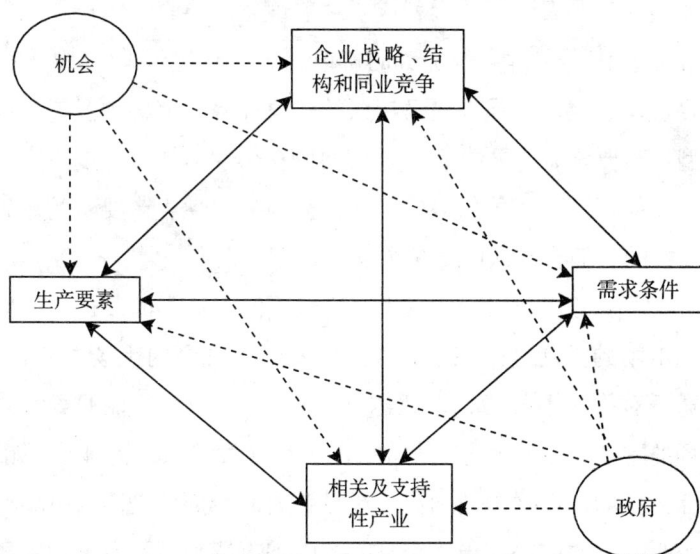

图 2-1　迈克尔·波特的"钻石模型"

迈克尔·波特把生产要素按照两种分类方式进行了划分：第一种分类是将它们分为初级生产要素和高级生产要素。初级生产要素包括天然资源、气候、地理位置、非技术人工与半技术人工、融资等。高级生产要素则包括现代化通讯的基础设施、高等教育人力以及各类高级研究机构。波特认为，初级生产要素是被动继承的，或只需要简单的私人及社会投资就能拥有，初级生产要素所产生的竞争优势是难以长期持续的。高级生产要素很难从外部获得，必须自己来投资创造。高级生产要素对获得竞争优势具有不容置疑的重要性，高级生产要素对竞争优势的作用越来越大，但这样的要素比较稀缺，因为创造高级要素需要大量的人力、物力和财力的持续投资。第二种分类是将生产要素根据专业程度分为一般性生产要素和专业型生产要素。一般性生产要素包括公路系统、融资、受过大学教育而且上进心强的员工，它们可以被用在任何一种产业上。而专业型生产要素则限制在技术型人力、先进的基础设施、专业知识领域，及其他定义更明确且针对单一产业的因素。专业型生产要素提供产业更具决定性和持续力的竞争优势基础。一般性生产要素虽然能提供最基本的比较优势，但是这些优势很多国家都有，效果相对不甚显著。越是精致的产业越需要专业型生产要素，拥有专业型生产要素的产业会产生更高级的竞争优势。一般性生产要素和专业型生产要素是动态变化的，今天的专业型生产要素到了明天就成了一般性生产要素。生产要素如果不能持续升级和专业化，它对竞争优势的价值就会越来越低。[①] 一个国家如果想通过生产要素建立起产业强大而又持久的竞争优势，就必须发展高级生产要素和专业型生产要素，这两类生产要素的可获得性与精致程度决定了竞争优势的质量。如果把产业竞争优势建立在初级与一般性生产要素的基础上，它通常是不稳定的，而且进入的壁垒很低。

国内市场需求是产业发展的动力，它会刺激企业不断改进和创新。国内市场与国际市场的不同之处在于企业可以及时发现国内市场中的客户需求，这是国外竞争对手所不及的，因此迈克尔·波特认为全球性的竞争并没有减少国内市场的重要性。迈克尔·波特指出，在绝大多数的产业中，市场需求是可以被细分化的，占据国内细分市场足够大的份额，是国内市场孕育国际竞争优势产业的基本前提。当一个国家的内需市场和国际市场的主要需求相同，而其他国家却没有这样的条件时，这个国家的企业就容易获得竞争优势。而产业结构也可以分成很多环节，如果一个国家占据了某一产业中的主导环节，并能将国内市场的各个相关产业环节联结起来，形成一个产业链，就会形成产业集群。迈克尔·波特认为本地客户的本质非常重要，特别是内

---

① ［美］迈克尔·波特. 国家竞争优势 [M]. 李明轩，邱如美译. 北京：中信出版社，2007：70-116.

行而挑剔的客户。本地客户对产品的挑剔可以迫使厂商不断改进产品质量，提高产品性能，使之更加适应市场的需要。这是本国产业追求高质量、完美的产品造型和高品质服务的压力来源。假如本地客户对产品、服务的要求或挑剔程度在国际间数一数二，就会激发出该国企业的竞争优势。这个道理很简单，如果能满足最难缠的顾客，其他的客户要求就不在话下。如日本消费者在汽车消费上的挑剔和欧洲各国在汽车环保、节能上的要求都是全球一流的，从而使二者在汽车产业上都具有较强的比较优势和竞争力。相反，美国人大大咧咧的消费作风惯坏了汽车工业，致使美国汽车工业在石油危机的打击面前久久缓不过气来。另一个重要方面是预期性需求。即它能协助厂商掌握新产品信息与走向，而且这个持续的过程可以刺激汽车厂商不断地进行产品升级，以面对新形态产业环节的竞争压力。如果本地客户的需求领先于其他国家，也就是消费需求具有超前性，这也可以成为本地企业的一种比较优势，因为先进的产品需要前卫的需求来支持。德国高速公路没有限速，当地汽车工业就非常卖力地满足驾驶人对高速的狂热追求，而超过 200 千米乃至 300 千米的时速在其他国家则毫无实际意义。有时国家政策或社会价值也会影响预期性需求，如汽车的环保和安全法规、节能法规、税费政策等。有时较其他国家领先的法规制度也会有助于形成竞争优势。[①]

在波特看来，相关产业主要是指上下游产业；所谓支持产业，是指获得竞争优势的上游产业对下游产业发展的支持，如日本汽车产业能够在国际上称雄，是因为日本的数字控制器、马达、相关零组件以及机械、电子、电器产业也是世界一流的。所以，一个有竞争优势的本国产业通常会带动其他相关产业的发展。在很多产业中，一个企业的潜在优势是因为它的相关产业具有竞争优势。因为相关产业的表现与能力，自然会带动上下游产业的创新和全球化，相关产业和支持性产业与竞争优势产业是一种休戚与共的关系，具有相互"提携"的效应。当上游产业具备国际竞争优势时，它对下游产业竞争优势的形成造成多方面的影响。支持产业对产业竞争力的影响，首先是下游产业在来源上具备及早反应、快速、高效、低成本等优势；其次是上游产业在国际市场上的品牌、质量、市场占有率等方面的竞争优势都会对下游产

---

① [美] 迈克尔·波特. 国家竞争优势 [M]. 李明轩, 邱如美译. 北京: 中信出版社, 2007: 70–116.

品的竞争优势产生积极影响，有助于它的下游产业发展国际竞争力。上游产业所提供的技术，可以转化成下游的创造力，它本身也可能跳进来加入下游产业的竞争。与此类似，具有国际竞争优势的下游产业也能对上游产业竞争优势的形成产生提携作用。近年来，日本汽车工业在全球市场告捷，连带使得日本的汽车零部件产业在国际上迈开脚步，具有较强的国际竞争力。企业与供应商之间形成的价值链有助于竞争优势形成。这种价值链，需要借助各供应商的资深管理人员密切合作，并通过实质活动才能建立，如供应商协助企业了解新方法、新机会和新技术的应用，下游企业则向供应商提供新点子、新信息和市场视野，带动供应商自我创新，努力发展新技术，并培养新产品研发的环境。波特认为，一个国家因为一个相关产业具有竞争优势，并彼此牵动而刺激相关产业具有竞争优势的关联效果是很平常的。即有竞争优势的产业将提升与其互补的产品或劳务的需求，从而提携相关产业的竞争优势，而且彼此在信息和技术方面的交流增加，它们的交流成本也因地缘和文化上的一致而低于外商。这种研究提醒人们注意"产业集群"现象，就是一个优势产业不是单独存在的，它一定是同国内相关强势产业一同崛起的。以德国印刷机行业为例，德国印刷机雄霸全球，离不开德国造纸业、油墨业、制版业、机械制造业的强势。美国、德国、日本汽车工业的竞争优势也离不开钢铁、机械、化工、零部件等行业的支持。一般来说，这种提携效应最好的时机通常是在产业生命周期的初始阶段，受益最明显的是那些行动快的企业。有的经济学家指出，发展中国家往往采用集中资源配置，优先发展某一产业的政策，孤军深入的结果就是牺牲了其他行业，而想发展的产业也无法一枝独秀。本国供应商是产业创新和升级过程中不可缺少的一环，因为产业要形成竞争优势，就不能缺少世界一流的供应商，也不能缺少上下游产业的密切合作关系。波特指出，即使下游产业不在国际上竞争，但只要上游供应商具有国际竞争优势，它对整个产业集群竞争优势的影响仍然是正面的。①

从企业战略来看，企业目标是其核心内容，要受到股东结构、持有人的进取心、债务人态度、内部管理模式等多种因素的影响。一个国家市场化程度越高，企业的所有权结构和治理结构就越简单明了、经济合理，企业目标

---

① [美] 迈克尔·波特. 国家竞争优势 [M]. 李明轩，邱如美译. 北京：中信出版社，2007：70-116.

越容易实现，企业战略也就越有效。企业组织结构受文化影响较大，一些国家的文化注重个人的创新精神，而另一些国家的文化则鼓励人际合作，这样，不同国家的不同企业组织结构就产生了不同的生产效率，从而形成了产业竞争力的国际差异。同业竞争主要是指推进同业之间的公平有效竞争，推进企业走向国际化竞争。波特指出，推进企业走向国际化竞争的动力很重要。这种动力可能来自国际需求的拉力，也可能来自本地竞争者的压力或市场的推力。管理者的态度、当地人对外语的态度以及政府政策都会影响企业的国际化。创造与维持产业竞争优势的最大关联因素是国内市场存在强有力的竞争对手，只有在国内市场存在强有力竞争对手的前提下，才能促使企业不断地创新和进步。波特指出，在其研究的 10 个国家中，强有力的国内竞争对手普遍存在于具有国际竞争力的产业中。在国际竞争中，成功的产业必然先经过国内市场的缠斗，迫使彼此进行改进和创新，海外市场则是国内竞争力的延伸。而在政府补贴和保护下，放眼国内没有竞争对手的"超级明星企业"通常并不具有国际竞争能力，像太空工业、电信工业就是如此。[①]企业的战略、企业结构和同业竞争包括企业建立、组织和管理的环境以及国内竞争的性质，不同国家的企业在目标、战略和组织方式上都大不相同，产业竞争优势来自于对它们的选择和搭配，各个国家或地区由于环境不同需要采取的管理体系也就不同。企业战略和组织结构往往随产业和地区特色的差异而不同，在和其他地区比较之后，各地区的企业会显现出其民族文化或地域文化的特色。产业竞争优势就是各种差异条件的最佳组合。也就是说，国家环境会影响企业战略和企业结构，产业成功的前提是企业必须善用本身的条件、管理模式和组织形态，更要掌握国家环境的特色。

波特指出，政府起到干预与放任经济，维持平衡的作用，政府会通过对"钻石模型"中四个关键要素施加影响而发生作用。政府与其他关键要素之间的关系既非正面，也非负面。从政府对以上四大要素的影响看，政府影响需求的手段主要是政府采购，但是政府采购必须有严格的标准，扮演挑剔型的顾客（在美国，汽车安全法规就是从政府采购开始的）；采购程序要有利于竞争和创新等，这些都有利于培养竞争优势。从竞争优势的形成来看，政

---

① ［美］迈克尔·波特. 国家竞争优势 ［M］. 李明轩，邱如美译. 北京：中信出版社，2007：70–116.

府并不能无中生有，但是可以强化这种竞争优势。产业的主体是企业，而非政府，产业竞争优势的创造最终必然由企业来进行。即使政府拥有最优秀的公务员，也无法决定企业应该发展哪项产业，以及如何达到最适当的竞争优势。政府能做到的只是为企业提供发展所需要的各种资源，创造产业发展的环境，而竞争优势的强弱也取决于政府设计的经济体制、微观制度和宏观经济政策。政府只有扮演好自己的角色，才能成为扩大"钻石模型"的力量，才能创造出新的机会和压力。政府和企业是互补的关系，政府失灵的领域应由市场来进行，而市场失灵的领域应由政府来进行。政府直接投入的应该是企业无法行动的领域，也就是非排他性和非竞争性较明显的公共事业领域，如发展基础设施、开展基础研究、维护立法和司法公正、保护环境等。政府在产业发展中最重要的角色莫过于保证国内市场处于活泼的竞争状态，制定竞争规范，避免托拉斯状态。①

机会是可遇而不可求的，机会一般与产业所处的国家环境无关，也并非企业内部的能力，甚至不是政府所能影响的，机会也会影响到"钻石模型"中以上四个关键要素本身发生变化。波特指出，对企业发展而言，形成机会的可能情况大致有几种：基础科技的发明创造，传统技术出现断层，外因导致生产成本突然提高（如石油危机），全球金融市场或汇率的重大变化，全球或区域市场需求的剧增，外国政府的重大决策，战争，等等。机会其实是双向的，它往往在打破原来状态，提供新的竞争空间，赢得比较优势的同时，使原有的竞争者比较优势丧失。只有能不断满足新需求的厂商，才能有发展"机遇"，②赢得持续的竞争优势。

3. 比较优势与竞争优势的关系

目前，在比较优势和竞争优势关系的认识上仍然存在很多误区，其中最主要的误区是将比较优势与竞争优势看做是两个相互对立的范畴。③为了澄清认识上的误区，我们必须对比较优势与竞争优势之间的关系进行深入的探

---

①② ［美］迈克尔·波特. 国家竞争优势 ［M］. 李明轩，邱如美译. 北京：中信出版社，2007：70-116.

③ 缪国书. 比较优势、竞争优势与中部崛起的路径依赖 ［J］. 中南财经政法大学学报，2006，156（3）：124.

讨。其实，比较优势和竞争优势之间并无根本对立。[①] 竞争优势是迈克尔·波特在"竞争力三部曲"中提出的一个最经典概念，主要是指利用独特的资产、技能、资源或活动，使企业发展出相对于竞争者更具有独特且有利的地位。竞争优势是通过竞争战略规划所产生的具有持续性竞争的优越态势条件，其本质就是一种现实的比较优势。比较优势和竞争优势在内容、来源和本质上都具有一致性，竞争优势以比较优势为基础和前提条件，[②] 动态比较优势是竞争优势的基础，充分发挥动态比较优势是国家创造和维持产业竞争优势的必要条件，二者之间是一种互补关系。第一，竞争优势不能完全消除或替代比较优势。即使是经济最发达的国家也不可能在一切产业中都具有国际竞争优势，但比较优势却有可能存在。第二，比较优势是竞争优势的基础，一国具有比较优势的产业往往易于形成较强的国际竞争优势，促进其国际竞争力的提高。第三，比较优势要通过竞争优势才能体现出来。如果缺乏竞争优势，其比较优势也无法实现；如果缺乏比较优势，也往往较难形成竞争优势。第四，在时间顺序上，比较优势一般侧重于指某一产品在生产结束时所表现出来的优势，竞争优势更侧重于生产结束后到在市场上实现价值时所表现出的优势。

产业是一个国家经济的基础，充分地发挥产业比较优势是波特"钻石模型"中四个主要因素存在和发挥作用的必要条件，或者说，充分地发挥产业比较优势是国家创造和维持产业竞争优势的基础。[③] 第一，在需求条件方面。竞争优势理论强调"高级"生产要素，而创造高级生产要素必然需要大量的投资，投资的来源是过去生产活动所创造的经济剩余。只有按照产业比较优势来组织生产活动，企业和整个经济才能最大限度地创造经济剩余。需求条件包括多种内容，但因"内行而挑剔的客户"能够推动企业进行持续的创新活动而将其列为竞争优势需求条件中最为重要的一个内容。一国或地区只有遵循比较优势来发展产业，才会有真正意义上的这种"客户"。因为在缺乏比较优势的产业中，企业要生存并发展通常意味着政府的保护，这样政府的

---

① 张二震. 国际贸易分工理论演变与发展述评 [J]. 南京大学学报 (哲学. 人文科学. 社会科学), 2003, 151 (1): 67.

② 汤萌, 木明. 比较优势、竞争优势与区域经济发展战略选择 [J]. 理论前沿, 2003 (17): 42–43.

③ 林毅夫, 李永军. 比较优势、竞争优势与发展中国家的经济发展 [J]. 管理世界, 2003 (7): 22–27.

政策总是倾向于保护生产厂商而不是客户，于是就难以出现"内行挑剔"的客户。第二，在同业竞争方面。竞争优势理论认为激烈的同业竞争是创造和保持竞争优势的最有力刺激因素，但对于一个特定行业来说，只有该行业符合比较优势时，同业间的良性市场竞争才有可能实现。因为在违背比较优势的前提下，行业中的企业难以具备自我生存能力，政府实施的保护措施是其继续生存下去的唯一保障，这样必然导致行业垄断而不是迈克尔·波特意义上的激烈竞争。所以，一个国家只有按照比较优势来发展产业，同业之间才会有最大的市场竞争压力。第三，在生产要素方面。竞争优势理论更加强调高级生产要素的重要性。但是创造高级生产要素必然需要大量的投资，只有按照比较优势来组织生产活动，才能为高级生产要素的创造提供大量的经济剩余。因此，遵循比较优势，充分利用现有要素禀赋所决定的比较优势来选择产业、技术、生产活动，是企业和国家培养竞争力的前提。第四，在相关支持性产业方面。竞争优势理论非常强调相关支持性产业对企业和产业创造竞争优势的重要性。只有在产业符合经济比较优势时，企业投资获利的空间才比较大，才会有更多的企业投资于该产业，于是新的相关或者支持性企业才会不断出现。当一个产业不符合比较优势时，民间资本投资于该产业难以持续盈利，于是政府只能动用财政资金直接投资于该行业建立或者通过向民间资本提供补贴来吸引民间资本进入该行业，但是一国或地区的政府财力始终有限，最终导致该产业不可能有足够的相关产业来支持。所以，"提出竞争优势理论的目的是为了取代比较优势理论，这种将比较优势与竞争优势完全割裂、完全对立的观点基本是错误的"，[1] 一般认为这两种优势相互联系、相互促进，由此形成了一个区域产业竞争力的基础。[2]"各国产业在世界经济体系中的地位是由多种因素所决定的，从国际分工的角度看，比较优势具有决定性作用；从产业竞争的角度看，竞争优势又起决定性作用；而在现实中，比较优势和竞争优势实际上共同决定着各国各产业的国际地位及其变化趋势"。[3] 在符合比较优势的情况下积极发展产业竞争优势，就会促进产业结

---

① 林毅夫，李永军. 比较优势、竞争优势与发展中国家的经济发展 [J]. 管理世界，2003 (7)：22-27.

② 魏后凯. 比较优势、竞争优势与区域发展战略 [J]. 福建论坛 (人文社会科学版)，2004 (9)：11.

③ 刘小铁，欧阳康. 产业竞争力研究综述 [J]. 当代财经，2003，228 (11)：87.

构有序发展并不断升级。然而在违背比较优势原则的情况下发展竞争优势无疑是空中楼阁，缺乏坚实的基础，从而也会影响到产业结构的有序成长，造成产业结构畸形。

第三节　汽车产业集群竞争力的基础理论

一、汽车产业和汽车产业集群

1. 汽车产业的定义

汽车产业是指围绕汽车研发、制造、销售、运输和服务相关的产业，汽车产业包括汽车制造业、汽车批发零售业、汽车服务业三个门类，是一个相关产业众多、产业联系复杂的产业集合。汽车产业具有产业链长、关联度高、资本密集、就业面广、消费拉动大等特点。按照《国民经济行业分类新代码（GB/T 4754-2002）》，我国的汽车制造业属于交通运输设备制造业的中类，代码是372，包括汽车整车制造（3721）、改装汽车制造（3722）、电车制造（3723）、汽车车身挂车的制造（3724）、汽车零部件及配件制造（3725）和汽车修理（3726）六个小类。汽车批发零售业包括汽车批发、零售、汽车回收和二手车交易业。汽车服务业涉及的范围较广，是未来汽车产业中利润最大的领域，包括汽车及零部件的研发业、生产性物流业、汽车售后服务业、汽车修理业、汽车信贷业、汽车租赁业、汽车保险业、汽车装饰和美容业、汽车驾驶培训业、汽车救险服务业、汽车加油站服务业、汽车文化产业、停车服务和报废回收业等行业。

2. 汽车产业集群的含义和特点

（1）汽车产业集群的含义。汽车产业集群是指大量与汽车产品联系紧密的汽车制造业、汽车批发零售业和汽车服务业及其相关联的上下游支撑企业、零部件供应商、服务供应商与外围的服务机构在一定地域范围内形成的具有强劲、持续竞争优势的空间集合体，是汽车产业链与区域有效结合的一种生产组织方式。由于汽车产业供应链长，集聚效益更加明显；关联效应强，集群的外部效益明显；精益生产方式，需要灵活多变的集群组织，使汽车工业最适合于实行产业集群，从而能够有效地降低生产成本和交易成本，有利于技术创新与扩散，有利于提高企业核心竞争能力。

（2）汽车产业集群的特征。纵观国际汽车工业，绝大多数都是通过产业集群的方式得以发展壮大的，如美国底特律汽车城、日本丰田汽车城等都是著名的汽车产业集群地，其产业集群具有地域化集聚、弹性专精、竞合联盟、学习效应、品牌效应等基本特点。

1）地域化集聚。汽车产业具有产业链长、配套环节多和迂回生产等特征，实行产业集群可以更有效地获得各种资源，可以使上游的冶金、钢铁、橡胶、塑料、玻璃、电子、电器、机械、仪表等众多行业以及下游的服务、贸易、金融、物流、保险、行业协会、教育机构等围绕整车制造企业在一定空间区域内近距离、高密度地聚集，并带动零部件制造和基础设施的发展，产生十分显著的前向关联、后向关联和旁侧关联效应。世界上有 58 个国家与地区从事汽车生产和制造，但是，美国、日本、德国等 15 个国家的汽车产量则占全球总产量的 90%以上。其中，2009 年美国、日本、德国、中国和法国的汽车产量之和约占全球总产量的 56.88%。世界汽车工业明显地集中在部分国家，而这些国家的汽车生产又表现出明显的地域集中的产业集群特征，从而形成了美国底特律、日本丰田、德国斯图加特、意大利都灵、德国沃尔夫斯堡、日本东京、法国巴黎、英国伯明翰、德国吕塞尔海姆、法国比扬古等世界十大汽车产业集群。中国汽车产量从地域来看，2004 年吉林省汽车产量占全国总产量的 18.3%，北京与天津两地产量占全国总产量的12.5%，上海与江苏两地产量占全国总产量的 35.1%，湖北与重庆两地的产量之和占全国总产量的 16%，这四大区域的汽车产量之和占全国汽车总产量的 81.9%。[①]

2）弹性专精。汽车产业集群的本质特征是集群内部企业实行高度的专业化分工和紧密的社会化协作，一是从集群层面看，整个汽车产业集群围绕一个汽车产业链来进行社会化协作，能够做出比没有形成集群的企业更好的质量、更低的价格和更知名的品牌，通过紧密协作，集群企业能及时对市场

---

① 秦琴，熊丽. 湖北汽车产业的区域集群效应研究 [J]. 商场现代化，2005（8）：245.

需求作出集体反应，实施柔性化生产。二是从企业层面来看，集群内部每个企业都对汽车产业链进行专业化的分工，把主要力量集中到自己竞争力最强或附加值最高的核心业务上，每个企业只做一个部件，甚至是一个部件的一道工序，这使集群内部每个企业能够专精于一种产品、工艺的研发和生产，必然会把业务做专、做精，实现企业对劳动力等要素的柔性需求。

3）竞合联盟。处于产业价值链不同环节的企业在技术能力上是存在差异的，这种差异的存在有利于集群内部企业的协同生产，形成共赢的竞合关系，既有竞争，又有合作。集群内部每个企业都占据了汽车产业链中的一部分或一道工序，可以形成专业化、规模化的生产和服务，与整车制造企业进行社会化协作，节省了生产成本，使集群内每个零部件企业都能产生最大的外部规模经济。而汽车产业链上相同零部件生产者的聚集，导致竞争的加剧，促使零部件生产技术、零部件质量和服务水平不断提高，使得产业链上的社会化协作在更高的层次上展开。

4）学习效应。汽车工业是典型的高技术行业，汽车产业集群通过建立集群企业共同参与、产学研一体化的集群式创新体制来不断提高和扩散学习效应。地理上的空间集聚使集群内的企业受到竞争的隐形压力，不断进行学习和创新，而且新的知识和技术通过实地观察和交流很快在集群内各个企业间进行扩散。集群内占据产业链主要环节的整车制造企业和关键零部件制造企业处于技术能力优势地位，通过集群内部的人员流动、人员之间的非正式交流、企业衍生等途径，对集群内中小型零部件配套企业产生"拉动效应"，使其逐渐具备为整车制造企业配套的技术能力；而集群内中小型零部件配套企业技术能力的进一步提高和结构升级，对整车制造企业产生"挤压效应"。通过整车制造企业的"拉动效应"和中小型零部件配套企业的"挤压效应"，推动整个汽车产业集群技术能力的螺旋式上升。

5）品牌效应。汽车产业集群内部产业链上的各个中小型零部件配套企业都为整车制造企业服务，整车制造企业可以通过统一的对外促销和技术标准，规范质量标准，认同专项技术，推广共同商标，共享集群信誉。大量企业形成集群后可以集中力量，加大广告宣传的力度，利用群体效应，形成集群整体品牌。这种集群品牌与单个企业品牌相比，具有更形象、更直接、更广泛、更持续的品牌效应，能够提高整个汽车产业在全国乃至世界的知名度。汽车产业集群内企业与高等院校、科研机构联合进行的技术攻关和品牌创新是单个企业无法比拟的，同时集群内相关企业的集聚，企业家、劳动力和信息等生产要素的集聚以及共享公共基础技术平台，为企业品牌间的整合和集群品牌的形成发展创造了条件。

张旭明、李辉、王亚玲[①] 等认为，汽车产业集群还具有社会根植和自我增强两个特征。社会根植是指汽车产业集群源于特定地区的价值观念、人际关系、社会文化和产业历史；自我增强是指汽车产业集群是一种自组织、自适应系统，具有循环累积的自我增强特性。

二、产业集群竞争力理论

1. 马歇尔的外部规模经济理论

一般认为，经济学史上第一个研究产业集群现象的经济学家是马歇尔，他曾把经济规模分为外部规模经济和内在规模经济。外部规模经济是产业发展导致的经济规模，与产业的地区性集中有很大关系，而内部规模经济则取决于从事工业的单个企业和资源、它们的组织以及管理效率。马歇尔从"外部经济"的角度对这个问题进行了探讨，他认为形成中间投入品市场、劳动力共享和产生知识外溢是产业空间集聚的向心力。[②] 马歇尔的外部规模经济理论认为，外部规模经济是指企业利用地理接近性，通过规模经济使企业生产成本处于或接近最低状态，使无法获得内部规模经济的单个企业通过外部合作获得规模经济。马歇尔发现了外部规模经济与产业集群之间的密切关系，他认为产业集群是由外部规模经济所致。他认为生产和销售同类产品的企业或存在产业关联的上中下游企业集中于特定的地方，易于使用专门人才、专门机构、原材料并因此产生很高的效率，而这种效率是处于分散状态下的企业所不能达到的。[③] 企业集群是基于外部规模经济而形成的，外部经济主要体现在三个方面：第一是地方具有专用性劳动力市场；第二是生产专业化而取得的中间产品；第三是可获得的技术与信息。他把专业化产业集群

① 张旭明，李辉，王亚玲. 我国汽车产业集群研究 [J]. 汽车工业研究，2007（9）：11-16.

② 祖强，孙军. 跨国公司 FDI 对我国产业集聚和产业升级的影响 [J].世界经济与政治论坛，2005（5）：29.

③ [英] 阿弗里德·马歇尔. 经济学原理（上册）[M]. 廉运杰译. 北京：华夏出版社，2005：324-331.

的特定地区称为"产业区",具有产业组织效率。

马歇尔的外部规模经济理论主要从规模经济的角度来探讨产业集群竞争力,具有一定的现实意义。虽然马歇尔还最早认识到社会文化制度在地区经济发展中的作用,但没有进一步挖掘产业集群产生的非物质因素,更没有考虑到区域内企业的成长和区域间企业的迁入、迁出等动态因素的变化,也忽视了区域产业组织的外部接连与创新,因此仍有一定的局限性。

2. 韦伯的集聚因素理论

与马歇尔的规模经济理论不同,韦伯从微观企业的区位选择角度阐释了产业集群现象,最早提出聚集经济的概念。他在1909年出版的《工业区位论》一书中,把区域性因素分为集聚因素和分散因素,认为产业在一个地方集聚与否,是集聚因素和分散因素博弈的结果。他以费用指数作为集聚指向的标准,认为产业集聚分为两个阶段:"通过企业扩张使工业集中化,这是集聚的第一阶段又是低级集聚阶段。第二阶段,每个大企业以其完善的组织而地方集中化。"[①]第二阶段又是高级集聚阶段。高级集聚阶段由于技术设备发展、劳动力组织发展、整体经济组织良好的适应性使产业之间相互联系而吸引更多的同类企业出现,地域性集聚效应开始出现,这就形成了产业集群。产业集群阶段具有技术设备发展、劳动力组织发展、提高市场化因素和经常性开支成本减少四个方面的优势。随着产业集群的形成,技术设备专业化的整体功能得到加强,也会形成一个充分发展的、新颖的、综合的劳动力组织。产业集群可以提高批量购买规模和销售规模,使企业享有购买原材料的便利和顺利实现产品交易,从而降低企业成本,提高效率。产业集聚有利于道路、煤气、自来水等基础设施的建设和共享,从而减少经常性开支成本,促进产业集聚。[②]后来,一些学者在对韦伯的理论进行研究的基础上,提出了自己的观点。德国地理学家克里斯塔勒从现代地理学角度提出的中心地理论以及廖什的中心地模型对区位论、地理学和经济学的发展都作出了巨大贡献,[③]也构成了产业集聚因素理论的重要组成部分。

韦伯探讨了产业集聚的因素,量化了集聚形成的规则,研究成果具有相

---

①② [德] 阿尔弗雷德·韦伯. 工业区位论(中译本)[M]. 李刚剑,陈志人,张英保译. 北京:商务印书馆,1997:117–120.

③ 李小建. 经济地理学 [M]. 北京:高等教育出版社,1999:86–100.

当的价值。但韦伯对集聚的研究脱离了一切制度、社会、文化、历史等因素，单纯从资源、能源的角度加以考察，而在实际经济生活中，产业集聚的形成相当程度上决定于一个地区的制度、历史及社会文化因素。

3. 佩鲁的增长极理论

"增长极"是西方区域发展理论的重要概念，它是 20 世纪 50 年代中期法国经济学家佩鲁提出的，后来，瑞典经济学家缪尔达尔、美国经济学家赫希曼等在不同程度上丰富和发展了该理论。佩鲁的增长极理论的基本观点是，经济增长不是同时出现在所有部门的，而是首先集中在那些具有创新能力的行业和主导产业部门。由于供给函数和市场需求的不可分性，这些具有创新能力的行业与主导产业部门常常聚集于经济空间的某些点上，形成增长中心或增长极。增长极是一种具有推动性的经济单位，或是具有空间聚集特点的推动性单位的集合体。经济的增长将首先发生在增长极上，然后通过各种方向向外扩散，对整个经济发展产生影响。增长极理论认为，产业集群的形成首先是主导产业中的主体企业形成增长极，然后围绕增长极形成产业集群。增长极会产生类似"磁极"作用的离心力和向心力，即极化作用和扩散作用。

佩鲁的增长极理论揭示了产业集群内主体企业的重要性，也说明了产业集群的形成是围绕有创新能力的主导企业进行的，同时又指出了产业集群的扩散效应和回波效应。由于回波效应往往大于扩散效应，导致增长极地区越来越发达，周边地区越来越落后，从而形成地理空间上的二元经济，甚至形成独立于周边地区的"飞地"现象；另外，佩鲁的增长极理论在解释产业集群时忽视了政府的推动作用以及良好的相关产业基础、巨大的需求市场、大量挑剔的消费者、具有较强竞争意识与创新精神的企业家等对产业集群的影响。

4. 克鲁格曼的新经济地理学理论

1991 年美国著名经济学家保罗·克鲁格曼发表了具有世界影响力的论文《收益递增与经济地理》，开始把区位问题与规模经济、增长极、竞争、均衡等问题结合在一起，为产业集聚的产生提供了很好的解释。克鲁格曼的论文建立了一个简明而有效的关于中心—外围的模型，并通过这个模型说明空间或地理在要素配置和竞争中的重要作用，认为中心与外围模式的形成及其效率取决于运输成本、规模经济和制造业的集聚程度。1995年克鲁格曼出版了新经济地理学最为典型的代表性著作《发展、地理学与经济地理》一书，对空间集聚理论进行进一步补充和发展。他以传统的收益递增为理论基础，以不完全竞争市场结构为假设前提，引入地理区位等因素，分析了空间结构、经济增长和规模经济之间的相互关系，提出了新的空间经济理论，发展了集聚经济的观点。他认为产业集群的形成有需求、外部经济（包括劳动力市场共享、专业化投入和服务、知识和信息的流动）和产业地方化、地方专业化三个主要原因。他的工业集聚模型假设一个国家有两个地区，有两种生产活动，在规模经济、低运输费用和高制造业投入的综合作用下，地区将会形成专业化分工和地区产业集聚。他第一次通过数学模型分析并证明了工业集聚将导致制造业中心区的形成。另外，他的垄断竞争模型在融合了传统经济地理学理论的基础上，综合考虑多种影响因素，如收益递增、自组织理论、向心力和离心力等理论的作用，证明低的运输成本、高制造业比例和规模有利于区域集聚的形成。[①] 新经济地理学理论认为，贸易保护、地理分割等原因都会影响到产业集聚，特殊的历史事件将会在产业区形成的过程中产生巨大的影响力。产业区集聚的空间格局是多种多样的，现实中产业集群的形成具有路径依赖性，使这种产业空间集聚一旦建立起来，就倾向于自我延续下去。

克鲁格曼将贸易理论和区位理论相结合，用模型化的方法通过严密的数学论证从深层次上揭示了产业集聚发生的机制，弥补了马歇尔和韦伯观点的不足。而且从区域经济角度来探讨产业集群的成本节约，这在资源、产品流动性较大的工业化时代，具有较高的理论价值，但在当今信息化时代，这种成本的节约远不如从前。另外，他比较强调大型公司的内部增长和组织间能量化的市场联系，而忽视了公司活动所产生的难以量化的非物质联系（如信息、技术联系）和非正式联系（如人际关系间基于信任的联系）。[②]

5. 迈克尔·波特的新竞争优势理论

产业竞争力理论也称国家竞争优势理论，是美国哈佛商学院终身教授、著名的战略管理学家迈克尔·波特于1990年在其名著《国家竞争优势》中提

---

① Krugman，P. Trade and Geography ［M］. Cambridge MA：MIT Press，1991.

② 陈柳钦. 产业集群与产业竞争力［J］. 中国海洋大学学报（社会科学版），2005（2）：47-48.

出的。产业竞争力理论的渊源和基础主要是亚当·斯密的绝对比较优势理论、大卫·李嘉图的劳动生产率比较优势理论、赫克歇尔—俄林的要素禀赋比较优势理论以及现代的比较优势演化理论。

20世纪80年代以来，新的产业集聚原理对于经济发展的重大意义得到了国际上学界、商界和政界的空前重视。迈克尔·波特在1990年出版的《国家竞争优势》一书中，从组织变革、价值链、经济效率和柔性方面所创造的竞争优势角度，重新审视产业集群的形成机理和价值。在《国家竞争优势》一书中，迈克尔·波特提出的"钻石模型"间接揭示了产业竞争优势的一些深层次原因。迈克尔·波特的"钻石模型"是解释产业竞争力形成机理的核心内容，他认为决定一个国家某种产业竞争力的因素主要由生产要素，国内市场需求，相关产业和支持性产业，企业战略、企业结构和同业竞争四个具有双向作用的主要要素和机会、政府两个辅助性变数共同作用而形成的。在竞争优势理论中，波特强调各个要素发挥作用时，是一个动态系统性机制的变化。国内竞争压力和地理集中使得整个"钻石模型"构架成为一个系统。波特强调，"钻石模型"是一个动态的系统，只有在每一个要素都积极参与的条件下，才能创造出企业发展的环境，进而促进企业投资和创新，因此，地理集中是必要条件。地理集中造成的竞争压力可以提高国内其他竞争者的创新能力，但更为重要的是地理集中而形成的产业集群将使四个基本要素整合成一个整体，从而更容易相互作用和协调提高，形成产业国家竞争优势。波特强调，"钻石模型"的基本目的就是"推动一个国家的产业竞争优势趋向集群式分布，呈现由客户到供应商的垂直关系，或由市场、技术到营销网络的水平关联"。按照"钻石模型"的描述，产业集群需要三个层次的企业和相关组织：一是垂直角度的供应商、分包商、咨询机构等；二是水平角度的拥有相似技术、劳动力市场或企业战略的竞争（或合作）者；三是提供知识与技能、制度供给的专有性的准公共服务部门，如大学、国家实验室、政策制定者等。

1998年波特又发表了《集群与新竞争经济学》一文，系统地提出了新竞争经济学的产业集群理论，把产业集群理论推向了新的高峰。波特认为，形成产业集群的区域往往从三个方面影响竞争和竞争优势：首先是提高该区域成员企业或产业的（静态）生产率，具体表现为：集群增强了对专业化投入品的需求和供给；空间的临近性、供给技术联系和人际关系使市场、技术和其他专业化知识（外显性和内隐性知识）在集群更好地传播和积累；集群可以促进产品互补和联合营销，并能使更多的投入品成为公共品；同时集群会给面临相同大环境的竞争者带来强大的激励效应。其次是指明创新方向和提高创新速率。产业集群能够提高集群内企业的持续创新能力，并使之成为创新中心。集群不仅使创新的机会更为可视化，同时近距离的观察模仿，使新知识、新技术、新产品和新的管理方式得到迅速扩散，增强了企业快速反应的能力和灵活性。集群有利于判定创新需求，降低参与者在获取信息上的花费，更能灵活地将创新机会转化为运营和战略优势，从而导致未来生产率的增长。最后是促进新企业的建立，从而扩大和加强集群本身，集群提供了更丰富的资产、技术、投入和员工配置，从而能够降低新企业进入（和退出）的门槛，其流动的结果往往是适者（最具竞争优势的企业）生存。波特认为，产业集群与竞争的关系表现在三个方面：其一，产业集群内的企业通过在群内的生产力对群外企业施加影响；其二，集群内的企业通过采取低成本进行技术创新为将来的发展奠定了基础；其三，集群的环境有利于新企业的产生和集群规模及影响的扩大。因此，产业集群能够提高企业的竞争力。[①]

波特竞争优势理论在一些方面也受到批评，但是，波特的竞争优势理论强调竞争优势是动态的和不断变化演进的，而且强调竞争优势是多因素综合作用的结果。

以上产业集群竞争力理论关注的现象角度不同，经济发展程度不同，导致了结论的不同侧重与特色，对理解产业集群现象具有重要的意义。但这些理论各自都有其局限性，都过分强调了某一方面因素对产业集群竞争力的影响，所以单一依靠某一理论，均不能对产业集群竞争力问题作出完整、科学的解释。

三、汽车产业集群的经济效应

产业集群的发展可以给区域经济发展和产业结构升级以及合理化带来正

---

① 陈柳钦. 关于产业集群竞争力的主要理论述评 ［EB/OL］. http://www.3722.cn/softdown/list.asp?id=254401.

的经济效应已经得到了实践检验，但这些正的经济效应有哪些？学者们众说纷纭。马歇尔强调了产业集群的外部经济效应，韦伯强调产业集群的专业化地理集聚效应，科斯等强调产业集群能够带来空间交易成本节约效应等，国内有的学者把产业集群的经济效应归纳为外部经济性、降低交易成本、组织制度优势和竞合机制优势四点。[①] 以汽车产业为研究对象，本书认为汽车产业集群的发展可以产生外部经济效应、集群发展阶段高级化、产业组织结构优化、技术结构升级、空间结构合理化和成员企业协同发展效应。

1. 外部经济效应

马歇尔认为外部经济效应往往能因许多性质相似的小企业集中在特定的地方，即通常所说的工业地区分布，才能得到。这种产业聚集的过程就是外部经济向内部经济动态转化的过程，在这一过程中，整个产业的单位成本不断下降，市场占有率则不断提高，表现为规模报酬递增。这一外部经济的主要来源有劳动力市场的共享、专业性附属行业的创造和技术外溢三个外部经济效应。[②] 汽车产业集群内整车制造企业和零部件制造企业、上下游相关企业以及各种服务机构集聚在一起，可以共享基础设施、公共技术平台和信息化管理，形成灵活专业化、创新环境、信息交流、知识共享、文化共通、合作竞争和路径依赖，更容易实现技术的突破性创新，获得技术垄断的竞争优势。外部经济性是创造和保持集群竞争优势的最重要源泉，汽车产业集群的竞争优势主要来源于它的学习机制、创新环境和灵活专业化所形成的社会网络。

2. 集群发展阶段高级化

汽车产业集群大都围绕以整车制造企业为核心的产业链形成，本地化零部件供应商发达，周围的零部件产业发达。在汽车产业集群中，整车制造企业通常作为核心企业，零部件制造企业则作为供应商分散在整车制造企业的周围，这些处于产业链不同环节的企业在技术能力上是存在差异的。整车制造企业和大型零部件企业由于资产规模较大，一般拥有更为高素质的人力资源、更先进的硬件设备、更规范的管理体系、更发达的关系网络以及更充裕

---

① 袁阡佑. 东北产业集群研究——基于长三角产业集群的经验 [D]. 上海：复旦大学博士学位论文，2006：41.

② [英] 阿弗里德·马歇尔. 经济学原理 [M]. 廉运杰译. 北京：华夏出版社，2005：225.

的资本资源，往往处于技术能力优势地位。从发展的角度来看，在产业集群发展的初级阶段，周边中小型零部件企业数量较少，规模较小，缺乏足够的配套能力，整车制造企业只能采取一体化生产或从区域外购买零部件的方式，导致生产成本高，产品缺乏竞争力，市场占有率低。但是在市场需求多样性和不可预测性连续增加的情况下，整车制造企业无法也没有必要囊括生产链上所有零部件的制造环节，每个企业都不得不通过与其他企业进行合作与交易的形式，来获得所需的产品与服务。在这一背景下，尽管整车制造企业与中小型零部件企业之间较少有正式的合作，但是整车制造企业有动力培育本地化的零部件供应网络，以降低生产成本，提高整车制造企业生产经营的灵活性。集群是一种有利于知识流动和技术扩散的经济组织形式，整车制造企业和大型零部件制造企业的技术通过集群内部的人员流动、人员之间的非正式交流、企业衍生等技术学习途径，不可避免地外溢到集群内部其他企业之中，从而产生"拉动效应"，使中小型零部件企业通过技术学习，掌握整车制造企业对配套零部件的技术要求，并通过引进技术、设备、人才等方式，逐渐具备为整车制造企业配套的技术能力。此时产业集群进入了中级阶段。通过中小型零部件企业的配套支持，整车制造企业的生产成本和经营风险降低，竞争能力提高，为整车制造企业进行技术引进和技术创新提供了基础；而整车制造企业与中小型零部件企业之间通过正式、频繁的生产合作，不仅存在非正式交流的技术学习途径，还存在着正式的技术交流，通过正式与非正式的技术学习，中小型零部件企业的技术能力得到进一步的成长，一部分具有较强技术能力的中小型零部件企业将具备自主创新的能力。此时，产业集群的发展进入到高级阶段。中小型零部件企业的技术创新将进一步推动整车制造企业的技术创新和产品结构升级，通过集群内的创新互动，产业集群的整体技术能力将得到提升，产品结构将实现升级。

3. 产业组织结构优化

产业集群对于优化产业结构，转变产业发展方式具有十分重要的意义。产业集群的发展有利于企业之间实行高度的分工协作；容易建立信用机制和互相信赖关系；迫使企业不断地进行技术创新和组织管理创新。汽车产业组织结构是指汽车产业内整车制造企业和零部件制造企业之间的配套以及不同规模零部件企业之间的生产联系和构成比例。合理的产业组织结构不仅指整车制造企业和零部件制造企业之间应有一个恰当的比例，更为重要的是要求不同规模的各种零部件企业之间必须结成完整而细密的分工网络。借助于产业集群内部细密的专业化分工与协作，不仅可以使中小型零部件制造企业找准自己的定位，而且可以建立与整车制造企业共生的模式，提高生产效率，实现汽车产业组织结构的优化。

4. 技术结构升级

我国的汽车产业发展基本上还是在低技术水平上的规模扩张，大都没有达到美国、日本和德国等汽车强国的技术结构层次和技术水平，而产业集群可以从以下几个方面促进汽车产业技术结构的升级：第一，从专业分工与合作的角度看，汽车产业集群内基于汽车产业链而建立起来的较稳定的专业化分工与协作关系，不仅可以通过企业间有序的竞争来激活创新的动力，而且可以使中小型零部件企业日益专精于某一项技术或产品，使得每个零部件企业负担的技术创新投资成本大大降低。第二，从企业组织关系看，由于产业集群融入了当地社会文化环境而获得人文网络的支持，从而可以使整车制造企业和零部件制造企业之间进行技术创新的合作大大强化，这有助于降低为弥合不同技术水平企业之间知识和经验技能的差距所付出的成本。第三，从学习的过程看，集群化有助于技术知识加速传播，通过"拉动效应"，带动中小型零部件企业的技术能力提高，通过模仿和集成创新实现产品结构升级，达到与整车制造企业配套的要求。同时零部件企业对整车制造企业产生的"挤压效应"，也促进了整车制造企业的技术创新和发展。如果说集群学习为技术创新准备了实现途径，那么集群中"挤压效应"的存在则提供了动力上的条件。这种"挤压效应"反过来迫使整车制造企业和大型零部件企业不断提高自身竞争实力，以保住在产业链中的优势地位，其中最根本的途径是加强技术创新，提高产品的技术含量，向高加工度、高附加值、技术集约化等方面演进。

5. 空间结构合理化

产业集群有利于解决地区产业结构趋同问题。汽车对地方经济的带动效应明显，在各自地方利益的驱使下，各地纷纷上马汽车及零部件制造业，造成汽车市场地区化明显，各个省份产业结构雷同，汽车产业的地区之间合作相对较少，产业集中的市场趋势被行政力量所淡化，导致中国汽车制造企业数量众多，组织规模较小，空间布局相对分散，资源浪费或得不到应有的优化配置。从集群与地域的关系看，企业集群的形成与发展结合了当地的历史背景、资源禀赋、文化传统等诸多因素的影响。由于各个地区在这些方面千差万别，依托企业集群的发展而形成的特色工业园区因其不易模仿性，就成为解决我国产业结构趋同的一个重要途径。①

6. 成员企业协同发展效应

汽车产业集群不是整车制造企业和零部件制造企业数目上的简单加总，而是按照产业链上的分工协作关系形成的自组织系统，能对外界变化做出灵活的反应，与企业内部的规模经济效应相对应，又彼此发生交互作用。在汽车产业集群中，整车制造企业和零部件制造企业通过分工协作形成资源整合能力，构成了集群长期稳定的竞争优势，这是非集群和集群外企业所无法拥有的。汽车产业集群内存在的有利于知识流动和技术外溢的学习机制，使集群内部成员企业通过学习等技术创新扩散手段，拉近集群内部成员企业之间的技术差距，促进产业链上的产业结构升级，推动着集群内成员企业协同发展，以利于整车制造企业的装配。当产业集群内部成员企业之间存在技术能力差异时，处于劣势的企业通过向优势企业模仿学习等方式实现能力跟进，试图消除由于能力差异导致的产品附加值差距，产生了优势企业对劣势企业的"拉动效应"。在产生"拉动效应"的同时，劣势企业技术能力得到增长，实现了技术追赶，优势企业为了保持现有优势，通过外向型学习、自主型学习和集群互动学习相结合的方式，获取持续技术优势，由此产生了劣势企业对优势企业的"挤压效应"。"挤压效应"促使核心企业提高技术能力，而这客观上又使得核心企业将在更高层次上拉动周边技术能力的成长，正是这两种效应的交互作用，推动整个汽车产业集群技术能力的螺旋式上升，带动集群内部成员企业的协同发展。例如，经过30多年的发展，长江三角洲地区已经形成了以上海为中心的汽车产业集群。上海是目前中国最大的汽车生产基地，这里拥有中国三大汽车集团之一的上汽集团及上海大众、上海通用两大轿车合资生产企业和上汽股份汽车公司，这些大型企业的存在为周边中小型汽车企业和零部件企业的形成与发展提供了重要的技术来源和人力资源储

---

① 袁中华. 企业集群形成与发展机制研究 [D]. 成都：西南财经大学硕士学位论文，2004：12-13.

备，拉动了周边企业技术能力的成长，使上海华普、上海万丰和上海比亚迪等民营汽车企业发展迅速。这里有全国种类最齐全、规模最大的汽车零部件工业基地，50多家世界一流的汽车零部件合资企业云集于此，如紧邻上海的浙江省，目前已经形成以万向集团为代表的一批实力雄厚的汽车零部件公司和一大批中小零部件企业。技术能力增强的吉利、吉奥、众泰等中小型汽车企业以及零部件企业反过来又对长江三角洲地区的整车制造企业产生了巨大的竞争压力，促使其不断加大技术引进与技术开发的力度，实现产品结构升级，而这又在更高的层次上拉动着长江三角洲地区汽车产业集群整体技术能力的成长，推动着汽车产业集群的结构升级。

汽车产业集群形成后，可以通过释放以上几个方面的经济效应来提升整个汽车产业的竞争力，不仅使集群内企业可以间接地利用更多的非自有资源，而且能形成更形象、更直接的集群品牌效应，更广泛、持续地营造市场优势。

第四节　汽车产业集群竞争力的评价方法

由于产业竞争力可以按照竞争主体、比较客体、比较条件来进行分类，因此，产业竞争力的评价方法也很多。本书从产业国际竞争力和区域产业竞争力两个角度来说明汽车产业集群竞争力的评价方法。

一、汽车产业国际竞争力评价方法

汽车产业集群竞争力介于国家竞争力和企业竞争力之间，评价产业国际竞争力的方法都适合于汽车产业国际竞争力的评价。中国社科院的裴长洪指出："产业竞争力是指属地产业的比较优势和它的一般市场绝对竞争优势的总和。"[1] 他把产业国际竞争力的评价指标分为两类：一类是显示性指标，用

---

[1] 裴长洪，王镭. 试论国际竞争力的理论概念与分析方法 [J]. 中国工业经济，1998，2002（4）：41-45.

以说明国际竞争力的结果；另一类是分析性指标，用以解释具有国际竞争力的原因。显示性指标主要是市场占有率和利润率两个指标。显示性指标可用数学公式进行计算，方法有四种：一是"贸易专业化系数"（TSC），二是"出口绩效相对系数"，三是"固定市场份额模型"指标（CMS），四是"显示性比较优势指标"（RCA）。分析性指标反映的是竞争力已经得到显示的解释变量或未实现的竞争潜力，可分为直接原因指标和间接原因指标。直接原因指标又可分成三大类：第一类是与生产率有关的各项指标，如劳动生产率、成本、价格、企业规模等；第二类是与市场营销有关的各项指标，如品牌商标、广告费用、分销渠道等；第三类是与企业的组织管理有关的各项指标，如售后服务网点和全球质量保证体系等。间接原因指标主要是指迈克尔·波特"钻石模型"中的六个要素，它间接揭示了产业竞争优势的一些深层次原因。国务院发展研究中心产业经济研究部和中国汽车工程学会在评价中国汽车产业国际竞争力时，常常从产业环境竞争力（包括产业地位、国内需求、配套体系和产业政策）、产业组织竞争力（包括产业集中度、企业规模经济性、劳动生产率）、产业创新竞争力（包括研发投入、自主创新的成果）和国际绩效竞争力（包括国际市场占有率、海外生产）等方面来综合评价中国汽车产业与美国、日本和德国之间的差别。

朱小娟在《产业竞争力研究的理论、方法和应用》中指出，产业竞争力评价方法有指标综合评价方法、竞争结果评价法、影响因素剖析法、全要素生产率模型法和标杆法五种。指标综合评价方法主要是指对竞争结果以及影响或决定竞争力的多种因素进行综合考虑，以建立系统科学的国际竞争力指标（包括硬指标和软指标）体系为基础的综合性分析和评价方法，是综合研究一国产业总体国际竞争力的一种评价方法。这种方法往往通过构建竞争力指数进行竞争力排名，以日内瓦世界经济论坛（WEF）和瑞士洛桑国际管理发展学院（IMD）的评价方法为典型代表。竞争结果评价法主要是从竞争结果的表现角度来评价产业竞争力，主要分析指标都是竞争力的显性指标，如市场占有率、净进口等，最典型的是市场占有率法和进出口贸易数据量测法（包括贸易竞争力指数法、显性比较优势指数法、显性竞争优势指数法等）。从竞争结果出发进行评价，能够对产业的竞争力状况有一个全面的了解，但不足之处就是"只知其果不知其因"。影响因素剖析法主要是从影响产业竞争力的因素角度来分析，尽可能地将决定和影响竞争力的各种内在因素分解和揭示出来。通过这种方法，可以对影响竞争力的因素有一个较深刻的了解，从而为如何提高竞争力提供决策依据，最有代表性的是波特关于影响产业国际竞争力的"钻石模型"和价值链分析方法以及系统分析法。全要素生产率模型法主要是从技术进步对产出增长贡献的角度来分析生产率的变化，从而对产业竞争力进行评价。这种方法是随着知识经济时代到来，技术和知识对竞争力的影响越来越大而逐渐兴起的。标杆法主要通过对研究对象及其竞争对手之间的比较研究，确定出同类对象中的最优秀者作为标杆，找出研究对象与标杆之间的差距。标杆法的实质是与竞争力的定义相一致的，竞争力只有在比较中才能显露出来。找到同类中的佼佼者作为一个标杆，至少把它作为当前要改进和努力的目标。标杆法中的主要数量方法包括数据包络分析法（DEA 模型法）和经营竞争力比率法（OCRA 方法）等。①

二、汽车产业国内区域竞争力评价方法

随着我国区域经济的不断发展，区域产业已经进入了竞争阶段，产业竞争的格局也发生了根本性变化，提高区域产业竞争力成为各省市发展当地经济的关键。

1. 因子分析综合评价法

我国学者在研究区域产业竞争力时，经常采用因子分析综合评价法。其步骤大致是：针对某一区域的现实情况，选择出具有代表性的多个指标，建立这个区域产业竞争力评价指标体系；利用因子分析综合评价法对这些区域的多个产业做具体计算，并进行区域产业竞争力的排序；结合聚类分析方法，得出区域产业竞争力强弱排名。

2. IMD 区域产业竞争力模型

IMD 国际竞争力模型也可用于区域产业竞争力分析，称为 IMD 区域竞争力模型，有早期模型和现行模型两种。早期模型包括企业管理、经济实力、科技水平、国民素质、政府管理、国际化程度、基础设施和金融体系八个要

① 朱小娟. 产业竞争力研究的理论、方法和应用［D］. 北京：首都经济贸易大学博士学位论文，2004：112−208.

素。现行模型是用经济表现、政府效率、商务效率、基础设施四个要素替代了原来的八个要素。每个要素又分别包含五个子要素，其中，经济表现包括经济实力、国际贸易、国际投资、就业、物价；政府效率包含公共财政、财政政策、机构框架、商务法规、社会框架；商务效率包括生产力、劳务市场、金融、管理实践、态度与价值；基础设施有基础性基础设施、技术性基础设施、科学性技术设施、健康与环境、教育。这一评价体系涵盖的指标很多，信息量大，比较权威。但是，指标太多容易导致信息处理量大，且很多指标难以量化。因此，在区域产业竞争力评价时采用较少。

3."三力体系"之说

顾名思义，该理论认为区域产业竞争力是由核心竞争力、基础竞争力和环境竞争力组成。其中，核心竞争力是指生产增加值的竞争力，包括三次产业生产范围下的全部公司或企业的竞争力和产业结构的竞争力。基础竞争力则是指支持核心竞争力的基础设施和国民素质竞争力。环境竞争力包括市场竞争环境竞争力和政府提供的社会组织和结构的环境竞争力。[①]

4.波特的"钻石模型"

迈克尔·波特的"钻石模型"可以用于区域产业竞争力分析。迈克尔·波特的"钻石模型"认为区域产业竞争力具体体现在要素状况、需求状况、相关产业和辅助产业、企业战略、结构与竞争、机遇作用及政府作用六个方面，认为国家竞争力集中体现在其产业竞争力的强弱。迈克尔·波特"钻石模型"的优点在于既可以用于研究国家竞争力，也可以用于研究区域产业竞争力，但不足之处在于没有建立一个可以进行量化分析的评价指标体系。

① 叶丹丹.产业集群与区域竞争力的关系研究 [J].厦门：厦门大学硕士学位论文，2008：21.

第三章 辽宁汽车产业集群的发展现状分析

第一节 辽宁汽车产业集群的发展概况

辽宁是我国的老工业基地之一，汽车产业是辽宁重点发展的支柱产业之一。经过多年的发展，辽宁已经建成了轿车、多功能车、轻型汽车、大中型客车、车用发动机和汽车零部件较为齐全的汽车工业体系。目前，辽宁已经形成了以华晨金杯、曙光黄海和沈阳中顺三大集团为核心，包括沈阳、丹东两大整车生产基地以及沈阳—辽阳—营口—大连与沈阳—锦州—朝阳两条汽车长廊，形成沈阳、丹东、大连、朝阳、锦州五个汽车产业集群区域。2008年辽宁汽车产量为34.08万辆，位于广东、吉林、上海、重庆、北京、湖北、广西、安徽、天津、山东之后，处于第三阵营。到了2009年，仅华晨汽车集团控股有限公司的汽车销量就达到34.83万辆，占全国汽车销量的2.55%。

一、辽宁汽车产业及其集群发展概况

辽宁的汽车工业虽然在1929年张学良将军掌管的迫击炮厂（即沈阳民生工厂）开始了汽车的改装试制，试制出了我国第一辆国产汽车—民生牌载重汽车。"九一八"事变以后，日寇占领了民生工厂，1934年将其改名为同和自动车工业株式会社，到1938年形成了年产3600辆轿车和480辆货车的能力，此后又在哈尔滨、长春等地建立了货车生产厂。1939年日本在东北成立满洲自动车制造株式会社（后来把同和自动车也并入了），拥有底盘、车

体、底盘配件三家工厂，并设有技工学校。日本占领辽宁时期的汽车工业完全是为日本长期占领中国服务的，主要供应军需。为了防止东北地区（即当时的满洲）的汽车工业与日本汽车工业竞争，旧中国辽宁的汽车生产以车体制造、汽车装配为主，关键总成都要从日本运来。1945年8月，日寇从东北败退，运走了一切可以运走的东西，毁坏了一切带不走的东西，辽宁的汽车工业在一夜之间被拆走、毁光，没有任何可以利用的生产条件。

新中国成立以后，辽宁汽车工业迎来了发展的春天，辽宁汽车工业从无到有、从小到大、从修配到制造逐步发展起来。新中国成立后，辽宁汽车工业的发展大体经历了五个阶段：一是1949~1957年相关产业建立阶段。伴随着我国国民经济恢复时期开始实施的第一个五年计划，汽车工业所需要的机械工业有了较大发展，在苏联的帮助下，建立了沈阳第一机床厂、沈阳第二机床厂（中捷友谊厂）、沈阳风动工具厂、沈阳电缆厂、大连造船厂、渤海造船厂、一一二厂（沈飞）、四一〇厂（黎明机械厂）和四三一厂，还改建、扩建了鞍山钢铁公司、本溪钢铁公司等。① 二是1958~1965年汽车工业的开创时期。在辽宁汽车工业相关产业有了较大发展的基础上，辽宁先后建立了沈阳汽车制造厂、沈阳轿车修配厂、丹东汽车改装厂、辽阳汽车弹簧厂及丹东汽车工具厂等企业，奠定了汽车工业的发展基础。三是1966~1976年辽宁汽车工业大会战时期。1968年辽宁生产出了新中国成立后的第一辆汽车，同年凌源客车装配厂接受试制驾驶室总成、大厢总成、前后桥总成以及汽车总成装配生产任务，经过两个月试制成功了5辆样品车。通过全省汽车工业会战，沈阳汽车制造厂、凌河汽车工业公司、丹东汽车制造厂等企业以主导产品发展了一批协作配套企业。四是1977~1990年汽车工业的恢复整顿时期。经过恢复性整顿，辽宁省形成年产汽车7万辆、摩托车1.23万辆的生产能力。1988年1月27日，沈阳金杯客车制造有限公司总装车间，采用从日本丰田公司引进零件生产的海狮三代面包车正式投入生产，金杯走上了与国际知名汽车公司合作、利用快捷方式强身健体、领跑国内轻型客车市场的旅程。1989年，金杯通过上海租赁公司采用当时国内罕见的租赁手段，解决资金不足，从丰田公司同步引进海狮四代车身制造技术，将车身图纸、198套

---

① 王福君. 东北经济区的产业结构演进与优化研究 [M]. 沈阳：辽宁大学出版社，2007：87.

冲压模具和装焊线全套引进。五是 1990 年以后辽宁汽车工业的全面发展时期。进入 90 年代之后随着金杯海狮在全国叫响,其经济效益仅次于一汽和上汽,居全国第三位。从这一时期起,辽宁汽车工业逐步发展成为辽宁省国民经济的支柱产业之一。截至 2010 年,辽宁省汽车产量已经达到 127 万辆,其中轿车 45 万辆,车用发动机 175 万台;全省汽车工业增加值预期 500 亿元,销售收入 2100 亿元,实现出口创汇 10 亿美元,就业人数达到 20 万人,已经形成沈阳、丹东、大连、朝阳、锦州五个汽车产业集群区域。

进入 21 世纪以来,辽宁汽车工业发展迅速,汽车产量近年来增长很快(见图 3-1),从 2001 年的 78989 辆,增加到 2009 年的 508452 辆,增长 5.44 倍,形成由轿车、多功能车、轻型汽车(含轻型客车和轻型货车)、大中型客车、车用发动机和汽车零部件构成的辽宁汽车工业体系。

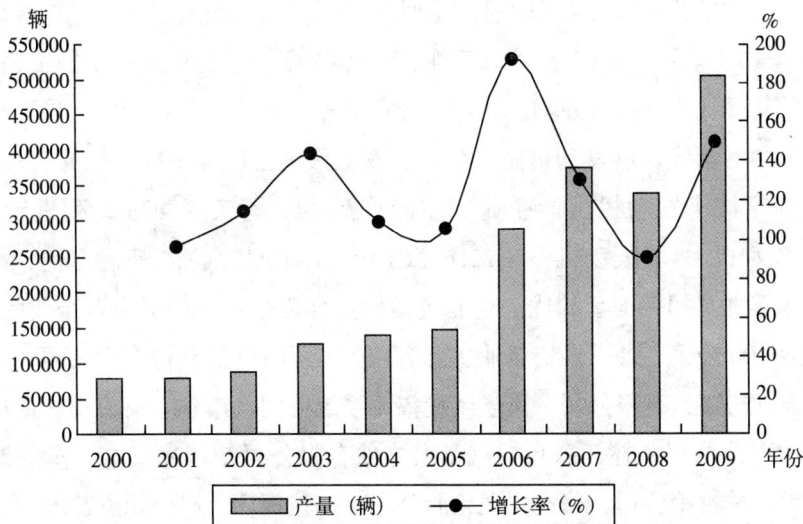

图 3-1　2001~2009 年辽宁汽车产量曲线图

资料来源:《辽宁统计年鉴》(2010) 和《辽宁统计年鉴》(2007)。

沈阳是辽宁汽车产业的重要基地,汽车产业已经是沈阳市的第一支柱产业。目前,沈阳市以华晨集团为龙头,依托沈阳中顺汽车有限公司和沈阳飞机工业(集团)有限公司等企业,重点发展宝马和中华牌轿车、轻型客车及多功能越野车、大中型客车、轻型载货汽车及中重型专用车、汽车发动机及变速器、离合器、车轮、冲压件等零部件,已经形成了以轿车、轻型车为发展重点,以大中型客车、专用车、汽车发动机等整车零部件为骨干产品,具有一定整车制造和零部件配套能力的生产体系。截至 2007 年年底，沈阳市共有华晨金杯汽车有限公司、华晨宝马汽车有限公司、上海通用（沈阳）北盛汽车有限公司、沈阳中顺汽车有限公司、金杯车辆制造公司、沈阳日野汽车制造有限公司、沈阳奥克斯 7 家整车制造企业，主导产品包括宝马轿车、中华轿车、通用别克高档商务车、海狮系列轻型客车、金杯阁瑞斯高档商务车、沈飞日野豪华大客车、中顺 6503 系列轻型客车、金杯轻卡等产品。在专用车制造方面，沈阳有北方交通工程公司、新阳汽车改装厂、铭辰汽车公司、斗成专用车公司、3523 机械厂、天菱汽车公司、天鹰汽车改装厂、万事达汽车改装厂、三山汽车公司、环卫汽车改装厂、消防车厂等 19 家专用车制造企业，主导产品包括厢式货车、冷藏车、保温车、炊事车、运钞车、消防车、清障车、油罐车、垃圾清运车、中巴车、车辆运输车、半挂车等。沈阳市有东北地区最大的农用车生产企业——天菱机械公司，年产三轮、四轮农用车 10 万辆。沈阳市有摩托车生产企业 1 家——天利摩托车制造公司，年产两轮摩托 100 万台左右。目前，沈阳有航天三菱发动机公司、航天新光集团公司、新光华晨发动机制造公司、农机汽车公司和华晨金杯 E2 发动机公司 5 家汽车发动机生产企业，主导产品主要有三菱 4G6 系列发动机、491Q 发动机、471 发动机、4G22D4 汽油机、C-CAR 汽油机等。目前，沈阳汽车零部件及相关配套的优势企业包括外资合资企业和内资合资企业两种，大约有 100 余家。外资合资企业主要有航天三菱发动机制造有限公司、新光华晨发动机制造有限公司、采埃孚伦福德系统公司、李尔座椅公司、德科斯米尔线束公司、金杯江森自控汽车内饰件有限公司、东基三电汽车空调公司、米其林轮胎公司、普利司通轮胎公司、三花都瑞轮毂公司、都瑞轮毂公司、金杯广振汽车部件公司、华丽汽车空调公司、金杯锦恒安全系统公司、金杯恒隆转向器公司、金杯华集汽车部件公司、一东四环离合器公司和名华模塑科技公司等。内资合资企业重点有航天新光集团、华晨东兴汽车部件公司轻型汽车车桥厂、东亿高强度标准件公司、汽车滤清器厂、汽车制动器厂、汽车暖风机厂、汽车消音器厂、汽车开关厂、曲轴厂、东北蓄电池公司等。沈阳汽车零部件及相关配套企业的主导产品主要包括汽车发动机、变速箱、车桥、转向器、离合器、滤清器、助力器、制动器、传动轴、车架、轮毂、座椅、玻璃升降器、弹性元件、高强度标准件、曲轴、汽车蓄电池、汽车轮胎、汽车涂料等。目前，沈阳市已经成为具有国际竞争力、国内重要的汽车工业制造基地，已经形成了东部整车产业集群、南部整车产业集群和西部汽车零部件产业集群。位于沈阳市大东区的"沈阳国际汽车城"占地 30 平方千米，年产 10 万辆整车。以沈阳中顺汽车有限公司为投资主体的辽宁省市级重点汽车工业园区——中顺汽车工业园区已经成为辽宁越野车、商务车、商用车、轿车等系列车型及配套零部件产品生产的汽车产业集团。正是在这一时代和产业背景下，沈阳市已初步确定了具有特色的汽车及零部件产业集群格局。

丹东市汽车零部件产业起源于 20 世纪 50 年代初，已经有 60 多年的历史。经过多年的发展，丹东市及周边地区汽车零部件产业已经成为丹东市生产规模最大、最具发展优势的产业集群。

丹东市及周边地区是汽车产业集中的地区，丹东拥有辽宁曙光、辽宁黄海等整车和汽车零配件企业 500 多家。丹东市以辽宁曙光汽车集团股份有限公司为龙头，塑造"黄海"和"曙光"品牌，重点发展大中型客车、多功能车、中重型专用汽车及车桥、曲轴等零部件，已经成为具有一定国际竞争力的汽车和零部件制造基地，具备生产乘用车、大客车、轿车、货车、特种车辆等整车和全部汽车零配件的生产条件，是国内少有的汽车产业生产和汽车零配件集散地。"十一五"期间，丹东市加快辽宁曙光汽车集团股份有限公司汽车零部件、大中型客车和 SUV 多功能车及皮卡车（专用车）三大生产基地建设，加大大中型客车产品开发和技术改造的投入，加快合资合作和技术引进，不断提高产品的生产水平，逐步提高生产规模和中高档客车的比重，到 2010 年年底，大中型客车已经达到 1 万辆，中高档大中型客车的产量达到 30% 以上。辽宁曙光汽车集团股份有限公司是辽宁的第二大汽车集团公司，丹东市仅有的两户上市企业之一。2005 年实现销售收入 32 亿元，成为丹东市最大的工业企业，在全国机械工业 500 强企业排名中名列第 144 位。该企业主要产品包括大中型客车、SUV 多功能越野车、专用车、系列车桥、汽车齿轮、汽车半轴、轮毂轴、半轴套管、主齿法兰、行星齿轮轴等，其中轻型车桥 2005 年的产量已经达到了 40 万辆，多年保持全国产销量第一。丹东市的黄海大客车产销量曾居全国第一位，虽然其具有一定的自主开发能力，但主要集中在中低档客车，在这一领域的厦门金龙、安凯客车、郑州宇通、常州客车、江苏亚星等中高档大中型客车制造和改装企业，或采取合资合作方式，或引进国外先进客车制造技术生产的中高档大中型客车，产销量快速增长，而黄海大客位次逐年后移，2003年已退居同行业的第八位。

经过多年的发展，丹东市汽车零部件产业已经成为辽宁省最重要的、发展优势明显的产业集群。截至2005年年底，丹东市从事汽车零部件的企业有500多家，2005年实现销售收入40多亿元。其中规模以上汽车零部件生产企业45家，2005年销售收入达15亿元，占全部规模以上企业销售收入的6.6%，占全部装备制造业规模以上企业的18.9%；实现利润18079万元、税金1012万元。丹东市汽车零部件产品种类多，品种全，几乎覆盖了整个汽车所需要的零部件产品，目前丹东市所有企业生产的汽车零部件种类有40多个，100多个品种，从配套汽车种类分，以大中型客车零部件、轻型客车零部件、轻型载货车零部件等为主；从汽车结构上分类，汽车底盘类零部件主要包括车桥（轻型车桥、重型车桥、悬架）、车架（轻型车架、大中型客车车架）、半轴、转向节、轮毂等；车身零部件主要包括车身（大中型客车车身）、仪表盘（大中型客车仪表盘）、内饰件、座椅、仪表、汽车音响、门泵等；发动机配套的零部件主要包括曲轴、增压器、化油器、起动机、发电机、空气滤清器、电子点火器等。在这些零部件中，有一批产品已经形成了较大规模和较高的生产水平，在国内具有较高的知名度，如轻型车桥、汽车发动机锻钢曲轴、汽车半轴、汽车增压器等，从生产规模到生产水平都在国内处于领先地位。辽宁五一八内燃机配件有限公司是以生产汽车、内燃机、工程机械配件及模锻件为主的生产企业，是生产锻钢曲轴为主的专业汽车零部件生产企业，现有产品主要是大马力锻钢曲轴，曲轴的生产能力已经达到了18万根，2005年生产曲轴12万根，是全国最大的大马力发动机锻钢曲轴生产企业。辽宁承业汽车零部件制造有限公司是在一家老企业基础上新建的专业生产起动机企业，起动机年生产能力达到20万台。辽宁通达轴业有限公司是一家专业生产汽车半轴的企业，是辽宁省专业化的汽车半轴生产基地。凤城震洋涡轮增压器制造有限公司是研制生产新型电子门泵和高品质的涡轮增压器的重要基地。丹东市隆盛铸造有限公司是以汽车底盘配套铸造件为主的生产企业，主要产品有制动毂、轮毂、差速器壳等铸件。

大连市是辽宁省最重要的装备制造业基地，大连市依托一汽大连柴油机公司、大连油泵油嘴厂、大连亚明汽车部件有限公司等企业，重点发展车用柴油机系列产品和多种汽车零部件，已经成为国内先进的零部件制造基地。朝阳市依托东风朝阳柴油机公司、朝阳思益有限责任公司及朝阳汽车转向器有限公司等企业，重点发展柴油机系列产品、轻卡和中重型专用汽车及动力转向器、缸体、缸盖等零部件，已经成为汽车及零部件基地。锦州市以万得集团为龙头，重点发展发电机、起动机、减震器、安全气囊等零部件，初步形成了电动汽车及零部件产品研发、试验、检测及工业化生产等开发体系以及由汽车发动机、起动机、马达、电装品、减震器、安全气囊、制动器、电动汽车及关键零部件、新能源汽车用大容量超级电容器等产品组成的品种齐全、产业链条比较完整的特色产业集群。铁岭是辽宁专用车生产基地，以现有的陆平专用车项目、北京新京商校车生产项目为基础，打造全国最大的专用车企业，建立了以中科院沈阳分院等为人才技术支撑的具有一定影响力的研发中心，形成了生产与研发于一身的汽车零部件产业园。此外，装备制造业基础比较好的鞍山市、抚顺市、本溪市等都积极发展汽车零部件，为沈阳、丹东以及其他地区汽车工业提供配套产品。

二、辽宁汽车产业集群特征分析

1. 以主导企业为核心的汽车产业集群初步形成

近几年来，借助于现有的工业基础与中国汽车产业的良好发展态势，辽宁汽车产业飞速发展，实力不断增强，其中沈阳市和丹东市的汽车产业集群已经初步形成。目前沈阳市已经形成了以沈海工业区及其周边地区为主的沈阳市东部整车产业集群，以南部副城中顺—松辽汽车为主体的沈阳市南部整车产业集群，以沈阳经济技术开发区为主的沈阳西部汽车零部件集群。丹东市已经形成以辽宁曙光汽车集团股份有限公司为龙头，丹东黄海汽车零部件制造有限公司、丹东曙光零部件有限公司等为主的汽车和零部件制造基地，是辽宁曙光汽车集团股份有限公司汽车零部件、大中型客车和SUV多功能车及皮卡车（专用车）三大生产基地。目前沈阳汽车产业集群已经形成年产整车40万辆设计能力，其中华晨金杯汽车有限公司海狮轻型车12万辆、中华轿车10万辆、华晨宝马汽车3万辆、上海通用北盛汽车公司一期5万辆、沈阳中顺汽车5万辆、金杯车3万辆、其他2万辆；形成发动机设计生产能力 55 万台，其中，沈阳航天三菱汽车发动机制造有限公司 4G63/64 发动机 25 万台、华晨金杯 1.8T 涡轮增压发动机 10 万台、新光华晨汽车发动机 491Q 发动机 10 万台、航天新光 471 发动机 3 万台、长城富桑内燃机 491Q 发动机 5 万台、东基集团发动机 2 万台。汽车产业从业人员 26500 人，总资产 267.39 亿元，是 2001 年同期的 1.55 倍；实现规模以上工业总产值 290 亿元，是 2001 年的 2.44 倍，占全市规模以上工业总产值 19.8%，同比增长 6.61%；全年生产整车 12.54 万辆，同比下降 0.15%。[①]

2. 汽车产业链较为完整

辽宁汽车产业链较为完整，在整车制造、零部件生产、经销、售后服务等各大环节均有一定实力。汽车工业涉及上游的钢铁、有色金属、橡胶、塑料、玻璃、机械、电子、电器等行业，在辽宁都有雄厚的工业基础和产业技术。目前，沈阳汽车产业集群共有华晨金杯、华晨宝马、上海通用（沈阳）北盛、金杯车辆、沈飞日野、沈阳中顺、沈阳奥克斯 7 家整车生产公司；农用运输车 21 家；汽车零部件企业 95 家，汽车工业所需要的科研院所和高等院校众多。目前，辽宁省汽车工业所需要的汽车经销企业 100 多家，汽车改装厂 50 多家，每市都有二手车交易市场、汽车驾驶培训机构、汽车维修保养机构以及汽车保险信贷机构很多，相关的商业、交通运输、公路建筑、能源、旅游等行业也十分发达。目前，辽宁的整车制造企业中以华晨金杯集团为龙头，华晨金杯集团是华晨宝马、华晨金杯、金杯车辆三大核心汽车生产企业的控股公司，华晨金杯集团的工业总产值、销售收入、汽车生产、销售量占沈阳市汽车全行业的 80% 以上，产销量排在全国大型汽车企业的第 9 位。辽宁的汽车零部件企业主要是随着辽宁整车生产企业的发展而发展起来的，全省现有主要汽车零部件生产企业 100 余家，占全国总数的 4.1%。其中以生产曲轴、座椅、车桥、弹簧、发电机、活塞等零部件企业为主，这些企业生产的汽车零部件能够提供给高档轿车，但高档轻型客车和越野车型能够使用的零部件却很少。以华晨宝马的零部件配套企业为例，2006 年年初华晨宝马在我国本地供应商仅有 46 家，采购额也仅为 8.7 亿元；而到 2006 年

---

① 佟岩. 汽车产业技术进步路径转换研究——以辽宁汽车产业为例 [M]. 北京：中国社会科学出版社，2008：173.

年底，本地采购额已达到了 20 亿元。2007 年华晨宝马的本地化采购与 2006 年相比增长了 80%，达到 36 亿元，而 2008 年本地化采购达到了 44 亿元，本地供应商数也从 100 家增加到 150 家左右。华晨宝马除发动机、部分电子零部件和车桥支架外，绝大多数的零部件都将在中国本土采购。

辽宁汽车产业链完成也表现在轿车、客车、专用车生产体系齐全，商务车和乘用车都能生产。大中型客车是辽宁汽车工业的重要组成部分，丹东市已经形成以辽宁曙光汽车集团股份有限公司为主的整车制造和汽车零部件生产企业群，"十一五"期间丹东加大在大中型客车产品开发和技术改造的投入，不断强化大中型客车在国内汽车工业的地位，使大中型客车的生产规模位于国内同行业前列。沈飞日野大客车定位在高端市场，已于 2004 年投产并正式面市，在短时期内实现了小批量生产。辽宁在中华轿车、宝马轿车等乘用车的基础上也大力发展金杯阁瑞斯等高档商务车，并且在全国具有一定的竞争优势。辽宁生产的专用车主导产品主要有厢式货车、冷藏车、保温车、炊事车、运钞车、车辆运输车等，在全国市场的占有率一直稳定在 2% 左右。

3. 具有较完整的汽车产品系列，但市场空间还有待开发

从产品品种来看，辽宁汽车产业集群产品系列齐全，有轿车、多功能车、轻型汽车（含轻型客车和轻型货车）、大中型客车、车用发动机和汽车零部件，整车制造企业、专用改装车生产企业和零部件制造企业齐全。从汽车产品档次来看，在辽宁汽车产业集群生产的产品中，有高档的宝马轿车、金杯阁瑞斯和日野大客车，有中档的中华系列轿车、金杯海狮轻型客车等，也有低档的黄海大客车等。从大中小型来看，辽宁具有日野、黄海等大型客车，也有金杯海狮轻型客车等中型车，更有以华晨宝马为主体的小型轿车生产。从作用和功能上来看，辽宁形成了具有代步功能的轿车、客车系列，也形成了具有特殊用途的专用车系列。辽宁专用车企业的产品以轻型、中型车辆为主，其中包括环卫汽车、商品运输车、市政专用车、清扫车、高空作业车等，许多产品正处于换型期。目前，辽宁省已经形成以高档轿车、中档轿车、轻型客车、轻型卡车、大型客车为主的辽宁汽车产业格局。

辽宁汽车产业的快速发展是从沈阳金杯引进日本全套的丰田技术和管理生产海狮面包车开始，海狮面包车的产销率也在全国同类车型中占有绝对优

势，2003 年的市场占有率达到 50%以上。尽管金杯海狮轻型客车连续七年产销量居全国第一位，但其市场份额却在逐年下降，遇到了厦门金龙、安凯客车、郑州宇通、常州客车、江苏亚星等中高档轻型客车的冲击和挑战。另外，中华轿车于 2001 年成功推出，作为自主知识产权的代表，中华轿车给中国的汽车工业带来了生机和活力，丰富和推动了民族汽车产业的发展，但是中华轿车还存在着很多质量问题，使中华轿车销售也面临着很大困难。沈飞日野大客车虽然于 2004 年投产并正式面市，但由于大客车高端市场需求有限，并且沃尔沃、奔驰、大宇等同档客车较日野先期进入市场，加上日野大客车国产化率低，成本居高不下，价格昂贵，在短时期内实现批量生产并进行市场销售十分困难。华晨宝马的零部件本土配套率很高，但关键的、占华晨宝马整车成本 20%的动力总成（发动机和变速器）及车身，还没有实现国产化。这部分实现国产化后，市场空间更大。辽宁汽车产业集群内部零部件企业产品开发能力弱，还没有与整车制造企业形成产业链上的同步开发和同步生产。以上这些都标志着辽宁汽车产业集群与国内其他汽车产业集群相比差距还很大，汽车发展的市场空间也很大。

4. 集群专业化分工特征明显

沈阳市是辽宁省最主要的汽车产业集聚地，目前沈阳市初步形成了以沈海工业区及其周边地区为主的沈阳市东部整车产业集群，以南部副城中顺—松辽汽车为主体的沈阳市南部整车产业集群，以沈阳经济技术开发区为主的沈阳西部汽车零部件集群。并以沈阳三环路作为纽带，将东部、南部整车产业集群和西部零部件产业集群联系起来，形成全市汽车产业"2+1"的格局，为实现各产业集群的转运便捷、协作配套、共同发展奠定了基础。其中沈阳东部汽车产业集群是目前沈阳市汽车产业布局的重点，位于沈阳市东北部汽车制造比较集中的大东区、东陵区及虎石台副城，规划用地 30 平方千米，由汽车产业核心区和汽车产业扩散区两部分构成。其中，汽车产业核心区主要位于大东与东陵区域内，以华晨金杯、华晨宝马和上海通用（沈阳）北盛汽车有限公司三大整车制造企业为末端，建设以宝马、中华、别克 SL8、海狮、阁瑞斯等整车产品和汽油发动机为核心，集整车与零部件制造、研发与培训、贸易与物流为一体、规划区域面积约 12 平方千米的产业集群。而汽车产业扩散区位于三环北部的虎石台副城，总用地将近 20 平方千米，主要功能是承接核心区的产业扩散。沈阳经济技术开发区是以零部件制造为主、整车生产为辅的西部汽车零部件产业集群。开发区总用地 32 平方千米，先期用于零部件生产的用地有 5.5 平方千米，北至沈新公路，南至沈辽公路，西邻中央大街，东至燕塞湖街。目前已有沈飞日野大客车、法国米其林轮胎、日本普利斯通轮胎、德国伦弗的公司等整车、零部件及相关配套产品企业。随着铁西新区企业搬迁政策的逐步实施，铁西城区内的汽车齿轮、双福冲压件、汽车车桥、弹簧等 20 余户主要零部件企业都集中到西部零部件集群中，同时引导新的零部件合资企业进入该区域。但汽车经销和服务企业的布局比较松散，主要分布在沈阳市的各个城区，主要是为了接近市场和消费者。由此可见，沈阳市汽车产业集群的区域专业化分工较为合理，可以有效降低汽车企业之间的交易成本，促进汽车产业实力的增强和竞争力的提升。①

三、辽宁汽车产业集群发展中的问题

辽宁汽车产业在短短几年里取得了飞速发展，形成了在全国范围内具备一定竞争力的汽车产业集群雏形，但仍存在着一定的问题和不足。

1. 专业化协作不够，配套能力不强

汽车产业集群要求整车制造企业和相关零部件制造企业的关系非常密切，要实现专业化的分工协作，产业链上要求有较强的配套能力。辽宁省汽车产业发展一直以来都存在一个误区，即重视大企业的发展，轻视相关配套中小企业发展，往往容易形成汽车厂家的"大而全"、"小而全"，企业实行内部配套，使得整个交易处于集团内部。如华晨集团的两个合资公司——华晨金杯和华晨宝马，由于各有自己的一套技术标准和配套体系，从而导致沈阳零部件行业内部兼容性非常小，而且零部件生产滞后，配套能力不强。汽车产业的牵动和拉动作用本应是十分巨大的，对钢材、橡胶、塑料、电子、石油诸多行业都有牵动。据统计，一辆汽车需要 2.5 万个零部件，需要 100 多个企业提供配套产品，令人遗憾的是，辽宁省内的配套体系尽管完善，但能够很好配合的、大而强的企业却很少，致使相关配套产业本地化生产比重小，众多的零部件生产已经让位于南方沿海地区的企业。例如，辽宁省零部

---

① 唐晓华等.产业集群：辽宁经济增长的路径选择 [M].北京：经济管理出版社，2006：252-253.

件企业为金杯海狮轻型客车一次性配套率仅为30%左右,为原金通雪佛兰/开拓者配套率仅有5%,为中华轿车配套率不到30%,为华晨宝马配套更少,只有车桥、座椅及线束。而海狮轻型客车地方集群内配套率只有34%,中华轿车的地方集群内配套率不到20%,如此低的合作配套率很难带动辽宁本地现有零部件企业的发展。辽宁省整车制造企业与零部件制造企业之间的内在关联性差,缺乏应有的专业化分工协作,难以形成本地化的产业优势,本地化的以汽车产业链为主的合作体系尚未建立。

2. 规模不经济,龙头企业作用不突出

汽车产业是典型的资本密集型产业,规模效益的特点十分突出,必须达到很大的规模才可以把在研发、制造和销售等环节投入的费用进行分摊和消化,才能形成竞争优势。辽宁近年来汽车产业发展迅速,整体实力不断增强,但是和吉林、上海、湖北等汽车大省(市)相比还具有一定差距,不具有规模优势,辽宁省的汽车布局较为分散,没有产生大的集聚效应。辽宁省汽车制造和零部件企业虽然众多,基础较好,但对产业集群发展缺乏整体规划和引导,一些地区盲目铺摊子、上项目,导致地区分割、产业趋同,缺乏产业链的分工协作,资源浪费严重,基本是多而不聚、大而不强,只是生产的地域集中,而不是真正的产业集群,没有形成社会化分工协作的产业集群,严重影响了规模效益和区域经济优势的形成,使集群规模不足。辽宁省汽车工业集中度低、规模经济效益差的现状,使得资源无法集中使用,从而导致企业生产成本高,创新实力不够,技术水平落后,难以自主开发。辽宁省整车制造企业以及汽车零部件企业投资分散、生产重复、布局混乱、无序竞争,远未形成规模效益。例如,辽宁省同一产品生产厂家超过3家的就有9个,整个行业还没有销售收入超过10亿元的企业,零部件出口企业仅有13家,年出口总额不到2000万美元。规模在汽车工业中代表着公司的知名度,代表公司的影响力,规模也是一种综合能力和竞争力的体现。汽车行业中龙头企业的规模对整个汽车产业集群的生存与发展至关重要。作为辽宁省汽车产业龙头企业的华晨汽车集团控股有限公司,2009年销量虽然达到34.83万辆,占全国汽车销量的2.55%,但与我国汽车销量排名前五名的上海汽车工业(集团)总公司、第一汽车集团公司、东风汽车公司、长安汽车(集团)有限责任公司、广州汽车工业集团有限公司相比,产销量规模太小,只相当于上海汽车工业（集团）总公司销量的 10%左右，在全国仅排在第 9 位。

3. 汽车产业价值链不完整，本地化的合作体系未建立

汽车产业价值链涉及上游钢铁、有色金属、橡胶、汽车修理、汽车配件、塑料、玻璃以及提供装备的机械、电子、电器等领域，还延伸到销售市场、道路交通及金融保险等诸多方面。辽宁省汽车产业价值链比较短，主要集中在生产、销售等价值链中间环节，研发、服务贸易等前后两端利润高的价值环节还没有完善。就研发环节而言，华晨汽车虽然一直致力于自主品牌汽车生产，先后生产出中华骏捷、中华骏捷 Wagon、中华新尊驰、中华骏捷 FSV、中华骏捷 Cross、阁瑞斯 MPV 尊领以及金杯海狮畅想豪华 11 座等车型，但中华车的外型还是由外国人设计，在联合开发中的自主比例还比较低。在汽车零配件方面，像发动机等技术密集型关键零部件还主要依赖外国技术，目前只能生产一些劳动密集型的低端零部件。辽宁省引进汽车厂商主要想完善汽车价值链，建立本地化的配套合作体系，以利于以价值链为载体的汽车产业集群发展壮大。但目前辽宁省整车制造企业与本地零部件企业的合作体系尚未建立起来，难以带动现有零部件企业发展。辽宁引进德国宝马、日本日野等世界知名汽车厂商的主要目的之一就是有效促进汽车零部件本地化，带动本省汽车零部件产业的发展。但是目前来看，引进的汽车厂商和本地零部件制造企业的合作体系并未建立起来。宝马轿车的地方配套产品只有车桥、座椅及线束，其他零部件基本由上海、江苏等地的合资零部件企业实施配套。而真正能够为一汽、东风、上汽等重点汽车厂家一次性配套的企业仅有 20 多家，且多数未能进入轿车领域。

4. 企业自主开发能力较差，中介组织发展不健全

辽宁汽车产业的技术以外资输入为主导，企业自主开发能力较差，技术含量较低，自主品牌也不很响亮，即便是辽宁省第一台具有自主知识产权的中华牌轿车也是请意大利人设计的车型，目前仅申请了几项国家外观专利。虽然国内的汽车制造企业普遍存在开发能力不强的问题，但就辽宁省汽车制造企业而言，自主研发一直面临着巨大的压力和问题，整车开发能力弱、新产品推出慢的问题尤为突出。中华轿车虽说是自主研发，但面临的挑战十分严峻，由于 2003 年中华轿车的质量问题影响，致使中华轿车没能完成当年 3

万辆的生产销售计划，尽管华晨金杯下很大力量解决了原有质量问题，并于2004年2月9日推出了新中华轿车，同时围绕市场销售做了大量工作，但中华轿车质量问题的负面影响依然存在，给新中华轿车的销售带来了很大困难。辽宁省生产的无论是轿车还是旅行车、轻型车、大客车，都缺少独创性。从汽车的性能和功能上看，也缺乏很强的竞争力，有的大客车定位是城市公交车和职工通勤用车，而由于高速公路的普及，这种低档次车很快就要淡出市场。而且集群内的零部件企业大多面临着人才缺乏、产品开发能力弱的困扰，尚未与整车制造企业形成同步开发能力。辽宁省多数汽车制造企业包括中外合资企业都重生产、轻开发，导致企业研发基础薄弱，手段落后。一些合资企业由于受引进产品技术许可证制度的制约，消化和吸收引进产品的核心技术很难，新产品的开发主要依赖对方，有产权、无知识的现象普遍存在。在汽车产业集群内部，中介服务组织作为重要的组织结构，在连接市场、企业、政府等机构之间发挥着不可替代的作用。辽宁省汽车产业中介服务组织仅在汽车保险等极少领域存在，而且现存的中介服务组织又由于法制不健全、管理跟不上，在实际运作中存在着一些不容忽视的问题，如政企不分，政府干预过多；不顾诚信准则，肆意造假；乱收费，谋求利益最大化；维修等服务标准不规范，黑洞较多等。

第二节　辽宁汽车产业集群发展的 SWOT 分析

SWOT 分析法又称为态势分析法，是将与研究对象密切相关的各种主要内部优势（Strengths）、劣势（Weaknesses）、机遇（Opportunities）和挑战（Threats），通过调查列举出来，并用系统分析的思想，把各种因素相互匹配起来加以分析，从内外环境的相互联系中做出更深入的分析评价，从中得出一系列相应的结论。

一、辽宁汽车产业集群发展的优势分析

1. 区位优势

区位优势是一个区域得以快速发展的重要因素，同时也是产业集群形成和发展的一个重要影响因素。辽宁省位于中国沿海开放地带的北段，是环渤海经济圈和东北地区的对接地带，具有天然的地缘关系，工业化、城市化水平很高，是新中国成立后最早达到工业化的地区之一。辽宁省具有较好的经济区位，交通通达性极强，以沈大高速公路和哈大铁路为主线，以京沈（公路、铁路）和沈丹（公路、铁路）为辅线，主干线在境内纵横交汇，四通八达。辽宁省地缘优势明显，具有结合部的特殊地位，地处东北亚的中心，是我国东北三省的沿海地带，环渤海经济带的北端，是连接关内外、南北交汇的咽喉地带，是国家"振兴东北老工业基地"战略的重要组成省份之一，也是第八个国家综合配套改革试验区的所在地。辽宁省是我国在"欧洲经济圈"和"亚太经济圈"的北部枢纽，东临日本、韩国，与朝鲜接壤，是承接日韩运输设备、机械、电气、电子机械等产业转移和高新技术的重要区域。辽宁省南与山东半岛隔海相望，西接河北、内蒙古，与京津唐经济区相邻，北靠广大的东北腹地，周围环绕着经济强省、农业大省和能源大省，优越的地理位置不仅为辽宁省的经济发展提供了丰富的工业原材料和能源，而且还有利于辽宁向东北腹地辐射能量，俄罗斯、蒙古、朝鲜等周边巨大的市场也为辽宁汽车的发展提供更加广阔的空间。辽宁省内各城市间经济联系紧密，有利于沈阳、丹东这两个汽车产业中心向外辐射能量，同时也有利于其他城市为沈阳、丹东两个汽车生产基地提供零部件配套。辽宁省地理位置示意图如图3-2。

城际间发达的交通网络是一个地区产业集群的重要前提，也是汽车产业集群形成的实体环境。辽宁省的公路网四通八达，运营能力高。辽宁省交通设施网络化程度较高，陆路交通便利，拥有全国密度最高的公路铁路网，高速公路连接各市。哈沈、沈大高速公路和哈大铁路贯穿全区，沿海"五点一线"已经顺利通车。东北东部铁路大通道的建设，进一步加强了"窗口"和"腹地"之间的联系。辽宁省部分城市海陆空交通都很发达。沈阳作为中国东北地区最大的经济中心和通往中国长城以南地区的必经之路，已形成了密

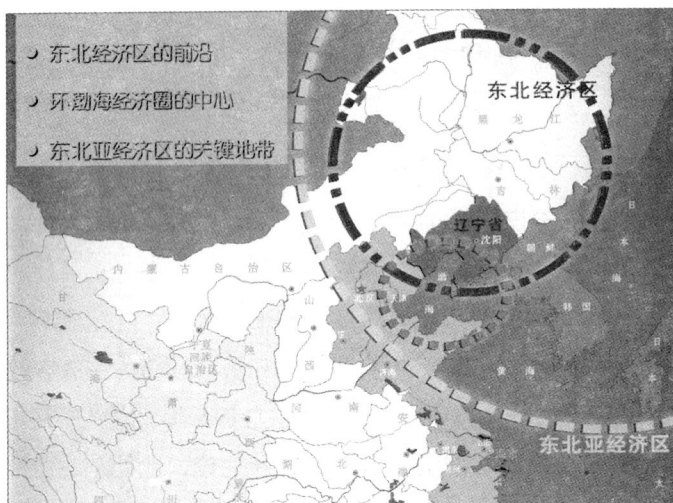

图 3-2　辽宁省地理位置示意图

如蛛网的航空、铁路、公路运输网络，区域内已构筑了"一小时"都市圈。辽宁省依靠便捷的交通，在市场交流、融通的作用下，各城市间经济发展和社会生活一体化程度早已达到相当高的水平。这种以强大的交通网络为背景的地区，其优势在于省内所有城市的资源可以在很短的时间内在区域内部流动，资源配置效率将达到很高的水准，使其经济发展的整体成本大幅度下降，区域内部损失减少。辽宁省具有大连、营口、锦州、丹东、葫芦岛、盘锦等港口群。其中，大连港是东北亚国际航运中心，是欧亚"陆桥"运输的理想中转港，是东北地区的主要出海口。以大连港为中心，丹东港和营口港为两翼的港口群，2006 年年底共有 297 个各类生产性泊位，其中万吨级以上的深水泊位就有 124 个，海运能力较强。2007 年辽宁省沿海港口货物吞吐量已达 4.13 亿吨，港口建设持续快速推进。2006 年辽宁省民航通航里程达 37951 千米，又开辟了新的国际航线。大连周水子机场是我国著名的国际机场之一，新增旅客吞吐能力 300 多万人次。辽宁省管道运输能力不断提高，目前已达 4508 千米。齐全的运输方式和纵横交错的运输网络，对辽宁省和全国的经济发展起到了重要的保证和促进作用。辽宁省交通网络示意图如图 3-3。

信息条件是影响产业集群形成和发展的一个重要条件因素。信息条件是指传递情报信息的设施和方便程度，包括科技文教信息、市场信息、商品信

图 3-3　辽宁省交通网络示意图

息和金融信息等。如纽约、伦敦、巴黎、新加坡等城市的各种信息条件十分优越，与国内外联系交往频繁，而我国一些边远地区，信息条件则较差。辽宁省的信息基础设施完善，信息传输网的建设遍布全省 14 个市，在现有光缆环路的基础上，已经建成沈阳、锦州、营口三个节点和大连与锦州两个卫星地球站。辽宁省重点建设公用信息网络，以中国经济信息网、中国教育信息网和计算机互联网为接口点，将全省 14 个中心城市接入国际互联网，形成辽宁互联网。辽宁省积极建设金桥、金卡、金税、金关、金企、宏观经济信息系统、科教计算机网络系统和农业综合管理及信息服务系统八项省级信息系统，同时建设九个重点数据库，即人口、资信、税收、人才、专利、法规、物价、宏观经济管理和资源数据库。为了给信息条件提供强有力的产业支撑，辽宁省积极发展计算机软件与多媒体技术、微电子技术、高档数据控制系统技术、智能控制仪表与传感器技术等信息技术。信息条件与交通条件紧密相关，又与位置条件相互配合，交通与通讯条件优越的地方，其信息条件也往往比较优越，从而使其区位显得十分重要。[①]

2. 相关与支持性产业优势

汽车是关联度高、产业链长的资金技术密集型产业，汽车产业集群既需

---

① 王福君. 区域比较优势与辽宁装备制造业升级研究 [M]. 北京：中国经济出版社，2010：149-151.

要实力雄厚、知名度高的整车制造企业，也需要一些紧密配合的零部件企业和一些相关与支持性产业，才能不断积累优势，形成产业集群。目前，辽宁汽车产业已经形成华晨金杯、曙光黄海、沈阳中顺三大汽车集团和一批具有一定实力优势的整车制造企业，如华晨金杯、华晨宝马、上海通用（沈阳）北盛、金杯车辆、沈飞日野、沈阳中顺、沈阳奥克斯和辽宁曙光。辽宁全方位发展汽车项目，轿车、多功能车、轻型汽车（含轻型客车和轻型货车）、大中型客车、车用发动机和汽车零部件已经构成了辽宁汽车工业体系。辽宁汽车产业既有满足豪华车市场的"宝马"系列，也有象征民族汽车工业荣誉拥有自主知识产权的"中华"系列，更有国内同类车型中市场占有率近60%的"金杯海狮"系列。辽宁地区汽车工业的相关与支持性产业均具有一定优势，辽宁地区共有汽车工业企业148家，其中汽车制造厂11家，改装车厂50家，车用发动机厂6家，汽车零部件（不含发动机）生产企业81家；固定资产350.73亿元。另外还有科研院所3家，汽车经销企业100多家。华晨汽车集团2009年汽车销量34.83万辆，占全国汽车市场的2.55%，排在全国第9位。

3. 民族品牌优势

在中国汽车整体自主创新能力以及关键核心技术缺乏自主知识产权的条件下，辽宁汽车工业拥有完全自主知识产权。象征民族汽车工业荣誉的"中华"系列，经过多年的发展，已经成为中国自主品牌轿车市场上一股不可忽视的力量，整体的产销规模均有大幅度的增长。近年来，随着外资品牌汽车大规模进入中国市场，对自主品牌汽车造成了很大冲击。在全球经济一体化条件下，国际金融危机对辽宁汽车产业以及其上下游制造业和自主品牌的冲击也是全球性的、全方位的。辽宁要想在自主品牌汽车领域具有较强的竞争力，实现汽车强省，挤进全国汽车产业第一阵营，必须依靠拥有核心技术的自主品牌汽车。目前，华晨集团是辽宁省汽车自主品牌汽车中做得最好的企业，Wagon、新尊驰等自主品牌已经占领了全国更多的市场，沈阳金杯在全国轻型客车方面竞争力也很强。华晨汽车已经与上游零部件供应商、下游整车经销商形成了密切的长期战略合作关系，能很好地发挥联合行动效应，共同实现各自价值。另外，华晨汽车集团借鉴了国外先进的管理水平，这也为辽宁汽车产业的迅速壮大打下了良好的基础。

4. 相关配套产业优势

汽车产业集群的形成，不仅有赖于产业集群内部整车制造企业的发展与带动，还要依赖零部件以及相关支撑产业的发展。目前沈阳市初步形成了东部整车产业集群、南部整车产业集群和西部零部件汽车产业集群为核心的沈阳汽车产业新格局。沈阳西部零部件汽车产业集群位于沈阳经济技术开发区，占地 32 平方千米，北至沈新公路，南至沈辽公路，西临中央大街，东至燕塞湖街。开发区内有法国米其林轮胎、日本普利斯通轮胎、汽车齿轮、双福冲压件、汽车车桥、弹簧等 30 多家汽车零部件制造企业。目前，沈阳市正积极引导国内外知名品牌汽配企业入驻，形成辽宁省最大的集名牌汽配产品展示、批发、销售、仓储、物流和配送中心为一体的零部件产业集群。沈阳东部整车产业集群是沈阳汽车产业规划布局的重点，由汽车产业核心区和汽车产业扩散区两部分构成。其中，汽车产业核心区以华晨金杯、华晨宝马和上海通用（沈阳）北盛汽车有限公司三大整车企业为末端，以宝马、中华、别克 SL8、海狮、阁瑞斯等整车产品和汽油发动机为核心，集整车与零部件制造、研发与培训、贸易与物流为一体的产业集群。而汽车产业扩散区位于三环北部的虎石台副城，主要功能是承接核心区的产业扩散，为核心区提供零部件配套和相关支撑服务。这些汽车相关配套产业的发展为辽宁汽车产业集群的发展和壮大打下了良好的基础。

5. 销售网络优势

华晨金杯、曙光黄海、沈阳中顺三大汽车集团都拥有遍布全国的销售网络。仅以华晨汽车集团为例，华晨汽车集团 2009 年实施中华与金杯分网销售，现有的中华、金杯品牌经销商从产品展示、营销管理团队及资金结构都已是各自独立运营、考核。自分网销售以来，2010 年中华车销售网络总数（含二级网络）超过 1000 家，其中一级网络 261 家；金杯销售网络总数（含二级网络）超过 500 家，其中由公司直接管理的一、二级网络 226 家。由于分网销售，中华与金杯品牌经销商可以更好地展示自身的产品，产品的专注度也大大提升，更有利于品牌推广和产品销售。同时，在经销网络的整合和管理模式的推进方面调整比较大，首先，华晨汽车集团在一线城市内已逐渐缩减单一服务网络的数量，提倡更多地发展 4S 店，以保证在中心城市内的核心市场竞争力。其次，将主战场由一线城市市场向二、三线城市市场转移，在保证一线城市市场销售竞争力的前提下，逐步提倡二、三线城市市场的核心经销商继续做大、做强，辐射周边城市，来带动网络数量及市场占有率的提升。在二、三线城市市场的网络开发策略上也是根据区域性的不同，结合当地市场发展及经济特点，适度调整选建标准。再次，聘请了第三方调研公司，对全体经销网络进行管理考核监督，使考核得分与业绩相挂钩，从而更加细化销售管理流程并保证了客户满意度。对于连续多次得分排名靠后且无整改意愿的经销商，坚决予以替换。最后，华晨汽车集团的销售管理实行了大区制管理，这使得销售大区决策前移，统分结合，压缩了经销商与厂家之间的多个沟通环节，管理更趋于扁平化，大大提升了工作效率。

6. 教育和科研优势

辽宁省拥有较为丰富的汽车专业教育与科研资源，东北大学、沈阳理工大学、沈阳工业大学、沈阳航空工业学院、辽宁省交通高等专业学校、辽宁机电职业技术学院等都拥有专门的汽车专业学院与科系，为辽宁汽车产业的发展提供了大量的知识技术和人才支撑。东北大学机械工程与自动化学院广含机械结构、设备及系统的设计、制造、控制、检测、分析、评价等多个学科领域，是一个集人才培养、科学研究和产品开发于一体的教学科研实体。车辆工程学科是机械工程一级学科下设的二级学科，侧重车辆工程技术领域前沿科学技术及交叉学科新理论新技术在车辆工程领域的研究和应用。车辆工程研究所与华晨金杯汽车有限公司建立了合作关系，成立了汽车技术联合实验室。车辆工程学科的学生在长春一汽集团、金杯汽车公司、沈阳发动机高等专科学校等生产、教学系统进行教学实习。沈阳理工大学共设有16个二级学院和一个基础教学部，汽车与交通学院是该校的二级学院之一。汽车与交通学院始建于1998年，共有3个本科专业：车辆工程专业、交通运输专业、热能与动力工程专业；建有车辆工程硕士点，共有3个研究方向：汽车试验与仿真研究、汽车现代设计及制造技术、汽车制造过程优化管理与仿真技术。沈阳工业大学机械工程学院设有车辆工程系，下设车辆工程教研室。该专业确定的人才培养目标定位于培养掌握车辆工程专业的基本理论和基础知识，具备较强的车辆设计、制造业及实验技术等工程应用能力，能在整车及零部件、能源、交通运输、航天航空等领域，从事车辆整车零部件的设计开发、试验研究及管理等工作的高级工程技术人才。沈阳航空工业学院机械与汽车学院设有机械设计制造及自动化教学研究中心、机械基础教学中心、汽车工程教研室、工业工程教研室和 1 个试验中心，设有 4 个本科专业和机械设计理论、机械制造及自动化两个硕士点以及机械工程领域工程硕士授予权。辽宁省交通高等专科学校汽车工程系始建于 1951 年，该系拥有优秀的教师资源，有先进的实验实训条件，具有比较深厚的文化积淀，具有比较广泛的社会影响。目前汽车工程系是国家汽车类高技能紧缺人才培养培训基地、辽宁省交通运输类专业教师培训基地，运用与维修专业是辽宁省示范专业，辽宁省汽车维修行业培训基地。辽宁机电职业技术学院与辽宁曙光汽车集团合作创建了二级产业学院黄海汽车工程学院，该汽车学院位于丹东汽车及零部件产业园内，已经成为辽宁曙光汽车集团的人才培养基地、企业员工培训基地和汽车技术应用服务中心。

二、辽宁汽车产业集群发展的劣势分析

1. 核心企业规模小，竞争力不足

汽车行业是一个典型的资本密集型产业，规模效应比较突出。自从汽车工业的流水生产和零部件标准化以后，规模经济已经成为汽车工业的核心问题。汽车工业的经济规模数量并不是一个常量，它随着时间、技术、资本、市场竞争等因素的变化而变化。柏雷顿在 1971 年提出，对生产单一车型的轿车企业来说，最小有效经济规模（MES）是每年 50 万辆。根据瑞斯 1972 年的观点，生产多种车型企业的最小综合有效规模是每年 200 万辆。合理的经济规模是汽车企业在当前激烈竞争的市场中实现利润最大化、保持竞争优势的必要条件。与全国汽车工业大省相比，辽宁省汽车工业规模小，生产总量少。就单个企业规模而言，中国汽车工业的前 5 名上汽、一汽、东风、长安和北汽五大汽车集团 2009 年销量都在 100 万辆以上，销量最大的上汽达 270.55 万辆，占全国汽车市场的 19.83%，而华晨汽车集团的汽车销量只有 34.83 万辆，占全国汽车市场的 2.55%；2008 年金杯汽车股份的汽车产量为 24.2 万辆，占全国汽车产量的 2.59%。而美日欧的汽车公司中，日本丰田公司在 1972~1992 的 20 年中，平均每年生产 350 万辆，通用、福特两大汽车集团的年产量均保持在 400 万辆以上。从车型品种来说，轿车、多功能车、轻型汽车（含轻型客车和轻型货车）、大中型客车、车用发动机和汽车零部

件构成了辽宁汽车工业体系，但辽宁仅仅在面包车生产方面拥有一定的优势。中华轿车 2001 年成功推出，2003 年高档车宝马才下线，竞争力明显不足；全国需求量大的旅行车、轻型车、载货车等在全国也缺乏很强的竞争力。辽宁省生产的大客车定位是城市公交车和职工通勤用车，很难适应全国高速公路普及的情况。龙头企业是汽车产业集群实行规模经济的核心，是引导中小企业和零部件企业发展的枢纽，承担着带领群内中小企业开拓市场、创立品牌、创新技术等重任。在全国大力发展汽车产业，整个汽车行业大幅增长的背景下，2009 年辽宁汽车产量占全国汽车产量的份额却比 2008 年有所降低，面临市场的严峻考验。

2. 零部件基础薄弱，地方配套率低

辽宁省内的汽车配套体系尽管完善，但能够很好地实现零部件配套、大而强的企业却很少，大多数零部件企业技术力量薄弱，缺乏独立开发能力，主要依靠整车制造企业的产品图纸生产，同时又缺乏系统的检查设备和手段，产品的可靠性差，难以满足整车制造企业的需要，结果很多整车制造企业的配套要拿到全国各地去做。例如，辽宁省零部件企业为金杯海狮轻型客车一次性配套率仅为 30% 左右，为原金通雪佛兰/开拓者配套率仅有 5%，为中华轿车配套率不到 30%，为华晨宝马配套更少。而真正能够为一汽、东风、上汽等重点汽车厂家一次性配套的企业仅有 20 多家，且多数未能进入轿车领域。辽宁汽车零部件生产滞后，配套能力不强，低技术含量生产企业众多，价格竞争激烈。例如，华晨集团的两个合资公司——华晨金杯和华晨宝马，由于各有自己的一套技术标准和配套体系，从而导致沈阳的零部件工业内部兼容性非常小。

汽车产业是一个关联度和协作配套率都很高的产业，一个整车制造企业所需要的零部件绝大多数由本地的其他配件企业生产，这样可以大大地降低企业的交易费用，提高企业的效率，所以其他零部件及配件企业的完善与地方化程度直接关系到整车制造企业的竞争力和本地现有零部件企业的发展。目前，辽宁省原有的多数省内汽车零部件企业技术水平不高，产品多进入维修配件市场，而引进的汽车厂商和本地零部件制造企业之间的合作体系并未建立起来，本地配套率低。宝马轿车的地方配套产品只有车桥、座椅及线束，其他零部件基本由上海、江苏等地的合资零部件企业实施配套。而海狮轻型客车地方集群内配套率只有 34%，中华轿车的地方集群内配套率不到 20%，而发达国家的汽车产业集群内配套率一般在 80% 以上。辽宁汽车产业没有按照汽车产业链形成上下游产业紧密联系的专业化协作配套，整车制造企业和零部件制造企业之间及与其支撑机构间缺乏有效的合作。

3. 汽车专业人才匮乏，人才流失严重

由于辽宁老工业基地汽车工业的迅速发展和美好前景，导致从负责技术维修的高级蓝领，到精通汽车行业的高级经营管理人才都十分短缺。整车设计师、发动机设计师、前后桥设计师、变速箱设计师等人才都是辽宁汽车企业亟需的人才。辽宁虽然有一些汽车行业从业经验丰富的在职人员可以补充这方面的人才需求，但是数量仍然远远不够。另外，企业招聘到的汽车专业毕业生普遍缺乏实践经验，至少需要两年以上的时间才能真正适应岗位的要求。汽车产品更新换代十分迅速，而目前省内不少高校汽车专业使用的教材仍然是 20 世纪末出版的教材，前沿理论和动手技能严重滞后。同时汽车专业的学生实践机会很少，实训中使用的汽车都是实际中已经淘汰的、落后的，缺乏国外由各大汽车公司和高校联合进行汽车定向培训的做法。目前辽宁省虽然有东北大学、沈阳理工大学、沈阳工业大学、沈阳航空工业学院、辽宁省交通高等专业学校等院校开设了汽车和与汽车相关的专业，培养了大量汽车设计、汽车制造以及汽车后市场的维修人员、销售人员等技术人才，但这些技术人才流失较多，而且各个院校培养的汽车企业中高级人才和研发技术人员较少，难以满足辽宁汽车制造企业发展的需求。

4. 企业自主开发能力较差，"产学研"合作机制不完善

辽宁汽车产业集群的技术以外资输入为主导，企业自主开发能力较差，自主品牌也不响亮，即便是辽宁省第一辆具有自主知识产权的中华牌轿车也是请意大利人设计车型的，目前仅申请了几项国家外观专利。虽然国内的汽车制造企业普遍存在开发能力不强等问题，但就辽宁省汽车制造企业而言，自主研发一直面临着巨大的压力和问题，辽宁生产的多数车型，无论是轿车还是旅行车、轻型车、大客车，都缺少独创性；从汽车的性能和功能来看，也缺乏很强的竞争力；从新产品来看，整车开发能力弱、新产品推出慢的问题尤为突出。多数汽车制造企业包括中外合资企业都重生产、轻开发，导致企业研发基础薄弱，手段落后。集群内的中小型零部件企业经营者和从业人

员科学文化知识普遍较低，实现管理创新、市场创新、科技创新的能力普遍偏弱，与科研机构建立良好合作关系的意识也不强，加上汽车中介机构力量薄弱，信息和技术交流不完善，不能充分促进企业间协同创新，而且缺乏知识产权保护措施，因此中小型零部件企业所采用的技术多为引进或模仿，根本不拥有适应市场的设计能力，仅仅成为汽车零部件生产和加工基地，自主创新动力严重不足，产业的优化升级受到较大制约，尚未与整车制造企业形成同步开发能力。

汽车作为一种技术密集型的产品，其开发和研究过程需要大量的资金，开发一个新产品至少需要消耗上亿元资金，研制周期更是长达几年时间。如此大的投入和开发风险，需要集群内企业之间、企业与科研院所之间能够加强合作。辽宁目前开办汽车相关专业的高校有沈阳工业大学、辽宁工程技术大学等，相关研究机构和行业协会有辽宁省机械科学研究院、辽宁省机械行业协会、辽宁省汽车工业协会等。以上高校、科研机构在人才培养和汽车研发上与汽车企业的合作还较少，没有形成一种产学研合作机制，主要表现在整车制造企业和零部件制造企业没有意识到通过产业链上企业间的合作研发，能够以相对少的资金和人力，实现投入快、见效快，从而抢先获得专利，优先获得高附加值利润的重要性；同时辽宁省设立汽车专业的高校和科研机构在汽车研发方面的实力还有待于提高，不能满足汽车产业的发展要求。由于汽车制造企业与科研院所之间没有形成良好的产学研合作机制，造成了对科研资源的浪费，不利于汽车制造企业整体工艺水平的提高及创新能力的发挥。

三、辽宁汽车产业集群发展的机遇分析

1. 市场环境机遇

2009 年，在宏观经济强劲复苏以及一系列汽车消费政策刺激的双重推动下，我国全年汽车产销量分别达到 1379.1 万辆和 1364.5 万辆，首次超过美国，成为全球汽车产销量第一的国家。其中乘用车产销量分别完成 1038.4 万辆和 1033.1 万辆，同比分别增长 54% 和 53%；商用车产销量分别完成 340.7 万辆和 331.4 万辆，同比分别增长 33% 和 28%。伴随着我国汽车工业的超常增长和国家出台及实施一系列促进汽车消费政策，我国汽车企业正面临着一

个巨大的市场需求。汽车作为耐用消费品，其行业发展具有明显的周期性，并与 GDP 及居民可支配收入高度相关。发达国家的历史表明，人均 GDP 进入 1000~3000 美元的区间，汽车行业处于快速增长期，可持续 5~8 年左右，之后进入平稳增长时期。2008 年中国大陆人均 GDP 为 3386 美元。根据亚洲开发银行公布的《亚太地区 2010 年关键指标》显示，2009 年中国大陆人均实际 GDP 为 6914 美元，中国已经进入汽车消费快速增长时期。汽车市场发展历史表明：一个国家乘用车市场的中长期发展趋势主要是由 R 值决定的（R 值=车价/人均 GDP），美日等汽车发达国家的发展经验表明，当 R 值达到 2~3 时轿车开始大规模进入家庭，汽车普及率迅速提高，汽车市场开始进入成长期。根据中国宏观经济的预测和分析，在 2009 年左右中国中等收入家庭具备购车能力，汽车将大量进入家庭。世界轿车千人拥有量平均为 120 辆，发达国家为 500 辆，而中国只有 38 辆。中国轿车千人拥有量与世界平均水平相比仍然很低，但人均 GDP 的快速发展，使中国的汽车进入快速发展时期，巨大的本土市场潜力的释放已指日可待。从世界其他发展中国家以及亚非拉地区来看，许多发展中国家由于国民财富的增加、基础设施的改善，形成了大量的新增汽车需求和替代需求，为中国汽车企业走出国门提供了良机。2008 年中国乘用车出口量为 318593 辆，商用车出口量为 362415 辆，2009 年受国际金融危机影响，中国乘用车出口量减少为 134566 辆，商用车出口量减少为 235060 辆。而在 2008 年中国整车出口额超过 1 亿美元的 17 个企业和汽车零部件出口额超过 1 亿美元的 8 个企业中，辽宁省榜上无名，这为辽宁汽车产业打开国外市场提供了巨大契机。伴随着城市化进程、新农村建设、基础设施建设的广泛开展，专用车市场潜力巨大、前景广阔。2010 年以来，华晨汽车与奔驰授权的奥地利一家专用车公司联合成立一家专用车合资公司，双方将致力于高端专用车产品的研发。

2. 建设国家新型工业化综合配套改革试验区的政策机遇

在世界汽车产业向我国加速转移的国际背景下，东北老工业基地的改造、环渤海经济圈的开放与开发、辽宁"五点一线"的开发以及沈阳经济区上升为国家综合配套改革试验区都为辽宁汽车产业的发展提供了良好的政策机遇。东北老工业基地优惠政策内容十分丰富，涉及社会保障、国企改革、财税、金融、重点项目建设、科技创新、对外开放、资源、农业、基础设施等11个方面。在汽车产业方面主要是企业进口设备减免关税、技术改造购置国产设备投资抵免所得税、技术改造项目省财政贴息、扩大增值税抵扣范围、企业所得税优惠政策和支持工业企业科技创新政策等。环渤海经济圈开放开发使辽宁省又拥有了一次政策上的优势，不但可以共享环渤海地区的资源、产业以及一体化经济的带动，而且还处于东北亚经济区的中心部分，与日本、韩国产业继续向外转移形成互动。辽宁沿海"五点一线"开发建设和沈阳经济区上升为国家综合配套改革试验区使辽宁汽车产业升级提高到一个新的水平，省委、省政府把辽宁汽车产业集群建设摆在了重要的位置。"十一五"期间，辽宁省重点发展华晨集团、曙光集团、上海通用（沈阳）北盛、沈阳中顺等整车制造企业，以及一汽大众（大连）、一汽大柴、东风朝柴、航天三菱、本溪曲轴、锦州万得等一批骨干零部件企业，加快发展了沈阳、大连、本溪、丹东、朝阳、锦州等地的汽车及零部件产业集群。全力支持华晨宝马、上海通用（沈阳）北盛、华晨金杯、曙光集团、辽宁海诺、辽宁九天建设、沈阳中顺等整车制造企业发展。面向国际国内两个市场，依托沈阳金杯汽车、曙光集团、本溪曲轴、辽宁五一八、锦州万得、锦州锦恒、航天三菱、一汽大众、华晨金杯、一汽大柴、东风朝柴等骨干企业，重点发展了发动机、车桥、曲轴、汽车悬架、安全气囊、差速器、变速器、汽车转向器、增压器等汽车零部件产品，加快形成了沈阳、大连、本溪、丹东、锦州、朝阳等汽车零配件产业集聚。

3. 产业发展机遇

辽宁汽车产业发展面临着国际和国内双重产业机遇。从国际产业转移来看，发达国家汽车整车和零部件企业将继续向中国、墨西哥、印度、东欧等低成本国家和地区转移生产制造环节，转移范围将向研发、设计、采购、销售、售后服务等环节延伸。这一方面使我国汽车零部件企业获得了先进的生产技术；另一方面更重要的是通过承接国际汽车产业转移，加速实现高附加值配套。从国内产业发展机遇来看，2009年年初我国发布的《汽车产业调整和振兴规划》（以下简称《规划》）在指导思想中明确指出要稳定和扩大汽车消费需求；以结构调整为主线，推进汽车企业兼并重组。《规划》指出利用三年的时间，在市场结构方面，1.5升以下排量乘用车市场份额要达到40%以上；在兼并重组方面，通过兼并重组，形成2~3家产销规模超过200万辆的大型汽车企业集团，4~5 家产销规模超过 100 万辆的汽车企业集团，产销规模占市场份额 90%以上的汽车企业集团数量由目前的 14 家减少到 10 家以内；在自主品牌方面，自主品牌乘用车国内市场份额超过 40%，其中轿车超过 30%，自主品牌汽车出口占产销量的比例接近 10%。华晨汽车是国内发展最好的自主品牌之一，其高起点的自主品牌战略被认为是其他企业所不具备的优势。但华晨汽车集团长期面临着资金瓶颈，在高速发展过程中大量缺乏资金，在新产品、生产管理等方面，明显显示出实力不足。因此，可以利用华晨汽车的自主品牌，和一些有雄厚资金实力的国内汽车集团合作，形成优势互补。一些省内零部件企业也可以通过与汽车零部件巨头的联姻提高配套能力，迅速提升自身实力。华晨汽车集团和德国宝马汽车集团于 2009 年 11 月签署协议，宝马汽车集团宣布向华晨宝马二期增资 50 多亿元人民币在沈阳建设新厂，出资比例为 1∶1。该项目已于 2010 年启动，潜在总产能第一步增加到年产 10 万辆，长远产能将达年产 30 万辆。宝马汽车公司是世界著名的汽车公司，总部设在德国慕尼黑，在世界很多国家都有研究中心，具有很强的产品研发能力。通过与宝马汽车的合作，依靠宝马汽车先进的开发技术、优异的产品平台、完整的产业发展经验以及全球行销网络，有利于提高辽宁汽车的研发能力，增强市场竞争能力，提高辽宁高档汽车的生产能力。

四、辽宁汽车产业集群发展的挑战分析

1. 竞争者的威胁

汽车产业是关联度高、带动性大的产业，所以近年来各省市都加大投资力度积极发展汽车产业，再加上国外汽车企业的进入，使我国汽车市场竞争日趋激烈，辽宁汽车产业也面临着更大的挑战。在轿车方面，国外大型汽车公司纷纷与国内汽车企业合资，不断推出新车型，竞争已进入白热化的程度。而华晨汽车仍然坚持自主发展，没有合资重组，整车开发能力弱，新产品推出慢，产品存在质量问题，导致在国内市场竞争力不足。在自主品牌轿车领域，高档领域有红旗轿车稳稳占据了市场，而在中低档自主品牌轿车领域，吉利、奇瑞两大品牌紧追其后，给华晨中华造成了很大压力。在客车方面，产销量曾居全国第一位的丹东黄海大客车由于定位在中低档客车，没有引进国外先进客车制造技术生产中高档大中型客车，在全国位次逐年后移，

让位于厦门金龙、安凯客车、郑州宇通、常州客车、江苏亚星等，2003年已退居同行业第八位。而沈飞日野大客车虽定位于高端市场，但与沃尔沃、奔驰、大宇等同档客车相比，由于国产化率低，成本高，短时期内很难实现批量生产。在专用车方面，辽宁虽然能够生产厢式货车、冷藏车、保温车、炊事车、运钞车、中巴车、车辆运输车、半挂车等专用车，但新材料、新技术和微电脑在专用车上的应用少，导致所占市场份额较小，而上汽集团南汽依维柯公司、江铃全顺、大小金龙和北汽福田等都占据了专用车的大量市场，并向国外出口了大量的专用车。

2. 产业集群自身存在的威胁

从辽宁汽车产业集群形成的过程来看，大多数汽车产业集群是通过优惠政策和廉价劳动力的优势来吸引企业形成空间上的聚集。以沈阳东部整车、南部整车和西部汽车零部件汽车产业集群的产生和发展为例，政府的规划要大于市场的生成性。在市场竞争加剧的环境下，这种产业集群很难真正实现以其内在良性运行机制和产业关联为基础的集聚，很难形成在本地根植性强的产业集聚效应。产业集群内上下游产业间关系比较松散，关联程度不强，不容易形成共同的区位品牌。产业集群内的产业链较短，有的甚至没有形成完整的产业链，势必造成创新项目技术扩散效应无法发挥，不利于后续创新。任何产业集群的发展都需要相应的政策措施、土地使用、人才引进、银行贷款、信息服务、行业协会、职业学校、培训中心、技术创新、公共服务等综合服务支持体系，但目前辽宁省产业集群发展存在着宏观环境不到位，政府缺位、越位现象，社会化服务体系不健全，配套的生产性服务业发展滞后等问题。[①]

从以上的分析可以看出，辽宁汽车产业集群发展优势与劣势并存，机遇与挑战同在。辽宁汽车产业集群发展虽然具备了一定的优势条件，但是由于历史的原因，其劣势相当突出。特别是零部件基础薄弱，专业人才匮乏，技术开发能力薄弱、机制改革不到位等问题严重制约着辽宁汽车产业集群的发展。目前国内汽车产业外部宏观环境趋好，辽宁沿海经济带建设以及沈阳经济区上升为国家新型工业化综合配套改革试验区也为辽宁汽车产业的发展提

---

① 唐晓华，王伟光. 辽宁产业集群：现状、思路与对策［N］. 辽宁日报，2008-05-26.

供了良好的历史机遇。在当前环境下，辽宁汽车产业应该清醒地认识到自身的优势和劣势，及时进行结构和产品调整，抓住机遇，灵活应对各种挑战，积极制定相应的汽车产业集群发展对策，不断提高辽宁汽车产业的竞争力。

第四章 辽宁汽车产业集群竞争力的实证分析

第一节 中国汽车产业的国际竞争力对比分析

新中国成立 60 多年来，特别是改革开放 30 多年来，我国汽车工业取得了举世瞩目的成就，形成了完整的较强大的汽车工业生产体系。这种汽车产业不断发展壮大的过程也是中国汽车产业国际竞争力不断提高的过程。国内相关学者对中国汽车产业的国际竞争力进行了相关实证研究，王勇运用贸易分工指数、显示性竞争优势指数、显示性比较优势指数和净出口显示性比较优势指数对中国、美国、德国、巴西和马来西亚的汽车产业竞争力进行比较，发现中国的汽车产业竞争力水平一直处于整体上升的状况，其中汽车产品进出口情况略好于美国和马来西亚，而远低于德国和巴西；而在出口竞争方面处于绝对劣势，低于美国和巴西，远低于德国。[①] 李鹏选用贸易竞争力指数（贸易竞争力指数 $TC = (E - I)/(E + I)$，其中 E 为出口额，I 为进口额）来衡量汽车产业国际竞争力的大小，发现 1989 年我国汽车产业具有很低的国际竞争力；1990~2004 年我国汽车产业具有较低的国际竞争力；2005~2008 年我国汽车产业具有较强的国际竞争力。[②] 欧阳峣、徐姝从规模经济、技术水平、产业集中度、劳动生产率和贸易竞争指数等方面系统分析了我国

[①] 王勇. 中国汽车产业国际竞争力研究——基于贸易竞争力指数的分析 [D]. 南京：东南大学硕士学位论文，2006：29.

[②] 李鹏. 中国汽车产业国际竞争力研究[J]. 现代管理科学，2010（11）：83.

汽车产业国际竞争力现状，并阐释了造成我国汽车产业国际竞争力较低下的原因。[①] 王今、黄永和、时间、吴松泉从环境竞争力、显示竞争力、企业竞争力和产品竞争力四个方面构建了我国汽车产业国际竞争力的评价指标体系，通过分析得知，企业竞争力和产品竞争力对汽车产业的综合国际竞争力影响最大，而环境竞争力和显示竞争力相对次之。[②] 国内很多学者的研究表明，从纵向来看我国汽车产业国际竞争力提升很快，但与美国、日本、德国等汽车强国相比，中国汽车产业国际竞争力还有较大差距。"二战"以后，日本、德国经过 60 多年的发展，逐步建立起完整的汽车生产体系，成为世界汽车产业最为发达的国家，在诸多方面中值得中国学习和借鉴。2008 年中国汽车产业国际竞争力的分值达到 54.33，与 2007 年的分值 51.39（经过调整）相比，增长了 5.72%；与 2006 年的 47.63 相比，增长了 14%。尽管每年都在提高，但与传统汽车强国相比，中国汽车产业竞争力还有较大差距。从综合评分来看，2007 年中国汽车产业国际竞争力的分值仅为德国分值的 63%，2008 年国际竞争力的分值仅为日本的 59.3%。[③]

一、产业环境竞争力方面与日本、德国相比

产业环境竞争力主要表现在政策与法律法规体系、国内市场需求规模、国内市场需求潜力、生产要素供给水平、零部件及相关产业发展水平和购买及使用环境。从产业环境竞争力来看，中国与日本、德国相比，差距主要表现在产业地位、国内需求、配套体系和产业政策四个方面。在产业地位方面，2008 年日本汽车工业增加值占到国内生产总值的 4.21%，汽车工业增加值占制造业增加值的 15.32%；2007 年德国汽车工业增加值占国内生产总值的 2.64%，汽车工业增加值占制造业增加值的 13.83%；而中国 2008 年汽车产业增加值占国内生产总值的比重仅为 1.37%，占制造业增加值的比重为 3.91%。在国内需求方面，德国和日本国内汽车市场已经进入饱和期，2007

① 欧阳崎，徐姝. 我国汽车产业国际竞争力现状与提升对策 [J]. 中南大学学报（社会科学版）. 2007，13（3）：17.

② 王今，黄永和，时间，吴松泉. 我国汽车产业国际竞争力评价研究 [J]. 汽车工业研究，2005（2）：20~22.

③ 国务院发展研究中心产业经济研究部，中国汽车工程学会，大众汽车集团（中国）. 中国汽车产业发展报告 [M]. 北京：社会科学文献出版社，2010：8~12.

年、2008 年都出现了新车销售的同比下降。而中国汽车销量进入 21 世纪以来一直保持着较快的增长速度，国内需求规模持续扩大。

在配套体系方面，德国和日本都拥有极其发达的零部件工业，其零部件研发、生产、质保和供货等体系非常完备。目前，德国汽车零部件行业已经在全球 70 多个国家和地区设立了 1800 多家独资或合资企业，形成了强大的零部件全球供应体系。日本全球范围内的零部件采购体系也已经相当成熟，海外生产工厂遍布全球，利用亚洲和欧洲等地的成本和技术优势，大量转移本国的零部件生产基地，并且随着日本国内生产成本的提高，近年来汽车零部件海外采购的比例日益提高，2008 年从亚洲和欧洲进口的零部件金额同比增长分别为 104.5% 和 98.2%。20 世纪 90 年代以后，受到汽车工业零部件需求不断扩大的影响，中国零部件产业才开始大规模发展起来，目前已经基本可以满足本国汽车企业的零配件需求，尤其在商用车、中低档乘用车方面，已经具备了零部件开发和配套能力，但是在高端零部件市场上仍然不具备技术上的竞争优势，核心技术被外资零部件企业所垄断。在产业政策方面，德国和日本都是以市场机制为核心，以保护自由竞争为基础，在汽车产业经历危机时采取适当的行政干预，平时集中在节能和环保方面。近些年，中国在放松汽车产业进入管制与完善产业发展竞争的制度框架等方面取得了较大的进步，节能、安全、环保日益成为中国重要的产业政策导向。但中国长期以来形成的以政府为主导的汽车产业发展模式还没有完全消失，政府对市场干预过多、多头管理、地方保护和市场保护等问题仍不同程度地存在。

二、产业组织竞争力方面与日本、德国相比

从产业组织竞争力来看，中国与日本、德国的差距主要表现在产业集中度、企业规模经济性、劳动生产率三个方面。在产业集中度方面，德国和日本的汽车产业集中度一直以来都保持着较高水平，CR3（产业集中度）分别为 54% 和 64%。而中国 2008 年才达到 48.64%，跟德国、日本相比，差距相对较大。在企业规模经济性方面，德国和日本都走在世界的前列。2007 年德国轿车企业、轻型载货汽车企业、中型载货汽车企业的 D 值（达到最低经济规模下限企业的总产量占该类型汽车全国总产量的百分比）分别为 98.5%、99.5% 和 89.5%，整个汽车工业的 D 值高达 98.2%。日本汽车企业规模经济

性同样非常显著。根据国际汽车制造商协会（OICA）公布的2008年世界汽车公司产量排名，前20名中有6家是日本汽车生产企业，分别是丰田、日产、本田、铃木、马自达和三菱，这六家企业的国内产量达到了1050.2万辆，占到日本全国汽车总产量的90.82%。相比之下，中国汽车产业的规模经济性要低得多。2008年中国汽车企业的D值只有56.96%，仅丰田汽车一家企业的产量就达到了中国全部汽车企业的总产量。中国汽车产业整体的规模经济性偏低，也导致了中国汽车企业的总产量较低。同时，中国汽车产业整体的规模经济性偏低，也导致了中国汽车企业很难在零部件采购、汽车销售和技术开发规模效应方面形成竞争优势。

在汽车产业的劳动生产率方面，日本汽车企业尤其是丰田汽车和本田汽车一直以来都保持着全球领先优势。根据2007年美国哈伯咨询公司发布的统计数据，当年在北美建有生产车间的六大汽车制造商中，日本的丰田公司以单车整装耗时29.93工时的水平稳居榜首。日本汽车企业凭借柔性制造技术、模块化零部件供应等先进的装配工艺，通过加强零部件制造企业与整车装配企业的合作，引入数控技术、计算机技术、机器人技术以及现代生产管理技术，大幅度减少了单车的生产时间，提高了单位劳动力的生产效率。2008年日本汽车的劳动生产率达到63.19辆/（人·年），而同期中国的劳动生产率只有31.68辆/（人·年），日本高出中国1倍多。汽车产业是资本和技术密集型产业，想要参与中高端汽车市场的竞争，必须提高汽车工业的劳动生产率。具体而言，需要进一步提高汽车装配的自动化程度，减少装配线上的劳动力使用数量，加大技术和设备投入，改进生产流程，提高生产效率。

三、产业创新竞争力方面与日本、德国相比

从产业创新竞争力来看，中国与日本、德国的差距较大。在研发投入方面，德国和日本的竞争力处于世界领先地位。2007年，德国汽车工业研发投入高达180亿欧元，占主营业务收入的4.20%；研发人员91000名，占汽车从业人员的比重为10.62%。日本汽车工业的研发费用投入近几年都超过2万亿日元，主要汽车企业的研发费用占销售收入的比重都超过了5%。2008年，全球金融危机对汽车产业造成了巨大冲击，同时日元大幅度升值，使得日本的主要汽车企业都亏损严重，但是日本汽车产业七大主要汽车企业的研

发预算仍然达到了2.23万亿日元；2008年日本丰田汽车公司以76.1亿美元的研发费用位居全球企业榜首，本田汽车公司56亿美元的研发费用占到销售收入的比重为5.6%，成为世界汽车企业中研发费用占销售收入比例最高的企业。近年来，中国汽车产业的研发费用投入也在不断加大，而且增长速度较快。2008年，在宏观经济环境不断恶化的状况下，中国的汽车研发费用依然达到了388.7亿元，同比增长高达25.87%，占当年销售收入的2.07%。但是中国的研发费用总量仍然较低，占销售收入的比重与德国、日本相比差距较大。这主要是因为中国汽车企业盈利能力较差，较低的销售利润率无力承担大规模的研发费用支出，也从侧面反映了中国汽车企业成本结构的不合理。

在自主创新的成果方面，德国和日本拥有的汽车专利都排在世界前列，在车型设计、技术配置以及环保性能方面，领导着世界汽车工业的潮流。根据欧洲专利局2003年的统计，德国当年申报的汽车专利达到3300多项，占当时全球汽车领域专利申报总数的1/3以上；根据日本特许厅发布的《2008年12个重要领域专利申请动向调查分析报告》，2008年日、美、欧、中、韩等国家和地区专利机构专利受理中，在电力汽车、油电混合动力汽车领域，日本申请的专利数占该领域全球专利数的72%。相比之下，中国则长期处于技术模仿阶段，专利意识比较薄弱。近几年来，中国专利申请数量虽然大幅度上升，但是仍然以外观设计专利为主，涉及核心技术的专利发明比较少，难以从根本上改变中国汽车企业在全球汽车产业中的技术竞争格局。在自主品牌汽车方面，德国和日本作为世界汽车强国，拥有众多世界一流的汽车品牌，而中国在自主品牌汽车竞争力方面与日本差距非常大，无论是研发实力、技术水平，还是品牌推广、汽车销售，中国汽车企业与日本等外资汽车企业都存在明显差距。

四、国际绩效竞争力方面与日本、德国相比

从产业国际绩效竞争力来看，中国与日本、德国相比差距最大。在国际市场占有率方面，德国和日本拥有巨大的出口份额。2007年，德国是世界第一大汽车产品出口国，第二大整车出口国。汽车产品出口额达到1866亿欧元，占世界汽车产品出口额的21.85%；日本汽车产品出口额在2007年达到

了历史最高水平，出口额为 18.53 万亿日元。2008 年受金融危机的影响，日本汽车产品出口额下降了 5.5%，为 17.51 万亿日元，占到世界汽车产品出口总额的 13.65%。相比之下，中国汽车产品仍然以国内市场为主，2008 年汽车产品出口额为 497.29 亿美元，仅占到世界汽车出口总额的 3.86%；出口的主要产品中，整车出口金额只有 96.33 亿美元，占汽车产品出口额的比重不到 20%；出口地区主要集中在俄罗斯、拉丁美洲、东南亚等汽车产业欠发达的国家和地区，在欧洲和北美全球主要汽车消费市场中，根本不具备竞争力。

在海外生产方面，德国和日本都建立了庞大的海外产能，在进一步扩大了海外汽车市场的同时，有效地避免了大规模销售带来的贸易纠纷。2007 年德国汽车海外产量达到 594.5 万辆，占国内外总产量的 48.9%；2008 年日本汽车海外产量达到了 1165.14 万辆，占国内外总产量的 50.19%。中国的海外汽车生产战略起步较晚。目前，中国汽车企业在其他国家建有工厂的主要是奇瑞汽车、华晨汽车、吉利汽车等，大多数以民营汽车生产企业为主。海外汽车产能最大的是奇瑞汽车，目前已在俄罗斯、乌克兰、伊朗、埃及、印度尼西亚、乌拉圭和泰国建立了 9 个汽车工厂，但是年产量还不到 1 万辆，并且在这些国家，汽车产业相对的配套体系较差。中国的汽车工厂主要通过 CKD（全散件组装）境外组装方式进行生产，大部分零部件都必须从中国国内采购，海外汽车工厂相对于国内而言基本不具备成本上的优势。

第二节 辽宁汽车产业的国内竞争力分析

一、辽宁汽车产业集群国内区域竞争力评价

1. 产业竞争力评价指标体系的建立原则

产业竞争力评价指标体系的建立对于汽车产业的评价具有重要意义，因此，对于汽车产业竞争力指标体系的建立应遵循以下原则：

（1）科学性和可行性的原则。指标应具有可测性，能够反映出汽车产业

的投入、产出情况，指标不遗漏，尽量避免过于庞杂，统计口径和分类方法要一致，计算方法合理。可行性表现为指标体系所需的数据要比较容易取得，计算方法简单，计算结果有明确的释义和现实指导性。

（2）系统性和针对性的原则。指标体系构建必须遵循系统性原则，从整体出发，统筹考虑汽车行业的比较优势和战略地位。针对性是指指标体系既要有针对性地体现出汽车产业这个特殊系统的特性，又要使测度指标体系符合产业规律和产业发展战略。[①]

（3）可比性原则。由于要对不同区域的汽车产业竞争力进行评价，因此必须在坚持科学性的前提下，充分考虑各区域间统计指标的差异，努力选择各地区口径一致、共有的指标，保证可比性。

（4）绝对指标和相对指标相结合的原则。结合绝对指标和相对指标进行分析，可以较准确地反映实际情况。

2. 产业竞争力评价指标的选择

根据以上原则，本书从对区域汽车产业竞争力影响较大的规模经济实力、收益能力、产品集聚能力和增长能力四个方面选取 16 个指标构建了一套指标体系。具体指标如表 4-1 所示。

表 4-1 汽车产业竞争力评价指标体系

序号	一级评价指标	二级评价指标
1	规模经济实力	工业总产值
2		工业增加值
3		投资总额
4		固定资产净值
5		主要设备拥有量
6		产量
7	收益能力	投资收益率
8		流动资产周转率
9		总资产利润率
10		成本利润率
11	产品集聚能力	市场占有率
12		零部件市场占有率

① 王福君. 基于特殊分工基础上的产业内升级程度评价指标体系研究 [J]. 学术交流，2009 (12)：167-168.

序号	一级评价指标	二级评价指标
13		工业总产值增加率
14	增长能力	固定资产净值增加率
15		利润增长率
16		资产增长率

3. 产业竞争力评价方法的选择

依据对已有文献的分析，早期学者们以竞争的结果对不同国家或不同地区的产业竞争力进行评价，由于指标的可比性问题而影响了比较的准确性。此后，从竞争力的来源或决定因素来评价产业竞争力，这种方法逐渐为学术界所接受。现有产业竞争力评价方法概括起来可以分为以下两类：

（1）以单一因素为基础的评价方法。一是以生产率来评价产业竞争力。克鲁格曼和波特都认为，生产率是最恰当的国家竞争力评价指标。以生产率高低为基础来评价产业竞争力高低争议不大，但存在着如何计算出具有可比性的生产率问题。二是以单位成本高低或利润率进行产业竞争力比较。这种方法容易被普遍接受，但同样存在着可比性问题。三是以技术创新能力进行产业竞争力比较。使用工程师、科学家占总人口或产业人口的比例来评价产业竞争力的高低，被一些学者证明是不准确的，而以产业中申请专利数和申请商标数为基础进行产业竞争力比较，是比较准确的。四是以产业新增投资规模为基础进行产业竞争力比较，很多学者认为具有一定的说服力，但还取决于投资效果。五是以产业集中度来评价产业竞争力，这是一个产业空间集聚指标，在产业竞争力比较时是没有说服力的。六是以本地对该产业产品的需求水平来评价，虽然本地市场需求水平与国际竞争力有一定的相关性，但有效需求的实现以及产业竞争力的高低取决于多种因素，有一定的争议。

（2）以多因素为基础的综合评价方法。由于影响产业竞争力的因素非常多，因此利用单一因素来分析产业竞争力往往是片面的，很容易只见树木不见森林。为了尽可能全面地评价产业竞争力，采用多因素综合分析法是比较准确和全面的。多因素综合评价法的优点是能够避免单一因素分析所造成的片面性，能够比较真实地反映一个产业的竞争力高低。但是，多因素综合评价法往往是多个因素综合在一起的，受多个因素的影响或制约，易形成指标自相关问题，或有一个因素不正确，就容易导致整个结果的错误。同时，多因素综合评价法的指标取得具有一定的困难。

基于对影响区域产业竞争力因素的不同理解，国内学者也分别构造了不同的区域产业竞争力指标体系，一般采用德尔菲法、层次分析法（AHP）、模糊综合评价法、因子分析法、主成分分析法和熵值法等进行综合评价研究。在综合评价方法中，如何确定指标的权重是需要解决的关键问题。本书采用因子分析法对辽宁省汽车产业的竞争力指标进行评价分析，因为通过因子分析所确定的权重是基于数据分析而得出的指标之间的内在结构关系，具有较好的客观性。设我国第 k（k=1，2，…，6）（其中，1 为辽宁地区，2 为长江三角洲地区，3 为珠江三角洲地区，4 为京津地区，5 为华中地区，6 为西南地区）个汽车产业集中区第 i（i=1，2，…，9）个指标为 VA_{ik}，本书将以上指标构成矩阵，并进行主成分分析，得出我国六个汽车产业集中区域的竞争力综合得分以及各因子得分，进而从几个主要方面来综合评价辽宁省汽车产业的竞争力状况。

4. 辽宁省汽车产业竞争力实证研究

本书选取长江三角洲地区、珠江三角洲地区、京津地区、华中地区、西南地区五大区域作为研究样本区（辽宁省位于东北地区，为了研究辽宁省汽车制造业竞争力和防止研究资料重复，本书去掉东北地区，把辽宁省作为一个单独区域，用辽宁省汽车产业发展情况与五大样本区域对比），这是因为五大样本区域汽车产业集群有良好的汽车工业基础，汽车发展水平比较高，已经形成了相对完整的专业化分工和社会化协作的汽车生产体系，建立了长期且较为固定的合作关系，产业链相对完整，在中国汽车制造业中代表了最高的竞争力水平。通过辽宁省汽车制造业与五大样本区域的竞争力对比分析，可以发现辽宁省汽车制造业存在的不足，为今后辽宁省发展汽车产业集群指明了方向。

基于数据的可获得性和说服力，本书所用指标数据是根据 2000 年、2001 年、2002 年、2005 年、2006 年和 2008 年《中国汽车工业年鉴》中的数据进行平均计算得出，这样从时间跨度上能够较好地说明辽宁省汽车产业竞争力分析的充分性。我国汽车产业竞争力指标统计如表 4-2 所示。

首先，利用 SPSS 软件对以上矩阵进行 KMO 检验，并计算以上矩阵的初始因子载荷矩阵（见表 4-3）。

表4-2 我国汽车产业竞争力指标统计

指标区域	工业总产值（万元）	工业增加值（万元）	投资总额（万元）	主要设备拥有量（万元）	固定资产净值（万元）	投资收益率（%）	流动资产周转率（%）	市场占有率（%）	成本利润率（%）	零部件市场占有率（%）	产量（万辆）	利润增长率（%）	总资产利润率（%）	固定资产净值增加率（%）	工业总产值增长率（%）	资产增长率（%）
辽宁地区	3419658	870609.3	281301.5	36841.67	1070319	0.17092	1.217586	0.03774	0.010651	0.043345	71827.68	-1.90799	0.008553	0.1815	0.3495	0.16015
长江三角洲地区	21989174	5227573	1174897	151219.5	6183515	1.423174	1.623749	9.033762	0.093698	17.01347	786393.2	0.410729	0.077531	0.2460	0.3330	0.161781
珠江三角洲地区	9723386	2570986	441500	33658.67	1547858	1.829827	2.130106	2.742642	0.103961	1.999428	152616.5	1.12346	0.129766	0.3873	0.7182	0.417306
京津地区	7966806	1599775	262482.3	42173.17	1909150	0.624411	1.997537	33.30204	-0.00617	13.05065	61361.15	0.081145	0.023174	0.2851	0.9279	0.254758
华中地区	8274421	2138029	401860.7	64957.17	2568200	1.533458	1.591606	35.20007	0.076239	37.04484	454071.7	0.84094	0.065597	0.0293	0.3118	0.154169
西南地区	8467354	1634465	407472.8	89620.17	2226169	0.619378	1.378215	2.097035	0.032746	1.80558	182213.6	0.757086	0.032273	0.1564	0.3768	0.191236

表 4-3 初始因子载荷矩阵

	Component			
	1	2	3	4
工业总产值	0.944	0.074	−0.152	0.282
工业增加值	0.962	0.140	−0.125	0.176
投资总额	0.948	−0.037	−0.254	0.121
主要设备拥有量	0.878	−0.321	−0.186	0.150
固定资产净值	0.943	−0.139	−0.063	0.225
投资收益率	0.559	0.688	0.305	−0.345
流动资产周转率	0.082	0.869	0.241	0.383
市场占有率	−0.015	0.006	0.942	0.311
成本利润率	0.692	0.506	0.017	−0.513
零部件市场占有率	0.384	−0.100	0.883	−0.133
产量	0.974	−0.175	0.103	−0.029
利润增长率	0.478	0.017	0.085	0.263
总资产利润率	0.451	0.813	0.018	−0.358
固定资产净值增长率	−0.155	0.799	−0.443	0.235
工业总产值增长率	−0.469	0.684	0.121	0.527
资产增长率	−0.303	0.935	−0.128	−0.085

其次，经过 SPSS 软件进行因子提取，并对初始载荷矩阵进行旋转（见表 4-4），共提取了特征值大于 1 的四个公共因子，其累积贡献率为 97.205%，代表了绝大多数信息。因子 1：由工业总产值、工业增加值、投资总额、主要设备拥有量、固定资产净值、产量所构成，所有指标均表示汽车产业的生产规模，因此我们将因子 1 定义为规模因子；因子 2：由资产增长率、流动资产周转率、总资产利润率、固定资产净值增长率构成，所有指标均为表示汽车产业增长潜力的指标，定义为潜力因子；因子 3：由市场占有率、零部件市场占有率两个指标构成，是表示汽车产业集聚能力的指标，定义为集聚因子；因子 4：由工业总产值增长率构成，表示汽车产业的收益情况，定义为收益因子。

表 4-4 旋转矩阵

	Component			
	1	2	3	4
工业总产值	0.979	0.048	0.196	−0.017
工业增加值	0.942	0.033	0.319	−0.011
投资总额	0.944	−0.133	0.228	−0.133

续表

	Component			
	1	2	3	4
主要设备拥有量	0.907	−0.326	0.015	−0.048
固定资产净值	0.959	−0.153	0.114	0.077
投资收益率	0.256	0.221	0.906	0.250
流动资产周转率	0.112	0.887	0.332	0.239
市场占有率	−0.041	0.178	−0.105	0.970
成本利润率	0.371	−0.042	0.926	−0.032
零部件市场占有率	0.159	−0.245	0.278	0.890
产量	0.863	−0.340	0.296	0.206
利润增长率	0.519	0.077	0.024	0.171
总资产利润率	0.189	0.335	0.917	−0.054
固定资产净值增长率	−0.044	0.800	0.220	−0.473
工业总产值增长率	−0.291	0.935	−0.104	0.103
资产增长率	−0.367	0.739	0.502	−0.238

再次，利用 SPSS 软件计算得出四个因子得分系数矩阵，并计算各因子得分（见表 4-5）。

表 4-5　因子得分系数矩阵

	Component			
	1	2	3	4
工业总产值	0.212	0.111	−0.085	−0.024
工业增加值	0.180	0.076	−0.021	−0.025
投资总额	0.175	0.022	−0.027	−0.085
主要设备拥有量	0.175	−0.016	−0.082	−0.048
固定资产净值	0.193	0.047	−0.083	0.013
投资收益率	−0.064	−0.041	0.314	0.093
流动资产周转率	0.086	0.319	−0.048	0.136
市场占有率	0.019	0.129	−0.104	0.453
成本利润率	−0.071	−0.149	0.364	−0.049
零部件市场占有率	−0.052	−0.092	0.119	0.384
产量	0.112	−0.071	0.048	0.059
利润增长率	0.130	0.103	−0.097	0.074
总资产利润率	−0.063	−0.020	0.318	−0.040
固定资产净值增长率	0.064	0.253	−0.034	−0.186
工业总产值增长率	0.069	0.363	−0.182	0.095
资产增长率	−0.073	0.142	0.152	−0.087

最后，以旋转后的因子方差贡献率为权重，利用各因子得分计算因子的综合得分（见表4-6）。

表4-6 辽宁省和五大区域汽车产业因子得分及排名

区域＼因子	因子1（规模因子）		因子2（潜力因子）		因子3（集聚因子）		因子4（收益因子）		综合因子	
	排序	得分	排序	得分	排序	得分	排序	得分	排序	得分
辽宁地区	6	−0.6769	5	−1.0176	5	−0.7352	6	−0.91344	6	−0.7906
长江三角洲地区	1	2.00632	3	0.0496	3	−0.0689	3	−0.16926	1	0.70471
珠江三角洲地区	5	−0.528	1	1.4940	2	0.95220	5	−0.8328	2	0.2574
京津地区	3	−0.2449	6	−1.0286	1	1.4595	2	0.9543	4	0.09887
华中地区	4	−0.38502	2	0.7736	6	−1.0546	1	1.4982	4	0.0550
西南地区	2	−0.17137	4	−0.2710	4	−0.5530	4	−0.5370	5	−0.3254

5. 结论

在中国汽车制造业国际竞争力水平整体落后于日本、德国的前提下，通过上述分析可知，辽宁省汽车产业的竞争力与我国五大样本区域的汽车产业相比具有一定的差距。汽车产业作为集聚效应非常明显的产业，其产业竞争力的高低不仅体现在资产、产值等规模指标上，而且更体现在生产效率、获利能力等指标上。

从规模因子竞争力得分上看，长江三角洲汽车制造业已经形成了规模效应，这为长江三角洲地区汽车制造业竞争力的提升奠定了基础。而辽宁地区汽车制造业总体规模偏小，与长江三角洲地区相差甚大，在六个区域中排行最末，同时也导致了其收益因子排名最后，说明辽宁汽车制造业规模小，从而导致经营收益不高。从潜力因子得分上看，珠江三角洲地区汽车制造业发展潜力最大，排在全国第一位，而辽宁地区排在第五位，说明辽宁地区的汽车制造业产业潜力大于京津地区，表明辽宁地区汽车产业仍处于成长期。从集聚因子得分上看，辽宁地区汽车制造业的集聚程度高于华中地区，但与京津地区和珠江三角洲地区差别较大。

总之，辽宁汽车制造业在国内汽车制造业区域竞争力比较中，并不具有优势。在产业规模上，位于长江三角洲地区、珠江三角洲地区、京津地区、华中地区、西南地区五个样本区域之后；在产业发展潜力上，仅高于京津地区，而低于长江三角洲地区、珠江三角洲地区、华中地区和西南地区；在产业集聚上，辽宁汽车制造业高于华中地区，低于长江三角洲地区、珠江三角洲地区、京津地区和西南地区；在产业收益上，辽宁汽车制造业的经营收益低于长江三角洲地区、珠江三角洲地区、京津地区、华中地区和西南地区五个样本区域。

二、辽宁汽车产业集群国内省份竞争力评价

上面的分析是把辽宁汽车产业作为一个区域集群，与国内长江三角洲地区、珠江三角洲地区、京津地区、华中地区、西南地区五大区域进行比较，这种比较是从汽车产业发展的经济区域来进行的，其合理性在于珠江三角洲指标数据只是广东省的，而华中地区的指标数据只是湖北省的。为了更加明确地说明辽宁汽车产业的竞争力情况，下面把辽宁汽车产业与国内其他省份进行对比分析。

1. 辽宁省汽车产业国内省份竞争力的主成分分析

基于数据的可获得性和说服力，为了从时间跨度上充分说明辽宁省汽车产业竞争力，本书选取 2000 年、2001 年、2002 年、2005 年、2006 年和 2008 年《中国汽车工业年鉴》中的有关数据，经过平均计算后，得到如下经济指标的有关数据（见表 4-7）。

将有关原始数据进行标准化，对标准化后的数据进行主成分分析。首先计算相关系数矩阵的特征值及方差和累计贡献率，经计算得到表 4-8。

从表 4-8 可以看出，前三个主成分的累计贡献率达到了 86.346%，超过了 85%，可以用这三个主成分来代替原来的 13 个指标，基本反映了原始信息。利用 SPSS 软件可以计算出初始因子载荷矩阵表 4-9。

由表 4-9 可知，主成分 1 分值较高的指标是工业总产值、工业增加值、投资总额、固定资产净值、市场占有率、零部件市场占有率、产量、总资产利润率、主要设备拥有量，这些指标都是代表汽车产业经营规模优势的指标，因此用主成分 1 代表经营规模比较优势；主成分 2 分值较高的指标是成本利润率、固定资产净值增加率、工业总产值增长率，这三个指标主要代表汽车产业的经营效果，因此用主成分 2 代表经营效果比较优势；主成分 3 在投资收益率上的分值较高，这个指标代表企业的获利能力，因此用主成分 3

表4-7 我国各省汽车制造业主要经济指标平均值

省份	工业总产值 (万元)	工业增加值 (万元)	投资总额 (万元)	主要设备拥有量 (台)	固定资产净值 (万元)	投资收益率 (%)	市场占有率 (%)	成本利润率 (%)	零部件市场占有率 (%)	产量 (万辆)	总资产利润率 (%)	固定资产净值增加率 (%)	工业总产值增长率 (%)
北京	4185185	674462.3	165653.3	21857.83	969520	0.075163	0.036798	0.068431	0.029796	40.93667	-0.00076	0.383655	1.070322
天津	3781620	925312.5	96829	20315.33	939630.3	2.783019	0.033738	0.119655	0.032723	25.605	0.051205	0.203974	0.801262
河北	1696798	372062	103227.5	18827	442593.3	0.673498	0.016563	0.143312	0.022095	13.77667	0.048479	0.11962	0.465556
山西	225412.3	56571	18633.17	9155.667	166983	-0.00705	0.003032	0.17772	0.005689	0.066667	0.000791	0.046099	0.2336
内蒙古	344541	56296.17	31218.33	4475.833	121566.8	0.540577	0.003081	0.153715	0.001754	0.808333	0.011042	0.073528	0.70415
辽宁	3419658	870609.3	281301.5	36841.67	1070319	0.17092	0.03774	0.139815	0.043345	17.28333	0.008553	0.181467	0.349538
吉林	10200930	2519614	366519.2	50159.17	2216526	1.56573	0.115671	0.169471	0.081466	53.67667	0.063817	0.053672	0.310236
黑龙江	1268678	228964	86005.83	11299.83	415596.3	0.308605	0.014588	0.110555	0.013247	18.46333	0.023361	0.212004	0.233774
上海	10630788	2721794	477740.8	39632.83	3009986	2.480519	0.129223	0.243602	0.181597	48.46833	0.125469	0.217887	0.254114
江苏	6471087	1394933	421657.5	62819.83	1999130	0.540522	0.07051	0.130969	0.087369	20.685	0.02938	0.2122	0.329716
浙江	4887300	1110845	275499	48766.83	1174399	0.884626	0.043943	0.16329	0.09037	9.04	0.059418	0.49654	0.600493
安徽	3066674	671179.2	327157	23286.33	822936.8	0.457824	0.028501	0.157193	0.02461	29.16667	0.051756	0.40461	0.554485
福建	1618021	357041	62673.17	10904.83	346722.8	1.528413	0.017284	0.108587	0.019042	5.063333	0.057845	0.376175	0.30698
江西	1532946	324915.2	127959.3	16315.33	528851.5	0.3423	0.018488	0.157912	0.014478	18.14333	0.026297	0.148645	0.229372
山东	6093905	1226543	297277.2	49252.5	1572915	-0.46482	0.057077	0.108516	0.058328	18.58167	0.014509	0.146371	0.568548
河南	2502157	481498	87200.83	26403.5	502946.3	0.978943	0.021548	0.138008	0.026726	3.403333	0.045145	0.238721	0.618598
湖北	8274421	2138029	401860.7	64957.17	2568200	1.533458	0.094315	0.173487	0.067826	40.87167	0.065597	0.029259	0.311828
湖南	1907234	471904.5	98487.17	27747.5	645332	0.712648	0.019619	0.193826	0.019454	3.41	0.036198	0.269685	0.548128
广东	9723386	2570986	441500	33658.67	1547858	1.829827	0.087736	0.18572	0.062999	33.93833	0.129766	0.387321	0.718247
广西	2424965	495845.7	145011.5	17798	455388.3	1.069718	0.024076	0.167564	0.019511	34.06667	0.047427	0.25825	0.553049
海南	472036.3	90062.67	15537.83	1652.167	82629.33	6.583481	0.004492	0.075809	0.001704	4.286667	0.047538	0.176139	0.67072

续表

指标 省份	工业总产值(万元)	工业增加值(万元)	投资总额(万元)	主要设备拥有量(台)	固定资产净值(万元)	投资收益率(%)	市场占有率(%)	成本利润率(%)	零部件市场占有率(%)	产量(万辆)	总资产利润率(%)	固定资产净值增加率(%)	工业总产值增长率(%)
四川	1644405	428320	83500	26551	347772	0.883675	0.015584	0.129204	0.018195	5.635	0.055686	0.049623	0.502746
重庆	7041078	1347184	319618.7	72118.67	1923167	0.65527	0.069212	0.123334	0.055667	42.16667	0.055726	0.13146	0.321978
贵州	204044.3	49377.5	12626	9497	143635.8	-0.59534	0.002425	0.187986	0.005706	0.093333	-0.02105	0.012085	0.229988
云南	394152.8	79908.33	22745.5	6760.5	125895.7	0.510686	0.004238	0.124185	0.002903	3.7	0.025792	0.13632	0.555148
陕西	1426276	287280.2	87854.17	17501.5	303002.2	0.528154	0.011348	0.160454	0.012256	8.251667	0.04557	0.35885	0.755134
甘肃	23696.83	3457.5	1085.333	1526.5	21677.33	-9.06641	0.000238	0.099525	0.000153	0.156667	-0.0696	0.123126	0.590689
青海	24744.67	7491.667	4186.667	620.8333	11735	-1.18437	0.00023	0.201941	0.000444	0	0.010466	1.047295	4.185759
新疆	46893	6089.333	3404.833	1207.5	17701.33	-3.56179	0.000597	0.076066	0.000516	0.206667	-0.02214	-0.13382	0.541514
西藏	0	0	0	0	0	0	0	0	0	0	0	0	0
宁夏	281.5	85.33333	0	31.66667	805.8333	0	6.51E-06	0	3.21E-05	0	0	0	0

表4-8 方差分解主成分提取分析表

主成分序号	特征值	贡献率	累计贡献率
1	8.017	61.672	61.672
2	2.031	15.621	77.293
3	1.177	9.053	86.346
4	0.633	4.869	91.215
5	0.344	2.646	93.861
6	0.289	2.221	96.082
7	0.209	1.607	97.690
8	0.155	1.194	98.884
9	0.075	0.577	99.461
10	0.046	0.358	99.818
11	0.017	0.129	99.947
12	0.004	0.030	99.977
13	0.003	0.023	100.000

表4-9 初始因子载荷矩阵

	主成分1	主成分2	主成分3
工业总产值	0.981	−0.036	−0.086
工业增加值	0.972	−0.024	−0.058
投资总额	0.954	−0.020	−0.125
固定资产净值	0.971	−0.086	−0.139
投资收益率	0.399	0.092	0.873
市场占有率	0.981	−0.060	−0.094
成本利润率	0.489	0.515	−0.055
零部件市场占有率	0.912	−0.005	−0.085
产量	0.856	−0.052	−0.048
总资产利润率	0.759	0.208	0.528
固定资产净值增加率	0.072	0.934	−0.038
工业总产值增长率	−0.164	0.901	−0.192
主要设备拥有量	0.850	−0.113	−0.172

代表获利能力比较优势。利用SPSS软件对我国大陆31个省份的汽车产业比较优势进行主成分分析后,得到表4-10。

表4-10 全国各省市汽车产业主成分得分及排序

名次	省市名称	规模优势得分	省市名称	经营效果优势得分	省市名称	获利能力优势得分	省市名称	综合得分
1	上海	6.012301	广东	2.71158	上海	1.868686	上海	4.974781
2	吉林	4.371357	上海	2.679771	吉林	1.758489	吉林	3.507847
3	湖北	4.000383	青海	1.381369	湖北	1.727317	广东	3.217308

名次	省市名称	规模优势得分	省市名称	经营效果优势得分	省市名称	获利能力优势得分	省市名称	综合得分
4	广东	3.793051	浙江	1.21735	重庆	1.319964	湖北	3.175934
5	重庆	2.710331	吉林	1.113091	北京	0.763821	重庆	2.192373
6	江苏	2.643453	安徽	0.994586	江苏	0.665774	江苏	2.006899
7	浙江	1.673476	湖北	0.761003	山东	0.532966	浙江	1.355322
8	山东	1.467417	福建	0.736517	天津	0.233849	山东	1.052813
9	辽宁	0.65592	重庆	0.653343	辽宁	0.185776	安徽	0.602665
10	安徽	0.579574	广西	0.493501	广西	0.178498	天津	0.481509
11	天津	0.537257	陕西	0.401919	广东	0.169551	辽宁	0.411764
12	北京	0.211404	天津	0.353552	安徽	0.084009	北京	0.267902
13	广西	0.094911	江苏	0.271447	江西	0.077913	广西	0.175784
14	湖南	-0.30554	北京	0.211404	新疆	-0.16459	湖南	-0.27471
15	河南	-0.49409	河南	0.064072	甘肃	-0.16658	河南	-0.40853
16	河北	-0.65867	湖南	0.018576	河北	-0.18418	青海	-0.48357
17	青海	-0.68758	河北	-0.13691	黑龙江	-0.18951	河北	-0.51451
18	江西	-0.73338	黑龙江	-0.18951	宁夏	-0.20983	江西	-0.57123
19	四川	-0.75206	海南	-0.24708	西藏	-0.21035	陕西	-0.61538
20	陕西	-0.85808	山东	-0.28261	贵州	-0.4565	四川	-0.64995
21	海南	-1.26716	江西	-0.3075	四川	-0.48842	福建	-0.84893
22	福建	-1.28433	四川	-0.34049	山西	-0.49802	黑龙江	-0.97275
23	黑龙江	-1.32608	辽宁	-0.42113	云南	-0.53702	海南	-1.03015
24	内蒙古	-1.68619	云南	-0.63229	湖南	-0.57064	内蒙古	-1.47091
25	山西	-1.7606	内蒙古	-1.11211	浙江	-0.57285	云南	-1.48589
26	贵州	-1.81413	山西	-1.32185	福建	-0.61871	山西	-1.54879
27	云南	-1.84147	西藏	-1.45187	内蒙古	-0.62398	贵州	-1.66642
28	新疆	-3.01453	宁夏	-1.45188	河南	-0.64095	新疆	-2.57095
29	宁夏	-3.23861	贵州	-1.78484	陕西	-0.71736	宁夏	-2.59767
30	西藏	-3.23961	甘肃	-2.15991	海南	-0.76693	西藏	-2.59844
31	甘肃	-3.78873	新疆	-2.21509	青海	-2.31062	甘肃	-3.11411

由以上结论可以看出，辽宁省汽车产业整体优势在全国排名第11位，在全国居于中游偏上，在经营规模和获利能力上的优势比较明显，均排在第9位；但在经营效果上的得分为负，在全国排名第23位，说明辽宁省汽车产业经营效果较差，需要增强产业内部的管理，在节约成本的同时提高生产效率，不断提升企业的产出能力。

由表4-10可以得出辽宁省汽车产业在三个主成分上的全国排名状况及

比较分析，见表4-11。

表4-11 辽宁省汽车产业的主成分得分及名次

规模优势得分				经营效果优势得分				获利能力优势得分			
得分	名次	排名第一省份及得分	差值	得分	名次	排名第一省份及得分	差值	得分	名次	排名第一省份及得分	差值
0.65592	9	上海 6.012301	5.356381	-0.42113	23	广东 2.71158	3.13271	0.411764	9	上海 4.974781	4.5630

2.结论与建议

通过上述分析可以看到：

（1）从总体上说，辽宁省汽车产业在经营规模上具有一定的优势，在全国各个省市自治区中位于第9位，同时辽宁省汽车产业获利能力也较强，在全国排在第9位，这都为辽宁省汽车产业集群发展奠定了一定的产业基础。与经营规模比较优势和较强获利能力形成强烈反差的是辽宁省汽车产业在经济效益上并不具备比较优势，在全国31个省市自治区中排在第23位。因此，辽宁省汽车产业今后发展的重心应该是寻求产业结构优化升级，走内涵式发展道路。

（2）从相对比较优势来看，辽宁省汽车产业在经营规模和获利能力上具有一定的优势，经营效益最差，但与各自排行榜首的省份相比，规模优势的主成分得分与排名榜首的上海相比，差值最大，这说明辽宁省汽车产业与上海相比差距较大，并不具备最强的竞争优势。因此，辽宁省汽车产业要培育核心企业，做大做强，提高汽车产业的国内竞争力。

第五章 辽宁汽车产业集群竞争力保障体系的构建

要加快辽宁汽车产业集群的发展，提升辽宁汽车产业集群整体对环境变化的反应速度，提高辽宁汽车产业集群竞争力，必须建立并完善汽车产业集群竞争力的保障体系，以保障辽宁汽车产业集群的良好发展和竞争力的提升。

第一节 辽宁汽车产业集群的市场服务体系建设

一、辽宁汽车产业集群中介服务组织的培育

中介组织是指在市场经济条件下，通过不同的社会利益群体之间的协商、对话、谈判、调整，取得相互之间活动的配合和协调，以此来实现各个不同主体的衔接与联系，使之成为一个和谐整体的非官方或半官方的社会经济组织。[①] 中介组织又叫中介服务组织，是介于政府、企业之间的社会组织，属于既不同于政府又不同于市场的"第三部门"，具有非营利性、半公半私性和合法性，具有同时弥补政府失灵和市场失灵双重缺陷的独特功能。中介服务组织在提供公共物品和服务方面与政府的公共职能相比，具有中立性、自主多样性、参与广泛性、机动灵活性和低成本等特点。另外，中介服务组织比政府更加了解企业，更加熟悉市场，在汽车研发和汽车标准化建设过程中能够更加切合实际地引导企业的具体活动。中介服务组织在提供服务方面

---

① 徐顽强，张雄. 城市中介组织管理 [M].北京：科学出版社，2009：4.

与市场机制相比，具有一定的导向性和针对性，能够把握汽车后市场宏观走向，进而为宏观政策的调整和制定提供市场信息。从一定意义上讲，中介服务组织发育的程度就是市场经济发育的程度，中介服务组织发展得越快越好，市场经济就越发达越成熟。在汽车产业集群发展中，汽车保险中介组织、汽车销售中介组织、汽车金融中介组织、汽车科技中介组织、汽车训练中介机构、汽车维修机构、汽车检测中介机构、汽车调查中介机构等对汽车产业集群的形成与发展发挥着重要的桥梁作用。

目前，汽车制造业已经开始逐步进入微利时代，而汽车后市场服务产业则正在形成。汽车后市场主要是汽车销售后围绕消费者在使用过程中所需要的各种服务构成的市场，由相互影响的复杂市场所组成。它既包括汽车售出之后的维修、保养服务所需汽车零配件、汽车用品和材料的交易市场，又包括售后服务、维修保养、汽车改装、二手车经营、金融服务、租赁、汽车俱乐部、汽车检测、汽车认证、汽车导航、停车场和加油站等构成的服务市场。汽车后市场被经济学家称为汽车产业链上利润最大的"奶酪"，是由维修、金融、租赁、零部件流通、停车服务、报废回收等行业构成，主要是由汽车中介服务组织来完成。汽车中介服务组织不仅具有满足生产厂商和消费者市场需求的双重功能，而且还担负着汽车售后服务，促进汽车行业节约能源消耗、减少环境污染和提高运行安全性的社会责任。加强汽车中介服务组织的建设是保证汽车服务行业健康发展的前提条件。西方发达国家的汽车后服务市场非常发达，汽车行业的中介服务组织众多，在汽车产业发展中发挥着重要作用。各国的汽车中介服务组织虽然各具特色，但作为汽车产业发展的重要市场组成部分，具有许多共同特点。首先，发达国家汽车保有量大，一般有数千万辆以上，从事汽车中介服务的组织众多，而且各个中介服务组织分工明确，汽车中介服务组织经营状况良好，从而保障了汽车产业的顺利发展。其次，经过多年发展，西方发达国家培养了大批汽车中介人才，人才培养既有高等院校的学历教育，也有各种类型的继续教育，包括各种学会开办的职业资格考试，以及大型中介组织开办的人才培训中心。最后，西方发达国家的汽车中介服务组织都具有较好的配套硬件设施，包括各种专用设备、通讯和计算机网络设施等，为汽车产业的良好发展创造了条件。

我国汽车中介服务早期起源于汽车的售后服务和汽车维修服务体系，随着汽车服务的多元化，原有的单纯的维修服务不断延伸，各种新型中介服务不断出现。但与国外发达的汽车中介服务相比，在服务项目的广度、服务质量的水平等方面我国汽车行业的中介服务组织还存在着一系列问题。一是服务项目创新不够。汽车中介服务组织所具有的专业知识应高于一般中介组织员工，消费成熟度要高于用户。但因为我国目前汽车中介服务组织的从业人员素质良莠不齐，远未达到这项要求，许多国外已有的汽车中介服务内容，特别是汽车保险风险控制等服务，都还未提供，更谈不上开展服务创新活动。据美国《新闻周刊》和英国《经济学家》刊载文章对世界排名前10位的汽车公司近10年的利润情况分析，在一个完全成熟的国际化汽车市场中，汽车销售利润约占整个汽车业利润的20%，零部件供应利润约占20%，有60%的利润是在其服务领域中产生的。在国外成熟的汽车市场销售额中，配件占39%，制造商占21%，零售占7%，服务占33%；而目前国内汽车市场销售额中各部分的比例显得不合理，配件占37%，制造商占43%，零售占8%，服务占12%，汽车中介服务的比重过小。二是部分汽车中介服务组织服务质量不高。部分汽车中介服务组织诚信度不高，被少数不法分子利用，如在汽车保险中介服务中往往采用倒签保单等形式达到索赔的目的，大大损害了保险公司和普通投保人的利益。诚信的缺失与汽车中介服务组织的配套硬件建设不全等因素有关，但主要是由人的素质决定的，思想品德高尚的高素质人才才是汽车中介服务组织诚信经营的根本保证。三是地区发展不均衡。汽车中介服务组织主要在沿海地区发展较快，特别是上海、广州等大城市，而内地省份尤其是中小城市汽车中介服务组织较少。内地中小城市人才的缺乏，已经严重制约了当地汽车中介服务组织的发展。四是汽车中介机构经营困难。因为汽车中介服务组织不被重视，业务量少，很难保证日常的正常经营，很多汽车中介服务组织经营困难。五是社会公众缺乏认识。因业务量小，社会公众对于汽车中介服务组织普遍缺乏认识，大多数消费者只知道汽车保险产品，或者出险后理赔都是找保险公司，但很少有人知道汽车产业中有汽车美容、汽车认证等其他中介服务组织。目前，辽宁省比较具有影响力的汽车中介组织主要有辽宁省汽车工业协会和各市的汽车工业协会以及其他相关中介组织。

1. 发展汽车工业协会（或汽车行业协会）

对于汽车制造企业而言，汽车中介服务机构主要是汽车工业协会。汽车工业协会的存在，使得汽车制造企业和政府之间以及汽车产业集群内部企业之间建立了信息沟通的渠道。汽车工业协会在汽车产业集群发展过程中具有重要的作用，通过收集市场信息，加强成员企业与外界的沟通，扩大区域内汽车企业的知名度；代表和维护汽车制造企业利益，加强企业与政府的沟通与交流，以获得有利于汽车产业发展的优惠政策；制定汽车行业标准和规范，加强自律，维护竞争，在促进本地汽车企业发展的同时增强该地区的吸引力；能有效防止汽车行业的恶性无序竞争，在信息需求、行业标准、区域营销、科研开发等方面满足汽车企业的整体利益，而且对外能够达成一致性集体行动。汽车工业协会是市场和政府治理机制的补充，能为汽车行业健康有序的发展提供良好的商业环境支撑。

改善汽车产业集群运行环境的重点在于大力发展各种汽车中介组织，适时地成立汽车保险中介组织、汽车销售中介组织、汽车金融中介组织、汽车科技中介组织、汽车训练中介机构、汽车检测中介机构、汽车调查中介机构等。汽车工业协会不是官方的决策机构，而是具有半官半民性质的权威性咨询机构。汽车工业协会成员由政府产业主管部门的官员、民间的企业家代表和具有专门知识的专家、学者三部分代表组成。汽车工业协会一方面为政府制定、调整汽车产业组织政策提供依据、提出建议，做出可行与否的结论，供政府有关决策部门参考；另一方面为汽车工业协会会员企业服务，解决会员企业在发展中存在的问题，协调会员企业之间的关系，促进汽车产业的发展。汽车工业协会的成立不仅保证了汽车产业组织政策的民主化、科学化决策，确保了政策的合理性、权威性和有效性，而且对推进汽车工业有效竞争态势的形成发挥着重要作用。

辽宁省汽车工业协会成立于2006年4月，地点设在沈阳，是在省委省政府推进辽宁老工业基地全面振兴的重大举措下经辽宁省民政厅正式批准成立的行业组织，是由辽宁省汽车企业以及科研院所、相关社会组织自愿联合组成的非营利性的行业组织，辽宁汽车工业协会是辽宁地区汽车产业发展中政府和企业之间以及各个企业之间的桥梁和纽带，它既起到与中国汽车工业协会上行沟通的作用，也起到了为当地政府、企业服务的作用，促进辽宁汽车工业的长足发展。协会成立之初，会员总数即达到65家，包括省内华晨、曙光、中顺、通用北盛、航天三菱、般天新光、大柴、东风朝柴等整车及零部件企业，各大专院校、科研院所及市级行业协会等，是省内同业协会中涉及范围最宽、成员层次最高、所辖地域较广的协会。协会成立的主要作用是受政府部门委托做好汽车工业管理工作，协调同行业关系，维护行业整体利益，在政府、企业与企业、企业与用户之间起到桥梁和纽带作用，发挥行业的总体优势，为振兴汽车工业、建设国民经济的支柱产业作出贡献。辽宁省在促进各地汽车工业协会发展时，要关注汽车工业协会的功能定位。一是政府制定汽车产业政策的参考平台。辽宁省汽车工业协会比较了解辽宁省汽车零部件企业、整车制造企业状况，对汽车产业集聚状况、集群地域选择特性、影响集群形成发展的关键因素等比较了解，能够主动运用产业集群发展战略的思路，协助当地政府、汽车企业、相关机构共同制定汽车产业集群的远景和发展规划，提升汽车产业的竞争优势。二是推进辽宁省汽车及零部件出口基地建设。辽宁省汽车工业协会可以利用自己的信息渠道，收集、发布有关汽车及零部件出口信息，积极推动核心企业，原材料、零部件配套企业及中介服务机构进入集群内发展。积极发挥行业协会在产业集群中的桥梁作用，使众多规模较小的企业进入汽车产业集群，积极为辽宁汽车及零部件出口服务。三是积极开展国际交流和合作。辽宁省汽车工业协会可以充分发挥其国家法律法规赋予的行业社团职能作用，组织省内外以及境外知名专家、学者与汽车产业链各环节单位进行面对面的交流探讨，增进行业内的交流与合作。四是为会员企业提供公共信息免费服务。辽宁省汽车工业协会能够组织核心企业、供应商、销售商及中介服务机构交流沟通，在产业集群内建立广泛的协作网、信息网及服务网络，能够以协会报纸、杂志、网站为依托，积极收集各地汽车产业信息，及时地为企业及政府相关部门提供国际、国内及本地的汽车行业动态和行业数据。五是促进行业诚信建设。辽宁省汽车工业协会可以根据国家宪法和有关法律、法规、政策的规定，维护省内汽车行业合法权益，帮助企业规避风险，保护知识产权，促进企业文化建设，规范汽车中介服务和汽车维修服务，推进行业诚信建设。

2. 发展汽车保险中介组织

汽车保险中介组织主要是指汽车保险代理人、汽车保险经纪人、汽车保险公估人，是保险市场运作不可缺少的组成部分。从广义的角度看，有提供服务、协助监管的职能；从狭义角度看，基本作用就是服务。汽车保险中介组织具有社会服务面广、服务成本低、服务效率高、技术水平要求高的特点。其社会职能主要是维护市场公平竞争的秩序，促进交易活动顺利进行，降低市场交易费用，保障各市场主体的合法权益，促进市场主体决策和管理的完善等。发展汽车保险中介组织对汽车产业集群的发展具有十分重要的现实意义。一是加快汽车保险产品开发。汽车保险中介组织与汽车保险客户接触多，了解客户需求；同时与保险公司的联系较密切，有利于开发出更符合客户要求的保险产品，以改变当前我国汽车保险产品少，且产品雷同的现状。二是改进汽车保险服务质量。汽车保险中介组织可以运用自身优势，为客户提供专业服务，尤其是在汽车保险风险控制方面，一定程度上可弥补保险公司在客户服务上的不足之处，使客户得到更全面的汽车保险服务。三是拓宽汽车保险覆盖面。保险公司一般集中在大城市建设服务网点，在中小城镇服务网点较少，汽车保险中介组织增设的服务网点，可使汽车保险产品服务的覆盖面更宽，进一步延伸到一些偏远地区。四是降低汽车保险产业风险。发展汽车保险中介组织，大量增加保险市场中服务供应商的数量，可以承担部分过去完全由保险公司承担的经营风险，从而分散风险，提高我国汽车保险产业抗风险的能力。五是保护消费者权益。汽车保险中介组织在保险公司和客户之间起桥梁和纽带作用，从而保障投保人作为消费者的权益，尤其是广大消费者近几年才开始逐步拥有私家车，对于汽车保险产品及其可以享有的各项服务，并不十分了解，亟须专业人士提供相关咨询和服务。

（1）辽宁汽车保险中介组织面临的问题。一是专业人才缺乏。从事汽车保险中介的人员既要懂得保险的相关知识，又要具备汽车检测维修等技能，同时思想道德品质要好，因此对人才素质要求较高，这种复合型人才社会需求量大，辽宁省高等院校培养的保险专业人才数量较少，尚不能满足社会需要。二是汽车保险中介服务组织的业务量不足。目前汽车保险中介所从事的工作，如汽车保险产品营销、汽车保险公估等，主要是保险公司的不同部门在做，分离出来让汽车保险中介做得很少，目前汽车保险中介普遍面临业务量不足的困境。三是配套硬件设施建设不够。汽车保险中介组织属于技术密集型行业，必须要有相应的配套硬件设施，才能满足当前社会发展的需要。

如汽车保险代理人采用直复营销来销售保险产品，必须建立相应的通讯和计算机网络设施；汽车保险公估人对于汽车保险事故的理赔，须建立汽车零部件报价体系等，都需要大量资金和先进技术来建设相应的配套硬件设施。目前，辽宁省汽车保险中介组织数量和规模都不大，对于配套硬件设施建设投入较少，尚不能为汽车行业发展提供有效支持。

（2）辽宁汽车保险中介组织的发展对策。一是大力发展汽车保险中介组织。首先，辽宁地区汽车保险中介组织的规模和数量尚不能满足汽车保有量快速增长所带来的日益增长的保险服务需求，应积极扶持各类汽车保险中介组织的发展。其次，积极引入外资保险公司和汽车保险中介组织，从而将国外的先进技术和经营方式传入辽宁，促进汽车保险业的发展。

二是加快人才培养。首先，在省内高校中开办各个学历层次的汽车保险专业。可依托省内高等学校已有的车辆工程专业、汽车服务工程专业、交通运输等汽车相关专业，开设汽车保险专业方向的学历教育，面向汽车保险中介培养专业人才，应包括从高等职业教育到本科和研究生等各个学历层次，完善现有的保险人才教育体系。其次，建立汽车保险中介的继续教育体系。借鉴我国已有的汽车经纪人资格认证制度，开办相应的汽车保险代理人、汽车保险经纪人、汽车保险公估人资格认证制度。在省内有一定规模的汽车保险中介组织中建立人才培训中心，对员工进行定期培训。

三是进行配套硬件设施建设。首先，建立汽车产品信息共享体系。该体系可以消除信息不对称的状况，是在汽车保险市场中树立诚信的保证。它可为汽车保险中介提供汽车零部件价格信息，以利于公估公司确定合理的赔偿额；还可以帮助汽车保险代理人和经纪人识别投保人重复投保的行为，识别走私和拼装汽车，保证保险市场上各方的权益。其次，建立汽车远程服务网。汽车保险中介人员经常要处理许多与汽车检测维修、事故分析等汽车专业性较强的工作，其中许多工作涉及较高深的汽车专业知识，或与不同厂家车型的技术参数有关，常常需要汽车行业的专家来共同参与分析处理，如果是临时与厂家联系，常常耽误时间，效果也不好。建立汽车远程服务网，可以为汽车保险中介公司提供各车型的详细数据，并随着新车型的推出而不断更新；还可以组织各地的汽车专家，建立专家库，提供咨询服务，从而解决当前汽车保险中介经常面临的汽车技术难题，随着科技的不断进步，还将开办远程汽车故障诊断,进一步提高服务质量。最后,开展直复营销。直复营销可以扩大汽车制造企业的影响,宣传汽车保险中介知识,为客户提供便捷的服务,是各类型汽车保险中介应普遍采用的工作方式。

四是开展汽车交通事故的预防与控制服务。汽车保险中介服务创新应重点开展汽车交通事故的预防与控制服务。一方面,我国道路交通事故发生率居高不下,已经成为社会公害,全社会都迫切要求保证出行的安全。另一方面,汽车保险中介具备相关的专业知识,懂得如何正确使用和保养汽车,以及具体的减少事故损失的方法等知识;与客户可以进行良好的沟通,使客户自觉采取必要的安全措施;汽车保险中介还可以提供更多的服务,如提供酒后代驾等服务,从而多方面降低事故发生率。事实上,所属客户的交通事故发生率应成为保险公司考核和选择汽车保险中介的主要标准,以降低赔付率,改善企业经营状况。①

3. 建设汽车科技中介组织

辽宁省汽车产业技术创新能力不足,很多技术都以外资输入为主,汽车自主研发一直存在着整车研发能力弱,核心零部件技术缺失,新产品推出慢等问题。一方面,在传统技术上,辽宁省要集中优势资源,在整体自主创新能力以及核心技术掌握方面有所突破,要在空调、电动转向、电子制动、悬挂系统、发动机控制等电子技术零部件上实现省内自主配套生产。另一方面,在新能源汽车技术上要加大研究开发力度,争取在新能源汽车的研究开发和商业化应用上走在全国前列,实现跨越式发展,从根本上提升辽宁汽车产业的竞争力。增强辽宁汽车产业技术创新能力,除了依靠企业是主体,高校与科研院所是辅助,国家是引导外,强化汽车科技中介组织建设,完善其职能是必要的补充。汽车是技术密集型行业,在研发、设计、生产、销售和使用等过程中都会牵涉技术问题,因此要建立和完善汽车科技中介组织。

(1)完善汽车产业科技中介机构发展的政策体系。政府作为制度设计者,要不断建立和完善有利于汽车科技中介组织发展的制度环境,通过制度创新来消除影响各类科技中介组织发展的障碍,促进科技中介服务的顺利发

---

① 王伟,杜传进. 我国汽车保险中介组织发展状况分析 [J]. 武汉科技学院学报,2005 (11):148-150.

展。完善的政策与法律法规体系是科技中介组织发展的基础，是保证汽车科技中介服务健康发展的制度条件。要完善汽车产业中介机构人才培训政策，建立人才培训体系，积极实施人才战略，支持或帮助建立各种教育培训机构，为汽车产业集群发展提供高素质的劳动力。在汽车保有量大幅度增加的前提下，要大力培养汽车销售后使用环节的中介人员，为消费者提供良好的售后服务。成立汽车技术交易市场，对在市场上进行交易的科研人员，在个人所得税上给予适当的政策倾斜，比如对个人的技术转让、技术专利使用费等减征个人所得税。

（2）完善汽车科技中介组织发展所需的信息资源。科技中介服务的生命力在于知识和信息，因此要建立公共科技信息平台。必须尽快解决公共信息渠道不畅、供应不足的问题，打破信息封闭，整合政府部门、科研单位、信息研究分析机构和企业的信息资源，强化科技文献资源、科技成果供需信息资源等各类科技信息资源建设，开发建设各类专业化数据库，建立区域性公共信息网络。各级科技管理部门要进一步向科技中介机构开放科技成果、行业专家信息库、国际技术标准库等科技资源，为其提供及时、准确、系统的信息服务。结合科技基础条件平台建设，支持以科技情报信息机构、成果管理机构、技术交易机构为基础的公共科技信息平台建设，打破行政区划界限，树立互相开放、互利共赢的观念，真正实现科技资源共享。

（3）鼓励民间科技组织的发展。目前，由于科技中介机构大多属于官办性质，导致其对行政母体的过分依附，并造成事实上的业务垄断，社会的民间力量难以进入这一领域，民间科技中介组织的发展受限。为了鼓励民间科技中介组织的发育和成长，应该尽快实行行政部门与科技中介机构的分离，政府对中介组织的支持应一视同仁，业务的委托应按竞争择优的原则确定。这不仅有利于营造公平发展的社会环境，而且对于保证中介组织的中立性具有重要作用。

（4）加强汽车科技中介组织的能力建设。科技中介组织是国家创新体系的重要组成部分，因此科技中介组织的能力建设应纳入科技发展计划的支持范围之内。当前要围绕新能源汽车以及电动转向、电子制动、悬挂系统、发动机控制等关键零部件来大力发展科技中介服务组织，尤其对于公共信息基础设施、科技企业孵化器、技术交易机构等类型的基础设施和重点机构应列入科技发展重点计划进行支持。要大力发展汽车科技中介组织，完善汽车科技中介服务门类，培育骨干科技中介组织，不断推动汽车科技中介组织的经营创新。总之，辽宁省汽车产业科技中介组织发展的重点应该是为科技创新活动提供重要的支撑性服务，有效降低汽车产业创新、创业风险，加速汽车产业科技成果产业化进程，提升汽车产业科技创新能力。

（5）加强汽车科技中介机构人才的培养。辽宁省要加快汽车中介机构人才的培养，可以考虑在沈阳建立汽车大学或汽车学院，同时加快汽车人才市场的运作。对汽车科研人员从事研发活动取得的各种奖金、津贴免征个人所得税，鼓励科研人员持股，对科技人员因技术入股而获得的股息收益免征个人所得税。沈阳拥有720万人口，在外引人才代价大的情况下，完全可以培养自己本地化的汽车人才。另外，学校在办学过程中，也要力争使教材跟上时代的步伐，倡导企业与学校联合办学，增加大学生在校的实习机会，熟悉自己的专业知识，保证培养适合汽车企业需求的学生，使汽车发展在技术层面上得到一定程度的保证。

4. 发展汽车金融中介服务组织

根据国际经验，汽车金融服务将最终由汽车企业自己组建的汽车金融服务公司承担，由于金融公司所具有的专业化优势，商业银行将无法与专业的汽车金融公司进行竞争，将逐步退出直接面向消费者的业务领域。与银行相比，汽车金融公司更具有专业化优势，其提供的金融服务除了购车贷款外，还包括消费过程中的金融服务。这种综合服务既增强了对客户的吸引力与还款意愿，也有利于防范客户风险，而且也成为母公司一个重要的收益来源。[①]

近十多年来，我国汽车生产焕发出蓬勃活力，产销量呈爆发式增长。同时，随着国民经济持续快速增长，人民物质生活需求日益提高，国家汽车产业政策逐步到位，汽车新品竞相推出和汽车价格不断下降，激发了消费者极大的购车欲望，为数相当大的爱车族已经具备了现实的购车能力。为了履行加入WTO后的承诺以及培育和促进汽车消费信贷市场公平竞争、健康的发展，更好地适应我国汽车金融服务业发展的需要，中国银行业监督管理委员会于2004年10月3日颁布并开始实施《汽车金融机构管理办法》，一方面

---

① 陈凤. 汽车后市场体系结构及其运行模式研究 [D]. 重庆：重庆大学硕士学位论文，2006：42.

为汽车金融机构稳健经营提供了重要保障和盈利基础，另一方面为汽车市场繁荣和良性循环提供了法律保证及支持。伴随着我国汽车业已跨入持续高增长期，蓬勃兴起的汽车消费热潮急需及时构建汽车金融服务体系。辽宁省金融机构众多，仅以沈阳为例，2007年，沈阳市拥有金融机构及网点1069家，在2007~2008年度辽宁中部城市群优质金融机构品牌推介中，沈阳市内共有85家金融机构上榜，分别包括以中国工商银行辽宁省分行、中国建设银行辽宁省分行、中国银行沈阳市分行、中国农业银行辽宁省分行等为代表的22家银行金融机构；以中国人寿保险股份有限公司沈阳分公司、中国太平洋人寿保险股份有限公司辽宁分公司、中国平安人寿保险股份有限公司辽宁分公司等为代表的27家保险金融机构；以中天证券有限责任公司、辽宁省证券公司、长城证券有限责任公司、大通证券有限责任公司、德邦证券有限责任公司、国泰君安证券有限公司为代表的36家证券金融机构。在沈阳市金融机构取得长足发展的同时，也要看到与国内其他省市相比存在较大差距。在中国社会科学院金融研究所给出的50个城市金融生态环境评价排名中，沈阳市的金融生态环境处于中下游发展水平。[①]

《汽车金融机构管理办法》主要对汽车金融机构的进入条件作出规定；只要符合一定的资产以及负债条件即可。车贷业务不但对非金融机构开放，也同样对外资机构开放。而且明确规定，汽车金融公司是为中国境内的汽车购买者及销售者提供贷款的非银行金融企业法人。汽车金融公司是一种从事汽车消费信贷业务并提供相关汽车金融服务的专业机构，在国外已有近百年历史。通常，汽车金融公司隶属于较大的汽车工业集团，成为向消费者提供汽车消费服务的重要组成部分。目前在全球汽车销量中，70%是通过融资贷款销售的，而中国目前只在20%~30%，发展空间很大。通用公司和福特公司的资料表明，汽车金融服务获得的利润占到整个集团利润的36%左右，而汽车金融服务机构的优势在于以汽车金融服务为核心业务，覆盖范围很广。汽车金融服务可以说是一手托三家：为厂商提供维护销售体系、整合销售策略、提供市场信息的服务；为经销商提供存货融资、营运资金融资、设备融

---

① 张丹宁. 沈阳汽车产业网络 AARS 范式实证研究——基于复杂网络视角 [M]. 北京：中国社会科学出版社，2009：75.

资、财务咨询及培训等服务；为用户提供消费信贷、用户的批售融资、租赁融资、维修融资、保险等服务。①汽车金融中介服务组织具有三个特点：第一，汽车金融公司是一类非银行金融机构，而不是一般的汽车类企业；第二，汽车金融公司专门从事汽车贷款业务，其业务不同于银行和其他类非银行金融机构；第三，其服务对象确定为中国大陆境内的汽车购买者和销售者。汽车购买者包括自然人和法人及其他组织；汽车销售者是指专门从事汽车销售的经销商，不包括汽车制造商和其他形式的销售者。辽宁省虽然金融机构众多，有很多为汽车产业发展提供资金支持的金融机构，这些金融机构应该吸取国外汽车金融中介服务组织发展的先进经验，积极支持骨干企业建立汽车金融公司，开展汽车消费信贷等业务。

（1）建立汽车金融服务体系的发展趋向。目前，我国涉及汽车金融业务90%以上的市场份额被四大商业银行以及股份制商业银行占有，其他各类机构所占份额不足10%。因此，辽宁省汽车金融服务中介组织的建立与完善要以银行为主，建立由汽车市场各方参与的"全能型"汽车金融服务。这种"全能型"服务主要是指商业银行为汽车的生产、批发、零售、使用、维修、保养直至报废的整个过程提供金融服务和支持；同时，通过该体系提供融资、结算等传统金融服务，并由此延伸至银行卡业务、理财业务以及汽车咨询、购车保险、车辆维护、事故救援等外围性服务。由于汽车产业的高技术含量和规模化生产，经销商、购车客户、中间服务机构和金融机构等积极参与，相互合作，才能保证汽车金融服务市场的持续发展。事实上，无论是金融机构、汽车制造商、汽车经销商、汽车运营商，还是消费者个人，均可得益于该项业务的发展。从金融机构来看，汽车行业是金融服务的重要客户，具有较强的盈利能力、充裕的资金流量、广阔的市场空间；从制造商、经销商、运营商来看，汽车金融服务可以提高扩大再生产能力，增加盈利水平；从消费者来看，汽车金融服务提前圆了"购车梦"，促进了消费。因此，这种"全能型"服务不仅是汽车市场中各方获得利益、实现价值、追求"全赢"的最佳选择，也是今后商业银行汽车金融服务体系的发展趋向。

（2）建立汽车金融服务体系的重要手段。汽车金融服务"专门化"是降

---

① 吴勇.解读《汽车金融公司管理办法》[J].汽车工业研究，2003（11）：25.

低经营成本、提升服务水平的重要手段，也是"全能型"服务中必不可少的硬件设施。目前至少应包括两个方面：一是服务的标准专门化。建立专门用于汽车信用评估与风险管理的系统。例如，有些国外汽车金融公司将一套专门的信用评估系统安装在每个经销商的电脑中，其70%以上的授信程序由电脑自动核准，从而大大提高了公司营运效率，节约了成本。随着客户规模的不断增大，只需不断修改这个授信系统，而不必增加信贷评估人员，这样，其交易成本必然大为下降。二是服务的方式（或程序）专门化。在银行内部适当分离出汽车金融业务或者设立专门的汽车金融服务部门，比如设立银行控股的汽车金融服务子公司或汽车信贷部等，相对独立地开展汽车金融服务。同时，这种专门的机构要提供"一站式"的汽车金融服务，为客户直接提供从购车贷款、汽车保险到汽车消费等全方位的专门化金融服务。当然，目前的服务内容尚不能满足"全能型"服务的要求，仍需在今后汽车金融服务的发展中不断加以完善。①

5. 积极发展其他汽车中介服务组织

为了保障辽宁汽车产业集群的健康发展，除了要积极建立和发展汽车工业协会（或汽车行业协会）、汽车保险中介组织、汽车科技中介组织和汽车金融中介服务组织外，还要发展汽车娱乐、汽车俱乐部、汽车资讯、汽车停靠、智能交通、汽车文化等增值空间很大的汽车售后服务，这些汽车中介服务是汽车产品售后使用过程中的一个有效的补充，是汽车产品特定的消费需求引发的一种产品增值服务。所以，很多学者把这种作用于汽车的无形服务叫汽车增值服务，以有别于汽车后市场中作用于汽车的有形服务，如汽车维修等。由于我国汽车产业特别是汽车后市场服务发展的相对滞后，这些概念在人们脑海中并没有一个完全清晰的印象，从而使得无论是消费者还是生产者对于这些相关的服务行业发展重视不够，导致这些汽车增值服务在全国特别是辽宁地区缺乏氛围，在这一领域的市场还是一片空白。而在欧美、日本等汽车发达国家，这些为汽车使用者所提供的相关无形服务已经得到了充分的重视与发展，不仅逐渐成为汽车后市场服务中最重要的补充，而且逐渐形成一种赢利较高的行业，为汽车产业链竞争力的提高作出了贡献。

---

① 潘庐婴. 建立汽车金融服务体系之我见 [J]. 现代交通管理，2003（11）：13.

　　辽宁省需要从以下三个层面来支持和完善汽车及零部件产业发展的中介服务机构：一是建立辽宁省加快发展汽车及零部件产业联席会议制度。联席会议由省有关领导召集，成员单位可由发改委、经信委、财政厅等有关政府部门以及省汽车工业协会、整车制造企业和重要的大型零部件制造企业参加，定期研究本省汽车及零部件产业的重大问题。二是建立健全辽宁省汽车及零部件学会。学会由省内汽车及零部件研究、生产和管理方面的专家组成，主要任务是了解和分析汽车及零部件的发展动态，发布有关信息，召开学术研讨会和展览会。三是完善和明确省汽车工业协会以及其他汽车中介服务机构的定位和功能。其工作应是能涵盖上述两个组织形式未包括的有关汽车及零部件产业的发展工作。

　　如何在汽车后市场中维护消费者的利益，给消费者创造良好的用车环境，欧美等发达国家普遍采用的是实施会员制的汽车俱乐部。汽车俱乐部能够为会员消费者提供连续的、会员关系的服务，这种服务有多种形式，如品牌俱乐部、车迷俱乐部、越野俱乐部、维修俱乐部、救援俱乐部等。作为综合性的服务机构，汽车俱乐部提供的汽车维修服务与汽车售后维修以及4S店提供的维修服务不同。汽车俱乐部的任务不在于建立诸如维修保养、美容护理等服务机构向顾客直接提供服务，而是作为代理、中介机构通过加强与汽车维修机构、汽车美容店等其他汽车服务机构的合作，间接地向会员顾客提供服务，解决会员顾客购车后在使用过程中的后顾之忧。由于汽车俱乐部是通过提供齐全的服务来吸引会员的加入，因此服务项目齐全是汽车俱乐部发展的基础，会员数量是否形成规模是汽车俱乐部成败的关键。在目前中国轿车已经开始大量进入居民家庭，而汽车后市场服务又极不成熟的条件下，发展汽车俱乐部潜力巨大。通过发展汽车俱乐部，一方面可以改善汽车消费环境，为消费者提供更好、更优质的服务；而另一方面整车制造企业以及销售商可以以发展汽车俱乐部为纽带，全面发展汽车服务业，培养顾客对汽车品牌的忠诚度。

　　汽车文化服务近年来在我国有了一定程度的发展，层出不穷的车展、汽车博览会、汽车文化节等都极大地促进了国内汽车消费需求的增长，在辽宁地区比较著名的汽车文化服务有中国沈阳国际汽车工业博览会、大连国际汽车工业展览会等，对汽车消费起到了一种带动与引导作用，是一种汽车最新知识的普及和营销。但目前辽宁省汽车文化服务范围较窄，没有起到全面带动汽车文化发展与繁荣的程度。其实汽车文化范围广泛，包括车展、汽车模型、汽车体育、汽车知识、汽车报刊、汽车书籍、汽车影视、民间风俗、国际交往、服装服饰、车迷、汽车与社会等。汽车文化观念的革新，将是推进汽车工业国家创新体系，提高产业竞争力的一个重要动力。[①]

二、辽宁汽车产业集群物流服务体系的建立

我国现行的主体汽车物流模式是供、产、销一体化的自营物流，即汽车产品原材料、零部件、辅助材料等的购进物流、汽车产品的制造物流与分销物流等物流活动全部由汽车制造企业来完成。制造企业既是汽车生产活动的组织者、实施操作者，又是企业物流活动的组织者与实施者。高效的汽车现代物流代表着一种新的竞争趋势，要创新汽车产业集群流通模式，疏通汽车流通渠道，增强汽车产业竞争力。有数据显示，欧美汽车制造企业的物流成本占销售额的比例是8%左右，日本汽车厂商甚至可以达到5%，而我国汽车生产企业的物流成本普遍在15%以上。随着我国汽车产量的高速增长，对整车的仓储、配送需求量相当大，降低物流成本问题将变得更加突出。据调查，我国汽车商品运输车运输空返率约为39.8%，车辆运输成本是欧美国家的3倍；物流成本占销售额的比重在国外一般水平为8.8%。辽宁省整车制造企业远离东南沿海、中原等汽车消费主要地区，汽车物流供应链流程长、效率低；汽车物流信息技术匮乏；汽车物流标准不统一，使汽车物流成本占销售额的比重要远远高于国外的一般水平和上海等国内发达地区，所以必须建立集群物流运作中心，以降低汽车成本，提高整个汽车产业的竞争力。

1. 创建先进、高效的物流运作体系

辽宁省远离汽车消费主要区域，物流高，必须引进国外先进物流运作体系和IT集成技术，构建符合汽车产业发展的物流运作体系，提高汽车物流的运作效率。发达国家的物流服务商已经能够将供应商、生产商、分销商、零售商、消费者、运输商以及仓储商等其他物流业务参与者通过一套集成的IT系统联系起来，以实现整个供应链效益的最大化。同时又可以根据客户的

---

① 黄树博. 中国汽车产业国际竞争力研究 ［D］. 北京：北京工商大学硕士学位论文，2008：44.

具体要求，开发符合客户运作要求的个性化、菜单式的物流软件服务包。这种物流 IT 的集成技术是国内发展整车物流业务需要引进的关键技术，可以通过合资方式引进先进的物流运作技术和 IT 技术，这是辽宁省迅速发展整车物流业务的必然途径。

2. 改善交通运输条件

公路建设是汽车产业发展的必要前提。高速公路网、国省干线公路网的交通容量扩展以及农村公路通达率的提高，是改善交通运输条件（包括硬件方面和机制方面）形成汽车产业集群内部完整物流体系的基础。Sumila Gulyani 分析了交通运输条件的好坏对于印度汽车产业集群的形成和实行精益生产所造成的影响时发现，恶劣的交通条件和道路状况不仅提高了汽车物流的成本，而且会同样产生运输过程中的零件损坏、库存增加、交易成本增加和人员费用的增加。① 更加值得注意的是，由于供应链的不稳定和低效率会造成外部不经济现象，使得汽车制造商难以实行精益生产。这种由于交通运输条件的落后而造成的负外部性对汽车工业产生了非常不利的影响。因此，辽宁省要完善县域高速公路和乡镇公路建设，提高公路网的交通容量和农村公路的通达率，提高微型客车、轻型货车和三轮汽车在农村市场的普及率。

3. 实行现代物流的信息化管理

现代信息技术的发展为实行现代物流的信息化管理提供了技术支撑。辽宁省是信息产业较为发达的大省，有条件和能力进一步完善辽宁省整车物流业的基础设施，以先进的现代化管理水平支持今后仓储物流业的发展，加快信息化建设步伐。信息网络技术是构成现代汽车物流体系的重要组成部分，也是提高汽车物流服务效率的重要技术保障。汽车制造业应积极利用 EDI、互联网等技术，通过网络平台和信息技术将企业经营网点连接起来，既可以优化企业内部资源配置，又可以通过网络与用户、制造商、供应商及相关单位连接，实现资源共享、信息共用，对汽车物流各环节进行实时跟踪、有效控制与全程管理。

---

① Sumila Gulyani. Effects of Poor Transportation on Lean Production and Industrial Clustering: Evidence from the Indian Auto Industry [J]. World Development, 2001, 29 (7): 1157-1177.

4. 提高零配件区域生产能力

提高基础工业及配套工业的技术水平，增强汽车零部件开发能力和生产技术水平，合理规划汽车生产网络，这是实现零部件区域配套和精益生产最有力的技术保障。汽车物流的发展与汽车生产能力紧密相连，提高辽宁汽车制造技术水平是发展辽宁汽车物流的基本前提。目前，辽宁汽车生产制造中CKD件（全散装件）仍然占很大的比重，CKD零配件采购成本占整个采购成本的9%，但是其物流成本却占总成本的70%。因此提高辽宁汽车的生产制造水平，将CKD批量订货转为单件订货的形式，提高零配件国产率，从而达到降低整个物流成本的目的。建立合理的汽车产业园是优化辽宁汽车生产结构、降低汽车物流成本的好办法。可以把整车制造企业和各个零部件制造企业集结在汽车产业园区内，将重要工序放在产业园区以 JIT、JIS① 的形式供货，降低整个供应链上的库存成本以实现与总装厂同步生产，真正实现供应链式生产，降低运输成本。

5. 加快推广汽车物流标准化建设

汽车物流标准化建设是指汽车物流要广泛采用标准化、系列化、规范化的运输、仓储、装卸、搬运、包装器具设施及条形码等技术。汽车物流作业中的标准化建设主要包括物料容器具的标准化和编码的标准化，应考虑的因素主要有：汽车零配件的包装和运输要求；国内运输车辆的容积尺寸；对物料容器具自身的尺寸匹配性；便于机械化搬运和堆码；等等。编码和标准化是整个汽车物流行业信息化的前提，物料编码的统一和标准化便于同一个物料的编号在不同的企业之间传递和识别，缩短供应链流程时间。

6. 选择合理的物流合作模式

在国际市场上，80%的整车制造企业都是把整车物流外包，而在国内绝大多数的整车物流提供商其实都是整车制造商的下属企业，这种业务关系模式往往制约了管理效率的提升，而且无法与其他不同品牌的整车进行物流方面的合作。表现突出的是，这些附属企业对成本、操作时间、信息透明度、

---

① JIS（Just In Sequence）是 JIT 及时供货的一种特殊而极端的状态。JIT 是指按照总装厂需要的零部件数量生产并及时提供所需要的零部件，达到无库存或库存量最小的状态，包括了"看板管理"在内的一系列具体方法。JIS 相对 JIT 来说，对库存的要求达到了极端，是指整车厂需要什么部件，供应商就按一定的频次送什么部件，整车厂一般不存放库存。

运输中的货损货差等一系列重要参数，难以进行准确的评估，结果对市场分析结论产生误导。目前国内整车的运输基本上是"各自为政"，大部分企业是只运送自己某一品牌的整车，运输车的空返率高达37%，其中，第三方物流企业的轿车运输车空返率高达39.8%，整车的物流成本居高不下。其实这些问题都涉及企业的外部合作问题即供应链的整合问题，国内的整车物流已经走到了资源整合的路口。[①]

三、辽宁汽车产业集群金融服务平台建设

汽车产业是一个资金密集型产业，金融运作渗透到汽车产业的每一个领域。金融发展与汽车产业集群之间存在着强相关性，只有金融规模和金融结构与汽车产业规模和结构相匹配，才能实现汽车产业集群的良好、可持续发展。Rajan 和 Zingles 已从行业层面证明了国内金融发展对行业生产和成长的促进作用，[②] 认为金融发展降低了企业实施外源融资的成本。Beck、Demirguc-Kunt、Luc Laeve、Ross Levine 等人在研究金融发展对企业规模以及经济增长问题时发现，金融发展更有利于那些由许多小企业构成的产业的成长。[③] 无论是企业的建立和发展，还是产业集群内部各种基础设施的建设和各种机构的运转，都需要有充足的资本供应和低成本的融资，才能满足其对资本的需求，才能吸引更多的企业集聚到该地区。

汽车金融公司是汽车产业集群组织结构中的辅助层次，为核心层次和外部层次提供资金支持和信用担保支持。汽车金融公司不仅为顾客提供便利的购车服务，同时也是汽车公司重要的利润来源。在西方发达国家，超过70%的消费者是通过贷款买车的，而美国这一比例高达80%以上。汽车是技术资本密集型产业，能否得到大规模资金和较低的资金使用成本成为决定汽车产业是否具有竞争力的主要因素。汽车金融公司能为汽车制造企业提供大量的资金，有益于集群吸纳新知识与新技术，融入全球产业链和全球市场，防止集群"锁定效应"，实现企业创新发展的良性循环，促进集群创新升级。

---

① 颜炳祥. 中国汽车产业集群理论及实证的研究 [D]. 上海：上海交通大学博士学位论文，2008：79.

② 陈建国，杨涛. 中国对外贸易的金融促进效应分析 [J]. 财贸经济，2005（1）：83.

③ 范方志，张立军. 中国地区金融结构转变与产业结构升级研究 [J]. 金融研究，2003（11）：36-48.

1. 辽宁汽车产业集群金融服务平台存在的问题

尽管中国汽车产业金融服务面临着个人信用体系不健全，相关政策法规不合理，信贷模式不成熟等诸多障碍性因素，但目前已经有多家外资背景的汽车金融公司分别在上海、北京等一线城市开张营业。《汽车产业调整和振兴规划》鼓励国内汽车企业集团、非银行金融机构建立专业汽车金融服务公司，针对汽车消费者开展车贷服务；允许多元化的汽车金融公司并存发展，才能形成有效竞争；只有竞争才能减少车贷的中间环节，减少服务费用，进而拉动汽车消费。由于辽宁金融服务相对东南沿海来说不是很发达，汽车产业集群金融服务平台存在着很多问题。

（1）相关制度对新生汽车金融公司的种种约束。首先，即将设立的汽车金融公司的资金"瓶颈"问题。根据有关规定，汽车金融公司不能吸收个人储蓄和自行发行债券，有限的资金来源势必限制其拓展金融业务的规模。其次，不允许汽车金融公司设立分支机构，并且同一法人不得投资一个以上的汽车金融公司，这样会造成消费者的交易成本非常大。最后，《汽车金融机构管理办法》规定发放汽车贷款的利率，可在央行公布的法定利率的基础上上浮 30%、下浮 10%。这意味着汽车金融公司在国外常采用的通过利率动作来促销汽车的方式在我国以及辽宁地区根本无法实施。

（2）金融市场环境信用缺失。汽车金融公司是在完善信用体制背景下的金融市场中发展壮大的，但我国金融市场普遍存在着明显的信用缺失问题，如银行不良贷款居高不下；证券业的发展受到股市低迷的严重拖累、上市公司经营资信不高，保险业中逆向选择和道德失真现象大量存在。在传统金融业务活动遭受社会整体信用文化制度缺失的影响下，新诞生的汽车金融服务公司面临同样的困境。汽车金融公司要开展业务的前提条件是必须拥有完备的客户信用数据，而这些客户信用数据收集工作量大，而且信息涉及千家万户，没有完善的信用体系是很难完成的。

（3）二手车市场尚未建立。在国外，二手车是汽车金融实现增值的重要组成部分，汽车金融公司广泛开展残值融资产品或租赁产品。消费者卖二手车的钱可以作为买下一辆车的首付款，这一过程实现了价值转移，而这很大程度上依赖于二手车市场的成熟程度。而目前辽宁地区二手车市场少，二手车交易税费标准不统一，交易手续繁杂，二手车交易信息不透明，缺乏全国性二手车信息网络平台，二手车价格评估体系不健全，还不具备国外成熟二手车市场所需要的条件。

2. 促进汽车金融服务平台建设的构想

从 2004 年开始各大商业银行、保险公司纷纷叫停车贷险，汽车消费信贷业务陷入了停滞状态。2007 年以来，伴随着商业银行对个人汽车消费贷款的风险控制能力和综合把握能力的提高，商业银行的汽车消费信贷业务开始逐渐复苏，各大商银行都相继推出了新的汽车消费信贷业务。汽车企业建立自己的汽车金融公司，可以利用周转资金支援企业生产，推动产业集群转型升级迫切需要金融服务模式的创新。① 随着中国城乡居民消费观念的逐渐改变，采用贷款方式购车的比重将呈现快速上升趋势。消费观念的转变为发放汽车消费贷款提供了需求保障，车贷正成为房贷之后新的个人消费信贷重点，具有广阔的发展前景。

（1）大力发展专业汽车金融公司。2009 年《汽车产业调整和振兴规划》中明确指出："支持符合条件的国内骨干汽车企业建立汽车金融公司。促进汽车消费信贷模式的多元化，推动信贷资产证券化规范发展，支持汽车金融公司发行金融债券。"2009 年 4 月商务部等八部委联合下发了《关于促进汽车消费的意见》，提出要加强汽车金融服务配套制度建设，稳步发展汽车贷款保证保险业务，推动保险机构与汽车消费信贷机构进一步加强合作，促进汽车消费市场平稳发展。所以，辽宁省骨干汽车企业在风险可控的前提下，要积极拓宽业务渠道，探索与汽车生产企业、银行等各方合作的新模式，积极推进汽车消费贷款保证保险业务的发展。

（2）积极创新适合地区汽车消费信贷的金融产品和服务。金融机构要积极开发适合市场需求的汽车消费贷款保证保险产品，为购车者提供更加丰富、更加专业的金融产品和服务，提升汽车消费信贷的服务水平，增强对消费者的吸引力。通过成立汽车信贷中介公司、汽车财务公司，由其分担信贷风险，以此鼓励消费者信贷消费。无论是商业银行，还是汽车金融公司，都越来越多地通过新产品的开发如"零首付"、"利息、手续费双免"等多种优惠的贷款方案，来刺激汽车消费信贷业务的发展，并通过提供各种灵活、便

捷的金融服务，来挖掘汽车消费信贷领域的市场潜力。信贷部门要加强与厂商、保险、工商、车管等有关部门的沟通，不断创新贷款担保方式和服务，在确保贷款安全的前提下，适当延长贷款年限，降低购车首付款标准，使尽量多的消费者加入汽车信贷消费中来。

（3）完善相关信用保障制度。汽车信用担保是高风险的行业，目前的信用担保制度尚不够完善，需要进一步完善相关的财产担保制度和担保人制度，使得信用担保机制的运行更为有效。汽车消费贷款也可以由信用担保机构来担保，信用担保机构可以通过引入更多民间资本，开辟多渠道筹集担保资金来解决资金问题，① 从而为汽车消费贷款提供更多的资金担保。要建立社会企业的信用档案及个人信用资料数据库，实现个人信用评估体系，建立一套风险控制体系，有效预测借款人的风险程度，完善风险控制技术。

第二节 辽宁汽车产业集群的技术创新体系建设

汽车产业是一个不断创新的产业，汽车产业集群创新需要一定的创新条件和环境、组织框架、产业文化基础、知识积累及扩散的内在机制。构建汽车产业集群创新体系是辽宁省汽车产业实现整体技术突破和核心技术掌握的关键，也是提高辽宁省汽车产业竞争力的需要。汽车工业具有产业链长、关联性强等特点，汽车产业集群的技术创新和区域创新体系是一致的，主要表现在汽车产业集群内部的企业、大学、中介机构等创新主体及环境要素与区域创新体系具有重叠性。汽车产业集群创新体系应该是以企业为主体，政府为引导，大学和科研机构为基础，市场为导向的网络结构，② 而区域创新体系也具有同样的网络结构。汽车产业集群实现技术创新的主要途径是建立有效的合作网络，促进知识、技术在集群以及集群以外扩散流动，而区域创新体系也是利用区域网络促进知识流动和技术扩散，具有很大的重叠性，而且

---

① 韩筱笛. 促进浙江产业集群升级的区域金融发展探索 [J]. 特区经济，2009（5）：47.
② 潘慧明. 产业集群创新研究 [J]. 武汉科技学院学报，2006，19（5）：49-50.

二者的目的都是促进资源的有效配置，提高区域创新能力，形成区域竞争优势，而汽车技术创新体系的建设更多地取决于区域的市场规模、研发水平、制度条件和对外开放度等。①

技术创新是辽宁汽车产业发展的助推器，也是辽宁汽车产业缩小与世界发达国家差距的突破口。当前我国汽车产业发展的最大"瓶颈"不是资金和市场，而是技术，国际汽车市场的竞争实际上是现代科技的较量，是技术创新的竞争。辽宁汽车行业的产品开发已开始向客车、轿车拓展，但从产品开发投入的资金规模、具备的开发手段和人员的素质经验来看，尚不具备完整的开发能力。随着市场竞争的日趋激烈，消费者对于汽车性能的要求越来越高。全球各大汽车厂商为了迎合消费者需求，争相将电子、数码、影像甚至生物等最新技术应用到汽车设计上，以提高汽车在节能、环保、安全、通讯、娱乐等各个方面的科技含量和智能化水平。因此，技术创新能力已经成为跨国汽车公司竞争取胜的关键，核心技术、知识产权、行业标准，已成为跨国公司垄断技术的主要手段，激烈的市场竞争使国际汽车技术酝酿着重大突破。构建汽车产业的技术创新平台是辽宁汽车产业集群形成内在动力，提高汽车产业国际竞争力的需要。

一、辽宁汽车产业集群技术创新模式及选择

1. 世界汽车产业集群的技术创新模式

综观国际汽车工业发展史，汽车工业是以集群技术创新的模式迅速发展起来的。从汽车发展历史来看，汽车产业集群技术创新模式主要有三种：一是自主研发模式。这种模式以美国、英国、法国、德国、意大利等工业发达国家为代表，这些国家依靠本国强大的基础研究实力和经济实力，进行汽车自主研发，其技术发展自成体系，具有很强的独立性。同时，通过吸纳效应不断地吸收其他国家的先进技术，始终保持着世界汽车技术的领先地位。二是引进技术与自主研发相结合的模式。这种模式以日本和韩国为代表，往往是新兴工业化国家在短时间内追赶汽车强国，培养汽车工业国际竞争力的最

① 曾祥林. 中国汽车工业技术创新模式选择研究 [D]. 长沙：湖南师范大学硕士学位论文，2010：16.

有效模式。这些国家在发展本国汽车工业的初期引进国外产品和技术，通过学习、消化、吸收形成本国技术和相应的自主研发能力，并不断发展成为自己的汽车产业体系。三是外资推动型模式。这种模式以西班牙、巴西和墨西哥为代表，实行这种模式的国家如西班牙就取得了成功，成为了世界第五大汽车生产国，但是这种模式的结果往往使本国汽车工业的技术发展对国外形成很强的依赖性，不能形成一个独立的汽车生产体系。[①] 也有的学者将技术创新模式分为封闭式创新与开放式创新，封闭式创新是一种独自的原始创新，而开放式创新可以使企业拥有更多的创新资源，掌握更新的技术，也有利于规避创新风险、降低创新成本、提高创新速度和提升企业知识识别、知识获取以及知识应用嫁接的能力。[②] 可见，自主技术创新并非独自创新，而是一种开放式创新，其方式可以多样化。

2. 中国汽车产业集群技术创新模式的选择

分析世界汽车产业集群技术创新模式的发展，可以看出不同的汽车产业集群创新模式具有不同的产业竞争力，但强大的技术创新体系已经成为世界汽车强国和汽车跨国公司产业竞争力的有力支持力量。在汽车市场竞争日趋激烈的国际环境中，R&D 已成为汽车跨国公司提高产品竞争力、扩大市场份额的最主要武器。例如，美国通用公司 2005 年 R&D 费用高达 67 亿美元，福特公司为 80 亿美元，分别占销售收入的 3.5% 和 4.5%。同时国家间的技术合作和技术交流广泛开展，这种合作与交流已从 CKD 生产、在他国独资或合资建厂、专项技术贸易扩大到基础研究领域的合作、应用研究（或称工程研究）领域的合作。汽车产业的发展历史就是技术进步和创新的发展史，技术创新及其模式的选择是汽车产业迅速崛起的突破口。我国的汽车工业经历了从自力更生到打开国门、从寻找合资到创立自主品牌的发展历程。我国汽车产业技术创新模式发展历程可分为三个阶段，即以技术引进为基础的模仿创新阶段（新中国成立至 1978 年）、以消化吸收为基础的引进创新阶段（从 1978 年改革开放开始到 20 世纪末）和以引进、合作创新为基础，自主创新为趋势的多元化创新并存阶段（21 世纪初以来至今）。[③]

---

① 赵鹏飞. 我国汽车工业技术创新中存在的问题及对策 [J]. 湖北社会科学, 2005 (1): 71.
② 汤书昆, 赵林捷. 安徽江淮汽车集团自主创新模式分析 [J]. 中国科技论坛, 2007 (7): 51.
③ 王江, 吕朋, 巩顺龙. 我国汽车产业技术创新可行模式探析 [J]. 经济纵横, 2009 (9): 66-67.

　　自主开发和拥有自主知识产权是我国汽车工业，尤其是轿车工业梦寐以求的，也是我国与国外汽车生产强国存在巨大差距的关键所在。能否形成我国汽车工业自主开发能力，是关系到我国汽车工业能否持续、健康发展的战略问题。根据中国目前的现状，若要完全依靠自己的力量走自主研发模式有一定难度，因为这需要强大的技术支撑、持续高强度的研发投入、较强的风险抵御能力及其他各方面的大力协同和相互配合等。而外资推动型模式无法实现核心技术的超越，中国汽车工业近30年的发展历程表明，简单地以市场换技术，走合资道路，实际上并不能拥有汽车工业的最先进技术。跨国公司到中国来投资建厂的目的是想占领市场，而不是培养竞争对手，合资企业的中方母公司希望介入产品开发，常常受到合资企业外方的各种限制和干预，致使企业的每一代产品都是外方产品。促进日本、韩国汽车发展的是引进技术与自主研发相结合的模式，近30年来，我国汽车工业原本想借鉴日本汽车工业技术创新模式，走"引进—吸收—消化—创新"之路，但如今并没有实现预期的设想，始终停留在"引进—模仿—再引进"的低级发展过程中，其失败的根源在于合资企业中技术控制权都掌握在跨国公司手中，而引进的技术又没有进行消化吸收，没有实现二次创新。

　　3. 辽宁汽车产业集群技术创新模式的选择

　　阳芙蓉认为我国汽车工业技术创新的模式主要有引进创新模式、仿制创新模式、合作创新模式和自主研发模式四种，而且上海大众、长安集团、奇瑞汽车是典型的代表。[①] 基于辽宁汽车产业的现状和技术条件，辽宁汽车产业必须寻求适合自己技术状况的技术创新模式，这种技术创新模式既要有别于上海、广州等国内汽车产业第一阵营，也要有别于其他汽车产业落后地区。在国际经济全球化、信息技术飞速发展的形势下，辽宁没有可能也没有必要全部照搬世界汽车强国汽车工业的发展模式，应充分利用汽车工业全球化带来的机遇，学会把全球的资源（包括技术和知识）和国内的资源拿来为我所用，制定既有利于技术引进又有利于自主创新的适用技术创新模式。首先，在引进国外先进技术时，应充分重视利用省内科技力量，做好对引进技

---

　　① 阳芙蓉. 我国汽车工业几种技术创新模式的对比研究 [D]. 重庆：西南大学硕士学位论文，2008：31.

术的二次创新工作，逐步提高产品开发能力；其次，辽宁省要鼓励省内汽车制造企业与国内汽车产业第一阵营进行兼并重组，或鼓励企业通过购买技术许可、专利，获得新技术，使企业逐步由购买硬件为主转变到购买软件或合作开发为主，逐步形成自主开发能力；最后，要坚持两条腿走路的方针，在海狮面包车、中华轿车的开发方面，坚持"以我为主"，不断提高开发新产品的水平；在其他轿车和高档客车的开发方面，通过联合开发和在合资中学习开发，为最终形成自主开发奠定基础。因此，辽宁汽车产业发展应该坚持引进技术入门，走自主开发为主，联合开发为辅之路，实现技术改进性创新与自主创新相结合的创新模式。

　　这里的技术改进性创新，是指企业通过消化吸收引进的技术，掌握其基本原理和专有技术后，在技术积累的基础上，逐步形成自主的研发能力，并根据市场需求，对引进的技术进行改进的创新过程。所谓自主创新是指汽车产业以自主知识产权占领未来发展的战略制高点，企业的技术能力只能从自身的技术创新活动中内生地发展，而没有任何组织之外的力量和过程可以替代。自主创新不仅包含原始创新，也包含了集成创新和引进消化吸收再创新。集成创新是自主创新的一个重要内容，它是把各个已有的技术单项有机地组合起来、融会贯通，构成一种新产品或经营管理方式，创造出新的经济增长点。而单项技术既包括国内自有的，也包括引进的。在现代汽车生产过程中，产业关联度日益提高，技术的相互依存度增强，零部件单项技术创新的目的都是更好地适应整车配套要求，通过整合相关配套技术最终形成生产力和竞争力。对于辽宁省汽车企业而言，集成创新可能比原始的自主创新更具现实意义。原始的自主创新需要长期积累和巨大投入，而辽宁省多数汽车企业的实力还难以承受。强调集成创新，并不是说集成创新比原始的自主创新容易，而是集成创新更关注实用性，同企业生产和管理的关联度更高，企业更容易找到切入点，更有的放矢地进行，效果也更明显。引进消化吸收再创新既是自主创新的重要内容，也是技术进步的一种基本模式。从长期来看，辽宁汽车产业国际竞争力的提高必须以自主研发能力为基础，充分利用全球知识储备，通过跨国公司的对外直接投资引进外国的先进技术，推动汽车产业技术升级。实际上，处于全国中游水平的辽宁汽车制造企业如果什么车型和技术都进行原始创新，既做不到，也无必要。技术改进性创新仍然是加快辽宁汽车产业发展和技术提高的一条捷径，但关键的问题在于引进技术以后，消化吸收这项后续工作必须做到位，否则既浪费了外汇，也没有形成自主研发能力。韩国、日本用于引进和对引进技术消化创新的投入比例达1：5甚至1：10，而我国的这一比例仅为1：0.07，消化吸收环节投入资金太少。

技术改进性创新与自主创新都是获得先进技术的手段，二者之间是一种良性互动关系。一方面，任何先进技术的引进必然会带来对技术的消化、吸收，甚至是二次创新；另一方面，技术改进性创新是提高创新能力的学习手段，是自主创新的组成部分，目的是在消化吸收的基础上提高自身创新能力，为最终形成自主开发奠定基础。可以说，技术改进性创新是从当前辽宁汽车产业的实际情况出发而做出的一种选择，而自主创新则是从辽宁汽车产业长远利益出发的一种目标取向。自主创新并不排除技术引进，而是要有重点、有控制地引进，把引进的重点放在消化、吸收改进以及提高汽车产业技术能力上来。而基于技术引进形成的技术基础、技术能力与学习能力是实现辽宁汽车产业自主创新的基础与前提。当今世界是一个既联合又竞争的时代，汽车产业的技术创新能力是其在竞争中取得优势的关键所在。技术改进性创新与自主创新相结合将使辽宁汽车产业从技术引进的消化吸收及改进逐渐向自主开发、自主创新转变，从而形成强有力的国际竞争力。

二、构建辽宁汽车产业集群技术创新体系的对策

1. 加大汽车研发投入力度，促进专业性研发机构的诞生

在研发—采购—生产—销售—售后服务整个汽车产业链中，研发环节处于产业链的最高端，是具有决定意义的环节，是保持和不断提升产业竞争力的关键。2008年中国汽车产业的研发经费支出达到388.7亿元，相比2007年增长了25.87%，是近十年来研发经费支出增幅最大的一年，占到了汽车产业主营业务收入的2.07%。但国际企业界普遍认为，汽车研发经费占销售额5%以上，企业才有竞争力。因此，应加大研发投入，努力提高整车和零部件企业的自主开发能力。首先，技术研发机构是汽车产业集群技术进步的重要支撑。汽车产业发展离不开技术进步，汽车研发需要大量的技术人才、资金等条件来保证，靠单个企业很难办到。只有重点建设实力较强、水平较

高、面向整个汽车产业的技术研发机构，才能满足汽车产业集群发展的需要。其次，技术研发机构是汽车产业集群技术创新的重要载体。汽车的升级换代以及新能源汽车的产业化都需要技术研发机构作为载体来完成。最后，技术研发机构是产业集群发展的重要保证。汽车产业升级以及市场占有率和竞争力的提高，都依赖于强大的技术支撑，都需要技术研发机构做保证。所以，汽车研发机构的建立，有利于充分发挥研发机构固有的科研优势。实现规模经济，有利于汽车专业性研发数据和知识的积累，提高汽车研发能力。

2. 建立面向汽车产业集群内企业的创新服务平台

由于汽车本身是集各种零部件技术为一体的技术复合体，具有较强的技术复杂性，仅靠单个企业的力量进行技术创新可能会存在很多困难，所以必须实行产业集群创新。产业集群创新主要体现在管理创新、技术创新、品牌创新等方面。① 因此，辽宁汽车产业集群要实现跨越式发展，必须建立好管理创新、技术创新和品牌创新三个平台，为全省汽车企业提供社会化、专业化服务，以促进自主创新活动和提高创新效率。管理创新平台是指在汽车产业发展战略的指导下，通过"政、产、学、研"大联合，集成集群内外的管理创新资源，形成汽车产业创新资源的大系统、大联合的创新组织，② 以市场为导向，以企业为主体，打破部门分割、条块分割，实施跨部门、跨地区的联合协作。技术创新平台是指通过制定汽车产业集群的技术创新规划和建立企业产品研发中心，强化汽车工业持续的创新能力和核心竞争力，建立一套比较完善的汽车产业技术创新体系和技术扩散体系，提高企业的自主开发能力。技术创新平台能够集成集群内外的科技创新资源，为协同攻关、集中突破重大技术奠定基础。品牌创新平台就是以辽宁省汽车行业的著名品牌资源为依托、以带动地区汽车产业发展为基础、以整车制造企业和零部件制造企业发展为核心，在综合考虑影响品牌发展的基础上，通过制定汽车产业品牌战略规划，明确辽宁整车制造企业和零部件制造企业的品牌定位，通过地方政府、企业、社会团体组织、宣传舆论部门等的共同协作来塑造辽宁汽车产业的著名品牌，实施汽车产业品牌经营和品牌推广。

---

① 赵茗. 产业集群创新的政府责任 [J]. 青岛师范大学师范学院学报，2007，24（3）：25-28.
② 汪秀婷，管顺丰，胡树华. 中国汽车产业技术创新平台的构建 [J]. 武汉理工大学学报（信息管理工程版），2002，24（6）：12-16.

3. 加大对汽车共性基础技术开发的财政支持

首先，加强区域科技创新体系建设。辽宁省重点在于构建基础性的科学理论研究平台，并形成有效的技术资源共享运作机制，有效配置技术创新要素；积极推进科研机构与企业的技术合作，强化汽车产业共性基础理论的研究，提高产业集群整体创新能力；建立新型工程技术研究机构和科技成果产业化的孵化体系，使产、学、研一体化。其次，设立汽车共性基础技术专项发展资金。由于汽车产品具有开发周期长、涉及的技术领域较为广泛，技术的复杂程度较高等特点，政府应对基础性、关键性的零部件技术开发项目予以补贴或拨款，对一些战略性的课题进行立项，给予一定的财政支持，积极扶持新能源汽车产业化阶段的科技创新；在共性基础技术领域由政府出面协调汽车企业关键环节的技术投入，组织科研力量进行攻关，以减少基础性研究带来的差距。最后，加大财税和金融方面对自主研发的优惠。利用税收杠杆支持华晨金杯等企业进行自主开发，可以在生产阶段给予企业减免税的优惠，在销售阶段采用直接对消费者减免税的方式鼓励消费者购买和使用，促进汽车企业技术能力由低向高渐进发展；重点支持中华轿车等自主品牌企业上市，利用国内外资本市场进行融资。

4. 加大人才的培养和知识产权的保护力度

首先，分层次加大力度引进和培养专业人才。根据汽车产业的具体特点，采取灵活、配套的人才政策，鼓励引进学科带头人、技术带头人、海外留学人员、企业家，尤其是具有较高专业知识水平的技术与经营管理方面的复合型人才，加入到辽宁汽车产业技术创新机构中来，进一步壮大辽宁汽车产业研发人才队伍。加强政府、企业、院校在人才培养方面的合作，根据汽车发展需要积极对现有的从业人员进行各层次的专业化教育和技能培训，努力提高从业人员的素质，提高服务水平，满足汽车产业发展对各层次的人才需求。其次，注重知识产权保护，重奖自主开发成果，鼓励并支持汽车制造企业和零部件企业进一步对自主开发进行投入，其中主要加强对掌握技术能力、设计能力、填补空白能力的项目和企业进行鼓励。如汽车的整车生产技术、ABS等汽车关键技术以及零部件设计技术和汽车发动机技术等，奖励政策应多向这些方面倾斜。同时，奖励的标准应该更多地与产业化贡献挂钩。

三、加速辽宁汽车产业集群技术创新扩散的政策建议

汽车属于高新技术产业，其技术创新扩散是实现汽车产业集群技术共同进步、维持汽车产业集群竞争优势的最优途径之一。产业集群和技术创新扩散活动之间存在着相互促进的自增强关系，知识外溢、技术扩散等创新活动都能促进汽车制造企业的空间集聚，而汽车产业集群中企业集聚的加速又有利于区域创新网络的形成，加速汽车产业技术的创新扩散。

1. 完善专利管理和专业市场

汽车产业科技成果商业化的途径主要有两种：一是通过知识产权交易进行有偿转让；二是直接将科技成果产业化。无论是采取哪种途径，都需要处理好以下两个问题：首先，妥善处理企业内的技术保密。产业集群的地理分布以及集群内企业成员的分工与合作能够使得技术扩散快速而顺利地进行，有利于技术扩散的接受者，使其不付费或者投入很少就能获得所需技术。如果不顾技术所有者的利益推行技术扩散，最终会扼杀引进或创新技术的积极性，进而影响技术的良性循环。因此，必须通过专利法以及各种优惠政策的制定来处理技术保密与技术扩散的矛盾。要实施某项扩散技术，首先要取得专利人的许可，并向专利人支付费用。整车制造企业和零部件制造企业在创新过程中，要高度重视自己的知识产权和专利工作，要高度重视知识产权的保护管理。同时，国家可以从宏观管理方面鼓励技术所有者对技术扩散的积极性，制定引导技术扩散的优惠政策，以激励技术创新者或引进者加速对技术的创新和扩散。其次，鼓励专业市场的建立与完善。产业集群的发展往往离不开专业市场的配套，专业市场成为技术创新者与采用者的桥梁，能够加速技术扩散的顺利进行。专业市场大量的商品流和人流，会产生大量的技术交流与知识传播，为技术采用者提供有用的信息，使技术采用者在可靠的基础上决定是否采用该技术，进而降低了采用或者二次创新该技术的风险和成本，有助于提高使用新技术的成功率。辽宁省汽车企业较多，规模以上的企业也有多家，为了减少科研成果转化的交易费用，促进科研成果及时转化为生产力，有必要完善汽车产权技术交易市场，为企业之间科研成果的转化搭建有效的交易平台。

2. 建立公平合理的竞争机制，维护良好的竞合关系

汽车产业集群内部竞合关系的存在，使得集群内的企业相互竞争始终存在，这种竞争犹如一把双刃剑，如果企业之间能有序竞争，那么将促进企业积极创新和改进技术，形成一种良性循环；反之，如果竞争无序，集群企业使用不正当手段，将会形成一种恶性循环。因此，为了保护有序竞争，必须同时发挥政府和市场中介组织的作用。首先，政府要加强对企业的监督与管理，对使用不正当竞争手段的企业加大惩罚力度，从源头上加以制止。其次，要大力发挥市场中介组织的作用，通过市场中介组织（如行业协会等）对产品的质量和企业的经营手段进行严格的监督，防止"柠檬"市场的出现。再次，政府和市场中介组织共同引导企业形成纵向分工，通过分工和协作，降低企业的同构性，从而使竞争保持在适度的范围内。最后，建立汽车产业集群技术创新及扩散的协调机制。从技术创新扩散系统角度，疏通教育科研院所、企业、中介、政府构成的创新扩散网络，建立一个统揽全局的协调机制，保证创新及扩散的顺利进行。

3. 完善技术创新扩散的动力机制

目前，辽宁省汽车产业集群内部企业技术创新以及技术扩散的根本问题在于动力不足。解决该问题的关键在于设计有效的激励机制，充分调动企业科技创新人员的积极性，鼓励科技人员进行技术创新。对科技人员付出劳动的肯定，首先应该体现在物质利益的合理补偿上。不仅通过工资奖金的方式来体现他们的劳动成果，也可以通过额外的报酬，允许科技人员以其科技成果在企业拥有一定的股份，使科技人员的报酬与工作贡献相挂钩，个人利益与企业利益融为一体。其次，对科技人员的激励还应包括精神激励，即根据对科技人员创新成果评价的结果，确定科技人员的技术等级、荣誉级别以及任职资格；对表现卓著的科技人员在适当的时候予以晋升，使其劳动价值得到认可；对关键汽车零部件技术突破有重大贡献的科技人员，政府应给予相应的社会荣誉称号，并为他们颁发资格证书。并通过各种媒体对这些科技人员进行宣传，肯定他们对企业和国家所作的贡献，扩大其社会影响。

4. 引进技术的消化与再创新机制

企业接收或引进一项新技术，并不是技术扩散过程的终结，引进的目的在于自主创新，形成自有知识产权的新技术，所以引进技术的消化、吸收和

二次创新同样是搞好技术扩散工作的重要组成部分。只有将创新技术消化、吸收并用于汽车规模生产，才能真正实现汽车产业技术创新扩散的最终目的，即创新技术的商业化应用。因此，一方面，通过培养人才或高薪聘用专业技术人才，提高技术创新人员创新的能力和积极性，没有懂得专业技术的人才，也就无法实现集群内部和外部的交流，也会容易阻碍技术的扩散。所以，专有技术人才对引进技术的消化和再创新起到推动和扩散作用，对于发挥引进创新技术的潜在经济效益，促进创新技术的再扩散具有重要意义。另一方面，企业研发中心是企业技术创新的核心，也是引进技术后消化、吸收、再创新的中心，它不仅可以提高企业的自主创新能力，还可以提高企业的技术消化吸收能力和技术扩散能力。同时加强企业科研活动尤其是企业和高等学校、科研院所之间进行的产、学、研活动，都有利于提高企业尤其是中小企业的技术消化和吸收能力。另外，要避免汽车产业集群内部技术创新的"锁定效应"和"搭便车"行为。汽车产业集群内部技术创新的"锁定效应"虽然提升了技术创新企业自身的竞争力，但不利于整个集群技术水平的提高。要避免汽车产业集群内部技术创新扩散中的"搭便车"行为，加强《专利法》等法律法规的执行力度，企业要通过互信、互利的合作关系达到合法的知识共享。[①]

第三节　以高科技产业园区为载体
积极实施集群化战略

汽车产业集群使汽车产业链上的企业在集群区域内形成更为紧密的关联，由此创造上下游企业间高效率的分工协作。建立汽车产业园区，吸引整车制造企业和各个零部件制造企业以及其他中介服务机构在集群区域内从事专业化生产，实行精细分工，紧密协作，有利于促进汽车产业的专业化分工

---

① 余婷. 基于产业集群的技术创新及扩散系统分析 [D]. 武汉：华中科技大学硕士学位论文，2007：26-28.

和社会化协作体系的建立和深入发展。由于汽车产业集群在区域经济建设中有无可替代的巨大带动作用，我国几乎所有的地方政府都在积极探索如何在所辖区域内培育和推进汽车以及汽车零部件产业集群的形成与发展，使产业园区成了汽车产业集群发展的有效载体。

一、汽车产业集群与产业园区的关系

产业园区是政府利用行政手段划出一块区域，通过优化经济发展的软环境和硬环境，出台一系列优惠政策，吸引和鼓励大量企业进驻和发展，这为形成产业集群准备了基础条件，因此产业园区为产业集群发展搭建了平台。[①]汽车产业集群落户在产业园区使其优势得以有效发挥，除了解决汽车产业集群在地理上的集聚外，园区内整车制造企业与零部件企业之间形成密切的物质和技术联系，有利于汽车产业配套；园区内汽车企业之间形成的良好的信任和合作关系，有利于形成紧密的网络；园区内创造的良好的创新氛围，有利于技术创新和制度创新。但是，并不是说有了产业园区就一定会有产业集群，或者说汽车产业集群就一定得落户在产业园区内。产业园区只是汽车产业集群产生和发展的必要条件，要使产业园区内的汽车制造企业形成清晰的产业集群，必须进行科学的规划和定位，必须加大技术创新的支持力度，加快金融服务平台建设，优化服务环境和建立多方合作机制。

产业集群既是产业园区的重要组成部分，也是产业园区内经济保持强劲、持续竞争优势的根源所在。从经营有效性来看，汽车产业集群的存在一方面使产业园区内的企业分工更加细化，深化企业内部的分工程度。集群内不同的企业根据各自的不同专长做自己最擅长的工序，形成一个密切联系而又相互独立的产业链条，都专注于某一类产品或某一类工序开展生产经营，可以提高研发投入，做精、做专、做深、做细产品或业务，进一步提高了企业的专业化程度。另一方面，由于汽车产业集群内企业的相对集中和相互关联，通过分工与协作实现规模生产，可以形成专业化的生产和服务，促进互补和关联产业的发展，并进一步深化企业之间分工和企业内部分工程度。同时由于专业化市场的形成，市场需求量的增加形成正反馈机制，可以使专业

---

① 姜义平.基于产业集群的产业园区发展研究 [J].中国国情国力，2010（2）：63-64.

化分工进一步得到加强。由于产业集群可以达到较高的专业化分工程度，使得零部件生产的规模效应和劳动力市场规模效应得以充分发挥作用，从而大大提高经营效率。在产业园区内各个零部件的生产都有严格而精细的分工，提高劳动生产率和区域的竞争力。从企业创新能力的培育来看，汽车工业的核心技术创新不可能由单个企业来完成，需要产业集群内的企业共同完成，而产业集群拥有稳定的促进学习、交流和进步的共生机制，因此，产业集群为园区内企业技术创新能力的提高提供了生产要素的高效集约利用，能有效地推动园区内产业集群的升级，而产业集群的升级又是保持产业集群长期竞争优势的关键所在。

二、辽宁汽车产业园区发展存在的问题

辽宁整车制造企业主要集中在沈阳，其次是丹东，而零部件生产分布在全省各地，大都以产业园区的形式来发展。借助于产业园区，辽宁汽车产业快速增长，成为了辽宁经济新的增长点和对地区经济拉动力最大的产业之一。借助于产业园区，辽宁汽车产业集群已经初见规模，专业化水平明显提高，产业链不断延伸。目前，辽宁省沈阳市初步形成了以沈海工业区及其周边地区为中心的东部整车产业集群；以南部副城中顺—松辽汽车为主体的南部整车产业集群；以沈阳经济技术开发区为主的沈阳西部汽车零部件产业集群。现在，整车生产、发动机等一系列零部件配套产业都进驻产业园区，整车发展和零部件发展所拥有的条件辽宁省已经全部具备，并且拥有自主品牌中华轿车和合资生产的世界顶级宝马轿车，这些都已经成为辽宁汽车产业新的增长点。但就辽宁汽车产业园区的发展现状而言，仍然存在一些阻碍其发展的问题。

1. 产业园区内零部件配套率不高

辽宁省汽车产业园区内零部件配套率不高主要表现为产业园区内零部件企业为整车制造企业提供的当地配套率不高，整车制造企业装配所需要的各个零部件并没有大部分落户在产业园区内，无法实现园区内整车配套。园区内缺少带动作用强的关键零部件企业，产业链普遍偏短，导致园区内无法形成有效的汽车产业链，因此无法产生企业集聚带来的规模效应和集聚效应，对地方零部件企业带动能力弱。

2. 汽车产业园区尚处于起步阶段，市场竞争力不强

近年来，辽宁汽车产业园区得到了快速发展，但与长三角、珠三角的汽车产业园区相比，还处于起步阶段，整体看园区内企业的竞争力不强。一是只有车桥、座椅及线束等零部件实行地方配套，其他零部件基本上由上海、江苏等地的合资零部件企业实施配套；二是园区以生产低端零部件为主，自主研发的零部件比重低，很多都是模仿创新，一些高端产品如变速箱、装有差速器的驱动桥等都不能生产，严重依赖进口。

3. 园区内软、硬件服务环境不优

经过近几年的发展，辽宁省产业园区内的供热、供水和治污等公共服务支持体系建设完善，供能、环保、物流及通关等园区公共配套设施建设齐全，但软环境建设依然落后。从外部来看，产业园区虽然实行相对独立的管理体制，但和外界经信委以及其他政府部门仍然有千丝万缕的联系，园区外旧体制的制约依然存在；从内部看，部分园区内部管理机构不健全，没有赋予相应的管理权限和职能，园区内重招商、轻服务现象依然存在。

三、完善辽宁汽车产业园区的发展对策

为了促进辽宁汽车工业的发展，必须依托产业园区，规划汽车工业园或汽车城，引导企业集中化布局，积极主动地实施汽车产业集群发展战略。辽宁省应该在沈阳、丹东两个汽车制造基地规划出汽车工业园区或汽车城，引导汽车产业的新增投资向汽车产业园区内集中，从而形成更有效的产业集聚。

1. 完善产业园区基础设施建设

辽宁省要创造发展汽车产业的良好环境，必须加大财政投入力度，高标准地建设产业园区基础设施，提升区域开发建设的档次，提高区域承载项目的能力，以全方位满足投资者在交通、水、电、气以及商务信息处理等方面的需要，从而使本区域形成人流、物流、资金流、信息流等生产要素集群的洼地效应，吸引国内外众多知名汽车企业的目光，使大量整车项目和关键零部件项目落户园区。要坚持一次规划、分步实施，立足地区实际情况，滚动发展；要依托汽车产业链来建设园区，不能因为资金短缺而降低建设标准；要着眼可持续发展，坚持禁止不符合环保要求和产业政策的项目入园，着力建设生态型、环境友好型产业园区，避免给园区长远发展留下隐患。要抓住

国家推广新能源汽车的机遇，积极开发新能源汽车，省内各个整车制造企业要通过研发具备新能源汽车产业化条件，要积极鼓励省内汽车企业积极研制锂电池项目、电动汽车研发制造项目，使辽宁省电动汽车产业走在全国前列。

2. 合理定位，避免园区内产业趋同

为使汽车产业科学、有序、集聚发展，辽宁省应该进一步完善汽车产业园规划，并抓好过程实施。一是以沈阳和丹东的汽车产业集群为依托，合理规划出辽宁汽车产业的主战场，坚持以产业链为主线来细化汽车产业基地的各项功能规划，如汽车物流规划、汽车贸易规划、汽车研发与设计平台规划、汽车教育规划等，使产业基地的功能齐全、明确，同时坚持分步实施，逐步形成汽车城的概念。二是根据产业定位，转移与汽车产业制造不是紧密相关的上下游产业的企业，腾出空间给汽车产业链上的关键企业，统一协调制定物流、贸易、科研、教育等各项功能规划，做到合理布局。三是将那些相邻的分散、小型和不配套的产业园区按照产业链整合成大的汽车产业园区，整车项目不是越多越好，要引进大项目、大品牌，发挥大品牌的集聚效应和规模效应，用好现有整车生产企业的各种资源，更多注重整车项目带来的集聚效应，并以整车制造企业为依托，积极引进有实力的零部件企业入驻园区。四是主动衔接宏观层面，用好国家汽车产业振兴规划。辽宁省汽车产业集群的发展必须要关注国家宏观层面的信息变化，做到上情下达，政策合理利用。要充分运用培育汽车消费市场政策，让企业对号入座，合理生产和引导消费；利用好国家《汽车产业调整和振兴规划》以及国家"十二五"规划，积极支持大型汽车企业进行兼并重组；利用好国家鼓励技术创新的政策，选择一批自主创新和技术改造项目列入国家计划；实施新能源汽车示范计划，支持企业发展新能源汽车；汽车产业园争取列入国家汽车及零部件出口产业基地。

3. 加大技术创新投入，引导企业自主创新

技术创新是增强企业核心竞争力的重要途径，也是保持汽车产业园区快速发展的重要支撑。一是注重研发，培养人才。辽宁省要办好汽车研究机构，创造条件兴办汽车职业学院，在现有大学生创业实训内容中增加汽车专业，引导大学生加入汽车制造行业。二是加大技术创新投入。政府在推动技术创新的过程中，要加大对自主创新和技术改造重点项目的资助，应重点加

大对中小企业技术创新的资金援助力度，弥补中小企业研究开发费用的不足。三是要推动产业园区内企业间的合作，推进中小企业与大企业之间的战略技术联盟，以分工合作的方式进行技术创新的联合研发，实现资源共享和优势互补。四是要推动产、学、研合作，推进企业与学校、科研机构之间的合作，支持新能源汽车发展，使企业获得持续创新的能力。

4. 完善配套服务体系，优化园区软环境建设

一是要建立完善高效的服务体系。组织专家从指导产业发展、规范产业用地、落实产业发展政策等方面，提出辽宁省汽车产业发展的方向、重点和措施，其中包括对本地车采购的支持。辽宁省政府每年要拿出一定数额的汽车专项扶持资金来支持专业化培训机构、生产力促进中心、创新中心、科技开发中心、信息服务中心和网络中心等公共服务平台建设，增强公共服务平台在汽车产业集群中的功能。二是完善汽车教育体系。从汽车产业的长远角度和下一步实际需求来看，要把汽车教育列入汽车产业园区产业规划之一，用辽宁省高等院校及整车企业已有的资源和优势，通过联合、扩大等方式，发展辽宁汽车教育，如可能的话，可以采取辽宁机电职业技术学院的办法，在汽车产业基地内设立"汽车学院"，为汽车产业持续快速健康发展提供重要的人才支撑。三是不断完善产业园区的服务质量。产业园区要充分发挥综合管理优势，努力把各项服务举措落到实处，把相关工作内容落到细处，不断提高办事效率，努力降低企业办事成本，主动为企业搞好服务，排忧解难多办实事，要进一步简化审批手续，减少审批事项，创新服务方式。四是抓紧制定政策，出台加快辽宁汽车产业发展的建议。省市两级要建立汽车产业专项债权或担保基金，帮助解决中小型零部件企业融资问题；在市场准入上，可以规定同等条件下本地汽车企业优先；各个地级市要设立专项资金用于扶持汽车产业园区项目。

5. 协调园区和谐发展，建立多方合作机制

为避免省内各个汽车产业园区出现无序的竞争现象而削弱园区的竞争力，政府一方面应该协调好各产业园区之间的优惠政策，保持优惠政策的持续性和一致性，避免各产业园区之间的恶性竞争；另一方面应引导各产业园区在确定各自主导产业的基础上，通过完善服务平台建设等特色方法，来吸引关键性企业落户。另外，政府要引导、鼓励和加强产业园区之间、产业园区与研究机构、大学、技术转移机构、商会或行业协会、银行、投资者、政府部门、个体企业以及企业网络之间全方位的合作，努力打造适合汽车产业集群发展的创新环境系统。

第四节　完善辽宁汽车产业集群的政府支持体系

在政府与市场的关系上，越来越多的经济学家意识到政府支持与市场作用相结合的必要性，既要坚持市场的调节作用，又必须重视政府调节的作用，两者不能相互取代，而只能相互补充与协调。政府的财政支持和政策导向历来是加速汽车技术更新和扩散的巨大动力，能够促使汽车工业快速发展，在这方面日本是很典型的例子。日本成功地实现了汽车产业的赶超，这不仅归功于日本企业的拼搏奋斗和不断创新，也离不开日本政府长期以来对汽车产业发展的引导和支持。日本政府曾经对汽车工业管理得很严，汽车工业发展早期颁布的《汽车制造事业法》规定，"凡是在本国一年间生产汽车3000辆以上者，都必须事先经过政府许可"，"这种汽车公司半数以上的持股人必须是日本国民"。20世纪50年代，为了保护国内汽车工业，日本政府实行了关税保护和严格的外汇管制，制定了《企业合理化促进法》、《机械工业振兴临时措施》。到了20世纪60年代初，日本国内为是否需要发展汽车工业发生了激烈的争论，许多人认为"轿车无用"、"造车不如买车"，而通产省则极力主张发展本国的汽车工业。1963年11月，日本国内召开了产业结构审议会，最终把轿车工业确立为日本的战略产业，以后再没有动摇过。20世纪60年代中期，政府开始推动轿车普及化。1983年日本的轿车产量首次超过美国，在汽车领域形成了远高于美国的比较优势。20世纪后期，日本修改了排放及噪声法规，制定了世界上最严格的标准，间接地促进了国内企业对低公害和环保型汽车的研发。近年来，为了提升日本汽车产业的整体国际竞争力，日本政府积极扶持丰田汽车和本田汽车，积极扩大这两大汽车集团的产销规模。

综观中国汽车市场的发展，政府在其中发挥着巨大的推动和刺激作用。

2001 年中国推出了《汽车工业"十五"规划》；2004 年推出了《汽车产业发展政策》；2007 年推出了《汽车工业"十一五"发展规划》；2009 年推出了《汽车产业调整和振兴规划》，并实行了"减征乘用车购置税政策"、"汽车下乡政策"、"汽车以旧换新政策"等消费刺激政策；2010 年财政部、商务部联合印发了《关于允许同时享受汽车以旧换新补贴与车辆购置税减征政策的通知》。中国汽车制造业在中国汽车产业政策以及相关消费政策的支持下，近十年来取得了很大发展，使 2009 年中国的汽车市场在全球汽车产业中一枝独秀，全年产销 1379.1 万辆和 1364.5 万辆的成绩让中国的汽车产销量首次跃居世界第一的位置。同时，汽车消费结构更加合理，汽车企业兼并重组稳步推进，自主品牌占有率有较大提高，海外并购取得实质性进展。从国家宏观角度来看，为了应对国际金融危机的滞后影响，促进汽车产业发展的各项刺激政策在后金融危机时代还将陆续出台，从而为汽车产业持续健康发展提供了有力的保障，客观地增加了汽车企业重组和汽车产业发展的动力。辽宁省经济和信息化委员会专门下设装备产业处和省汽车工业办公室负责全省汽车行业管理工作。装备产业处主要负责并组织实施全省汽车产业的战略发展规划、年度计划和相关政策，规划全省汽车产业布局及投资规模，贯彻执行汽车产业的有关技术法规、产品技术和质量标准；联系汽车协会工作，指导全省汽车工业资产经营有限公司工作，编制全省汽车零部件发展规划。省汽车工业办公室主要负责重大汽车项目的立项、论证、筛选及项目确定后的跟踪、组织协调、配合服务，指导汽车产业的资产重组、合资、合作工作，规划全省汽车产品市场，协调汽车改装车、农用车及摩托车产品公告。

发达国家汽车产业集群的发展历程表明，实现汽车产业集群的根本力量是市场，是在市场机制的作用下自发地发展起来的。随着市场发展成熟，经过充分的市场竞争，汽车产业集群将更集中、规模更大。而集群有了一定规模之后，政府重视并给予扶持和引导则尤为重要。虽然汽车产业集群的形成主要是市场行为，但是为了保障汽车产业集群的可持续发展，政府必须注重发挥宏观规划和引导作用，并通过各种政策努力营造一个良好的产业发展氛围。在我国目前汽车产业发展的过程中，企业是市场经济的主体，市场机制是市场经济环境下调节企业经营行为的主导力量，但因为汽车产业关联度高，对国民经济意义重大，所以更需要国家将宏观调控与市场调节相结合。

地方政府部门应认识到政府干预经济的局限性，准确定位，避免"缺位"和"越位"，奉行支持、引导但不干预企业的理念。汽车产业集群说到底是产业链、价值链上企业的空间集群，这种集群现象的发生必须要有适宜企业生存发展的环境作支撑。因此，政府可以创造和提供企业集聚的环境，吸引企业在一定空间地域内集聚。

一、完善汽车产业政策和产业规划

汽车和零部件产业发展所需的三项要素是资金、技术和人才，而目前辽宁省更缺乏的是引导资金、技术和人才合理流动的政策和长期发展规划。政府要针对汽车产业的特点、省情以及市场预测趋势，制定促进汽车产业结构调整、实现强强联合的政策法规，明确零部件从整车母体分离的标准和要求，同时在零部件企业做大做强过程中，给予在技术发展、技术创新、企业规模、发展潜力等方面一些操作性强的政策规定，引导零部件行业的专业化分工与系统化发展。从宏观上看，"十二五"期间促进汽车产业发展的各项刺激政策将延续执行和不断完善，这为"十二五"期间的汽车消费市场持续快速发展提供了有力的保障。给予实施兼并、重组的零部件企业特殊的优惠政策，规模越大、效率越高的零部件企业，在兼并联合上享受的优惠政策应该越大，加快实现汽车零部件行业做强、做大的目标。积极培育辽宁省各市地的汽车销售市场和汽车售后服务市场，创造良好的汽车消费环境。政府要加快对汽车产业集群公共政策和公共产品的供给，一方面，政府应制定技术创新、融资担保、土地管理与城市规划、国际市场开拓、专门人才培养等专门针对产业集群的扶持政策；另一方面，政府应发挥弥补"市场失灵"的功能，在提供良好行政服务的同时，加大在道路、环保、人才培养、信息服务等公共产品或准产品上的投入，为产业集群提供有效保障。① 在今后政策完善方面，辽宁省要不断加强以下四个方面的建设：

（1）制定促进汽车产业集聚政策。今后，辽宁省要进一步出台促进汽车产业积聚的政策，引导新成立的汽车零部件企业在省内汽车产业园区内进行集聚，同时促进原有的优秀零部件企业向汽车产业园区内迁移，提高辽宁汽

---

① 王晓雪，马锦华. 政府在产业集群发展中的作用 [J]. 经济论坛，2006（2）：5.

车产业集聚度。

（2）制定生产要素促进政策。制定和出台辽宁省汽车产业的生产要素促进政策，包括人才引进、投资融资、土地征用、项目审批、出口退税、技术创新、成果推广等方面的政策措施。

（3）制定需求引导政策。政府在注重生产要素供给的同时，更要以市场为导向促进需求的增加，政府应该使用间接调控手段，如规范标准、政府购买等措施来促进汽车产业发展。

（4）制定产业组织优化政策。辽宁省可以发挥政府宏观引导和调控作用，促进大、中、小不同规模企业形成合理分工与协作，推动辽宁汽车产业组织结构更加合理化，不断提高汽车产业集群的竞争力。

汽车是任何一个国家和地区的战略性产业，必须以战略规划引导汽车产业发展。特别是要制定长期的技术发展规划，建立在特定经济结构、特定市场条件、特定资源条件分析基础上的主动发展规划和单项关键技术攻关规划，形成系统的技术发展能力，避免汽车工业技术发展路线被动地跟随国外技术发展。"十二五"期间，为了引导小排量汽车消费，发展节能技术，国家将通过制定产业政策、颁布法规和条例等方式加大汽车节能减排工作；为了提高纯电动、充电式混合动力和普通型混合动力等新能源汽车的产能，国家将加大对新能源汽车发展的政策支持力度；同时为了扭转"内热外冷"的局面，国家将加快汽车及零部件出口基地建设，增强汽车产品出口的技术基础，鼓励企业利用金融工具，提高企业国际竞争力，鼓励企业增强自主创新能力，优化出口产品结构等政策。在国家宏观政策的引导下，要完善汽车以旧换新政策，抓紧完善相关政策措施；积极实施和完善汽车下乡政策，加大对农产品物流运输车的支持力度。在未来《辽宁省工业经济"十二五"发展规划》中要明确汽车整车发展和汽车零部件发展的目标，制定工作措施，扶持、引导、规范汽车及零部件产业集群的发展。在整车发展方面，要重点支持华晨宝马发展高档轿车，提高国产化率；支持上海通用（沈阳）北盛加快发展 MPV 车，并争取将经济型轿车等更多的车型在辽宁生产；支持华晨金杯进一步提高中华轿车等产品质量，扩大市场占有率，并积极开发经济型轿车；支持曙光集团发展大中型客车，积极鼓励进军中高档大中型客车制造领域；支持金杯车辆公司发展轻型货车，提高产品技术水平，满足欧 II 标准；

加快铁岭专用车生产基地建设，支持辽宁海诺、辽宁九天建设等优势企业，发展混凝土搅拌车、商品车运输车等具有特色的专用汽车。在汽车零部件方面，依托沈阳金杯汽车、曙光集团、本溪曲轴、辽宁五一八、锦州万得、锦州锦恒、航天三菱、一汽大众、华晨金杯、一汽大柴、东风朝柴等骨干企业，重点发展发动机、车桥、曲轴、汽车悬架、安全气囊、差速器、变速器、汽车转向器、增压器等汽车零部件产品，加快形成沈阳、大连、本溪、丹东、锦州、朝阳等汽车零配件产业集聚区，通过加强对外合资合作，积极承接日本、韩国、美国及欧洲汽车零部件产业转移，努力发展电子控制变速箱、电喷装置等汽车电子产品，逐步实现汽车零部件高端产品的本地化，增强全省零部件综合配套能力。

二、加强汽车产业集群的软环境建设

提升汽车产业集群竞争力的前提是要有一个适宜的创新环境，政府要为汽车产业集群内的企业做好各种软环境配套服务，包括匹配相应的财税政策、提供优质的行政及中介服务及其他方面的优惠条件等。从更大的方面看，宽松的软环境是产业集群发展的首要条件，其主要包括良好的体制机制环境和地方制度环境。

（1）强化汽车产业发展的体制机制建设。首先，要构建汽车产业集群发展规划组织体系，在各级政府的相应部门中增设汽车管理机构和专门统计机构。汽车作为国家经济安全的一部分，涉及钢铁、机械、化工、石油等许多产业链，但汽车工业统计政出多门，缺乏协调和延续性，甚至相互矛盾，很难准确掌握汽车工业统计数据，对汽车产业调整和发展规划制定不利。在"十二五"期间，伴随着我国对新能源汽车发展政策支持力度的加大，辽宁省要利用此次机会加强对政策引导和调控，加强对汽车企业的技术创新，规范汽车管理机构的管理和中介服务机构的服务。其次，辽宁省要重视为本地汽车产业集群发展提供良好的服务，要结合实际，建立汽车产业集群发展评价制度，定期组织有关部门，会审产业集群发展的环境状况，围绕汽车产业集群的发展，系统调整相关政策，包括土地、税收、产业导向、外贸、科技、中小企业发展、投融资体制等，要鼓励报废汽车拆解企业完善回收服务网络，提高回收拆解水平和服务水平。

（2）政府要改善汽车发展的区域制度环境。政府是制度的重要供给者，良好的制度环境可以增进整车制造企业与零部件制造企业之间的信任，丰富本地的社会资本，协调厂商之间的共同行动，催生厂商之间良性的竞争与合作格局，提升汽车产业集群的制度效应。为了促进汽车产业集群的发展，政府应积极参与到汽车产业集群的发展之中，并根据本地汽车产业集群发展的需要而调整与制定一些特定的支持政策，从而形成与释放出较强的制度效应。要积极探讨二手车增值税税收方式，推动建立二手车临时产权登记制度；要通过建立市场诚信评估和认证体系，加快建立二手车交易信息管理平台，提高二手车交易透明度。要完善人才培养、引进和使用方面的规章制度，做好人才工作的制度环境建设。要在深入理解 WTO 规则和国家现行政策内涵的基础上，制定相关地方性鼓励性政策，可以规定在价格、性能基本相同的情况下政府部门优先采购自主品牌轿车，政府采购汽车产品中自主开发产品和自主品牌产品应当占有一定比例。

三、完善汽车产业集群的硬环境建设

完善汽车产业集群的硬环境建设主要包括企业外部硬环境建设和企业内部硬环境建设。良好的外部硬环境是产业集聚的"栖息地"，有利于增强产业集群的竞争力。政府要致力于完善相关的政策框架、良好的基础设施和环境建设，为汽车产业集群发展营造优越的硬环境。政府应创造和建设符合汽车及其零部件产业集聚的工业园区、开发区、生产基地以及必需的公共物品和准公共物品（如交通、电力等基础设施）等，特别是与汽车产业发展配套的基础设施建设，增强对域外汽车企业的吸引力，以吸引企业在本区域一定空间范围内聚集。地方政府可以加大对区域基础设施建设投入，完善交通、水、电、气以及信息等硬件方面的建设，努力把所辖区域建成投资者的宝地、创业者的乐园。通过改善投资环境，制定汽车产业集群发展政策，吸引更多的企业进驻集群，维护集群内部市场秩序，规范集群内部的竞争。企业内部的硬环境建设主要表现在提升企业科研设备和信息化运作平台的配置水平，没有先进的科研设备和信息化运作平台，就很难取得自主技术的创新突破和现代化管理。针对辽宁省汽车行业技术创新基础薄弱、技术积累较少的现状，汽车企业要投入足够的资金来提升科研设备配置水平，以提升自身的技术创新能力，促进研发人员的创新进程。同时，辽宁省汽车企业还要不断完善企业信息化平台设备配置，充分提高企业信息化平台反应速度、信息获取能力，有效推进企业的管理现代化，使企业能够承载大型运算、设计、检验等科研流程，加速企业创新步伐，提升企业整体竞争力。

四、加强全方位的汽车产业集群公共平台建设

汽车产业发展的主体是企业，但为企业技术创新和技术扩散提供环境和条件的主要是政府，政府应该在共性技术、政策与经费等方面给予有力的支持。应该组织一个由政府机构、行业组织、金融机构和其他中介机构分工协作的综合服务公共平台，建立汽车产业集群技术创新平台、信息交流平台和统计监测体系。政府在汽车产业通用性技术知识、电动汽车技术等先导性技术和 ABS 等某些关键技术的研发层次上，建立由政府出面协调，组建由企业、高等学校、科研院所等参加的集群技术创新平台，进行集群式合作开发，建立起集群成员共享的数据库。在技术开发过程中要准确把握汽车产业集群不同发展阶段的特征，结合区域优势和特色，使汽车产业集群发展与辽宁经济结构调整、产业结构优化升级、实现节能减排、区域经济整体竞争力提升、辽宁老工业基地全面振兴的宏观战略有效结合。

通过信息交流平台和统计监测体系引导和支持传统汽车制造企业进行技术改造，促进汽车产业集群的产品、技术升级，为辽宁汽车产业集群创造源源不断的技术创新能力。

（1）要构建畅通的信息交流渠道（包括集群与外部的信息交流和集群内部的信息交流），完善信息交流手段和体系，扶持信息服务机构和咨询机构，为集群提供海内外市场的动态需求信息、市场产品创新信息、产品的技术信息。

（2）提供产业集群需要的公共研发机构，加强自主研发，地方政府应促进集群企业与高等院校、研究机构的合作，促进集群学习、知识外溢、技术扩散和创新，应成立技术指导小组，建立技术顾问制度和技术培训中心，举行具有关键性和前瞻性技术的交流会，以促进集聚档次的升级。要组织一批加盟技术创新服务体系的科研院所，开展汽车共性技术和汽车后市场服务手段建设项目，扶持一批区域性、专业化技术创新服务中心。

（3）依托于高校、科研院所及各市技术创新服务中心，建立汽车行业的技术开发基地。要依托整车制造企业，联合汽车行业科技力量，整合科技资源，重点对汽车产业升级有重要影响、关键性、前瞻性的技术进行研发，提高关键零部件技术攻关的能力和水平。同时要进一步面向汽车后市场搞好技术服务，提供汽车使用过程中的维修、检测、认证等方面的技术支撑。

（4）加快对汽车产业集群公共政策的完善，政府应制定针对汽车行业的技术创新、融资担保、土地管理与城市规划、国际市场开拓、专门人才培养等扶持政策平台；建立完善区域性、专业化汽车公共政策服务网络，为汽车产业集群内部各个企业技术开发、人才培训、市场开拓等提供服务。

五、根据区域特点，积极培育汽车产业集群

产业集群形成的方式是多样的，地方政府不宜照搬某一成功的模式，而应根据区域内已经具有的汽车工业基础或可能形成的汽车零部件产业集群，引导适合本地发展的零部件企业落户而形成，通过专业化服务努力促使广大中小企业在专业化分工基础上加强合作，在企业之间以及企业与大学、研究机构、政府等机构之间建立网络，并充分发挥比较优势形成有特色的产业结构、技术结构、体制结构，从而进一步提高产业集群创新能力和竞争能力。[①]就目前辽宁省汽车产业的实际情况来看，主要有以下四种：

（1）在汽车制造企业比较集中的区域，引导企业之间的合理分工，强化企业之间的竞争与合作，吸引新的零部件或相关企业进入，从而发展成为汽车产业集群。如沈阳市有华晨金杯、华晨宝马、上海通用（沈阳）北盛、金杯车辆、沈飞日野、沈阳中顺、沈阳奥克斯7家整车生产公司，21家专用改装车公司，100余家零部件企业，具备了发展汽车产业集群的良好基础，可以通过把省内其他汽车制造厂与零部件厂逐步迁移到沈阳周围，以及通过招商引资等形式使汽车零部件厂落户沈阳，从而形成整车产业集群和零部件产业集群，建立本地化的合作体系。

（2）通过对一些特大型国有汽车制造企业进行改组与改制，使企业主要从事核心业务，而将一些非核心的零部件等配套业务分立为独立的法人公

---

① 王雪丽. 政府在产业集群发展中的作用研究［J］. 沿海企业与科技，2010（2）：23-24.

司，为整车制造企业提供配套业务，同时吸引新的同类相关企业进入，逐渐发展成为具有一定竞争力的汽车产业集群。沈阳的汽车生产可以考虑采用这种方式。

（3）结合工业园区的调整与老工业区的搬迁，通过区域内的汽车产业重新定位而发展成为汽车产业集群。辽宁是老工业基地，很多老工业区都位于城区内，随着城市的发展，这些老工业区需要逐步搬离城区。如果汽车产业集群发展规划能够很好地与老工业区的有目的搬迁紧密结合，这也是发展汽车产业集群的良好时机。

（4）对正在形成中的弱小的汽车零部件产业集群进行扶持与呵护，形成汽车零部件发展的良好生态环境，使某区域成为汽车零部件难以替代的"栖息地"，可以有效地促进汽车产业集群的发展。作为经济发展的一种战略方式，正如波特所言，所有的产业集群都是好的，并且很多产业集群是在人们的不注意中形成的。

第五节　辽宁汽车产业集群的宏观环境建设

辽宁汽车产业集群的宏观环境包括集群技术创新环境、集群文化环境、集群市场环境和集群中介服务体系，这些宏观环境的建设趋于完善，将为辽宁汽车产业发展创造出更加优越的环境和条件，使辽宁汽车产业集群的服务水平不断提高。

一、辽宁汽车产业集群技术创新环境建设

随着我国社会主义市场经济体制的逐渐建立、科技体制改革的不断深化和经济全球化步伐的不断加快，技术创新的重要性正在不断地凸显出来。企业是技术创新主体的观念不仅在理论上被普遍接受，而且在实践上正逐渐成为现实。但政府在推进技术创新中应该做些什么和怎样去做，已成为目前我国汽车产业进行技术创新亟待解决的问题。政府在推进技术创新中是大规模地搞许多政府计划和项目，还是着力于创新环境建设，这是两种不同的观

点，定将产生不同的结果。很多学者认为政府应该重视制度和环境的作用，如吴敬琏指出："如果想要促进技术进步，最有效的办法并不是自己出马调配力量、确定重点研究课题、指导研究工作和安排生产运用，而是建立良好的制度、采取正确的政策、改善自己的社会服务。"[①] 创新环境能够吸引知名大学、高级人才、实力雄厚的科研院所和重点实验室等创新资源的集聚，创新资源丰富的地方，创新能力也相对较强。但创新资源效应的发挥还与创新环境有着很大的关系。从某种意义上说，创新环境比创新资源更为重要。创新环境的优良可以在一定程度上弥补创新资源不足的缺陷，而创新环境的缺陷则可能削减创新资源的效率。相对于人才规模、资金投入这些创新的"硬资源"来说，创新环境是创新的软实力，涉及创新管理体制、创新政策及创新文化等方方面面，直接影响到创新人才培养、区域及整体国家创新能力的提升。

美国是汽车产业科技创新环境最好的国家之一，政府认为科技创新环境应该是一个多元化的投资环境，一个注重年轻人才的培养环境，吸引人才的环境，宽容失败的环境，信息公开和资源共享的环境。美国政府在营造科技创新环境时特别关注传统学科，关注基础数据的积累；倡导科学道德，提倡科学献身；鼓励探索，宽容失败；注重浓厚的学术氛围；发现和挖掘"小人物"；优化人文环境。[②] 钱娟、郑文范认为，我国政府在企业技术创新外部环境建设中的作用应该是营造健全、统一、开放及有序的市场环境；完善宏观调控的政策法律环境；健全技术创新发展的产业配套环境。[③] 肖广岭、柳卸林认为，技术创新环境建设应是政府工作的重点，政府的行为方式应该从直接组织和推动技术创新转移到为企业的技术创新创造良好的环境条件上来。[④] 然而，我国汽车产业创新环境仍有太多不尽如人意的地方，政府在推动汽车企业技术创新过程中存在着很多问题，如政府行为和市场行为的互动关系不明确；与创新相关的制度框架和有利于创新的政策体系不完善；技术创新运

---

① 吴敬琏. 发展中小企业的几个方针性问题 [J]. 决策咨询通讯, 2000 (1): 46.

② 王虹, 王红梅, 丁荣娥. 从美国的科研创新环境看营造创新环境的重要性 [J]. 农业科技管理, 2004 (3): 21-23.

③ 钱娟, 郑文范. 我国政府在企业技术创新外部环境建设中的作用分析 [J]. 东北大学学报 (社会科学版), 2003, 5 (2): 88-89.

④ 肖广岭, 柳卸林. 技术创新环境建设应是政府工作的重点 [J]. 科技导报, 2001 (2): 19.

行机制不健全；技术创新的投入不足；产、学、研各自独立化；科研管理行政化；科技评价数量化；人才培养选拔标准化等都严重阻碍着技术创新，所以良好的技术创新环境建设依然任重而道远，创新环境比创新资源显得更为重要。

窦虎认为，政府可以创造和提供企业集聚的环境，吸引企业在一定空间地域内的聚集和扎堆。这里的环境包括硬环境和软环境，硬环境即物理环境，包括建立产业带、产业园区和基地，并以地方政府财政投资为主导，对产业集群发展所需的公共物品和准公共物品进行投资，加快交通、电力、通信等基础设施的建设等；软环境方面，要匹配相应的财税政策、提供优质的行政及中介服务及其他方面的优惠条件。①在辽宁汽车产业集群技术创新环境建设中，要特别强调建立区域软环境和硬环境合作机制，打破地方分割，促进区域分工与协作，尽快完善汽车产业集群技术创新环境保证体系，促进省内各地区汽车产业和谐发展。合理选择和布局辽宁汽车产业集群，通过适当的政策引导，将有助于多样化的、有竞争力的汽车零部件集群的产生、发展和壮大，并与区域科技创新发展高度耦合，放大汽车产业集群的科技效应。在汽车产业集群政策制定过程中，可以通过扶持和发展重点科研项目来吸引社会上的各种科研力量集聚到汽车产业集群内。政府要主动承担起汽车产业集群发展中不可或缺的职能，如调整好开发区向产业园区转型；举办产品博览会与商贸会；加大政府对产业集群产品的采购力度；鼓励与引导中介组织参与集群发展；构建产业集群内的科技创新机制；积极推进区域经济一体化等。

二、加快汽车产业集群的文化环境建设

汽车产业集群的发展需要有良好的环境和活跃的氛围，而这种良好环境和活跃氛围的建设得益于区域文化环境。区域文化环境主要是指一个国家内部某个地区或民族的传统文化，如风俗习惯、伦理道德观念、价值观念等。好的文化环境能够创造出好的企业文化，从而对企业的发展发挥着导向功能、约束功能、凝聚功能、融合功能和辐射功能。世界汽车产业的发展有着

---

① 窦虎. 基于产业集群发展的政府政策研究 [J]. 东岳论丛，2005（5）：83.

100多年的历史，发达国家的汽车工业孕育了灿烂的汽车文化。例如，德国汽车产品以其质量好、安全可靠而著称，奔驰、宝马等豪华车和保时捷跑车在世界车坛的品牌含金量极高；美国的汽车产品在注重产品先进技术的同时，更强调外形的宽大与豪华，通用、福特、克莱斯勒三大公司的产品曾是世界豪华车的代表，是车主个人身份地位的象征；而高质量、高技术、低油耗及优美的车身外形则成了日本汽车产品的代名词，丰田、本田、日产等日本汽车公司的产品在全球都享有盛誉，具有极强的竞争力。日本的传统文化孕育了丰田集群的地方文化，专业化的生产方式、敢于冒险、善待失败、忠实坦诚、相互信任与合作。这些汽车文化的传播可以为汽车科技和文化工作者与广大消费者之间架起一座桥梁，有利于催化汽车技术产业革命。汽车产品的生产必须与汽车文化结合，使汽车产业的发展与汽车文化的孕育、成长相得益彰，丰富汽车产业集群的文化内涵，增强汽车产业的国际竞争力。辽宁的汽车工业特别是轿车工业发展较慢，在很大程度上抑制了辽宁汽车产品文化的形成，影响辽宁汽车产业整体竞争力的提高。

培育汽车产业集群的文化环境，这既有利于区域内汽车零部件企业的形成与发展，又有利于增强该区域的吸引力，使区域外企业集聚于此，还能促进区域内企业间频繁交往，便于知识、技术、信息自由流动，从而使区域内汽车工业不断提高创新能力。塑造信任、合作的社会文化环境的目的是留住人才。只有留住人才，辽宁汽车产业的繁荣和发展才成为可能。因此，政府应运用舆论的力量，大力宣传、引导汽车集群文化的形成。政府职能部门与社会中介机构联合，对集群内企业进行公正客观的信誉评级，向集群内外公布，对信誉良好的企业大力推介，对信誉差的企业则给予警告。政府在必要时介入，运用法律、行政手段等对危及集群整体的不道德行为加以干预，以避免汽车产业集群的解体。政府应积极培养奋斗精神和创业精神，让奋斗精神和创业精神深深地扎根于区域文化环境中，并将这种精神融合于汽车产业发展之中，不仅要培育出大量的企业家，更应该孕育出市场经济中的创新精神和动力，使市场经济成为"百姓经济"。

品牌文化是汽车产业集群文化建设的重要组成部分，打造汽车产业集群的整体品牌是增强辽宁汽车产业集群竞争力的重要举措。集群品牌，即集群共同品牌或整体品牌，它是区分某区域内一群生产者所用的标志。集群品牌与企业品牌是相互联系和密不可分的，集群品牌是集群企业集体品牌行为的综合体现。通过集群内企业的整体力量，加大广告宣传的投入力度，利用群体效应，打造"集群品牌"，这样可以充分发挥集群品牌具有的"公共物品"共享属性，使每个企业都受益。辽宁汽车产业集群品牌的建立可以从以下四个方面着手：

（1）健全法制文化建设。辽宁是计划经济色彩较为浓厚的地区，地方法制观念较为淡薄，而规范的法制文化建设是产业集群发展潜力的重要影响因素。辽宁省应该积极加强法制文化建设，给汽车产业集群企业创造一个法制健全、文化发达的城市环境，这样才有利于企业集群的未来发展。

（2）辽宁是一个文化大省，但却不是一个文化强省，各个地区的文化底蕴深厚，政府应该通过支持各种文化活动，来培养居民的文化素养，满足消费者在生活质量方面的深层次需求。一个具有深厚文化底蕴的地方，能够加强集群内员工的归属感和地方企业集群的根植性，有利于产业集群的长远发展。

（3）建立汽车交易市场，完善汽车交易规则，提高产业集群与市场对接的能力，通过举办产品博览会与商贸会，扩大对外影响力和市场知名度，实施区域整合营销，创建地域品牌。

（4）积极宣传中华轿车等具有民族情结的系列产品，提高辽宁汽车产业集群自主品牌系列产品的知名度与美誉度，提高汽车产业集群的整体竞争力，从而促进辽宁省整个汽车产业的发展与壮大。底特律的三大汽车生产商所具有的市场份额、知名度、美誉度对该地区塑造汽车城的形象无疑具有重大影响。

三、完善汽车产业集群的市场环境建设

1. 建立良好的规制自律环境

市场经济是规制经济，汽车产业集群的良好发展必须有一个良好的规制自律环境。良好的规制必须深深扎根于本地社会环境和历史传统之中，影响地方知识系统的创新能力和协作效率；良好的自律环境在于共同规范市场秩序，制止无序竞争，维护汽车产业价值链的动态平衡，促进集群内创新文化的形成以及产业创新能力的提高。集群内部各企业之间以及企业和中介服务

机构之间是平等的经济实体，经济交往要遵循平等互利的市场契约原则；鼓励人才在集群内进行快速、自由流动，从而带动技术扩散。辽宁汽车产业集群内部包括企业在内的各种组织要建立趋向于形成分权的组织环境，以有利于业务的不断创新和快速反应。

2. 营造公平的市场竞争环境

营造竞争环境是企业生存、成长和参与竞争的前提。它作为企业竞争活动的经济背景在很大程度上决定着企业能否有效地参与竞争及能否培育自身的竞争优势。由于政府对竞争环境的许多方面都有决定性的影响，因此产业集群竞争环境的优化必须以政府为主导。政府的作用应该是为企业生产要素投入、产品创新以及竞争创造市场条件，要积极鼓励汽车企业进行技术创新，而非直接介入竞争过程。中国目前正处于体制转轨的过渡期，竞争环境过多地表现出市场经济初期的无序，因此，从目前的中国现实出发，创造一个相对稳定、松紧适度的区域竞争环境并使之长久非常重要。一个公平的市场竞争环境是一个信息充分交流的环境，也是一个适合于创业的环境。汽车产业集群除了集群内部企业之间的正式合作外，非正式信息交流出现的频率更高，因此要鼓励内容广泛的各类市场、技术、竞争信息在集群内集聚，使创业者和员工更容易了解市场和技术的变化，寻求和把握市场机会和空隙。要完善授权经营的汽车品牌销售模式，引导构建节约型汽车营销网络，推动建立和谐共赢的关系，为汽车产业集群发展创造公平有效的市场环境。

3. 孕育积极的企业家文化环境

产业集群形成过程中，企业家精神起到了关键作用，产业集群内部主导企业的领导者具备企业家精神是吸引其他企业和相关产业聚集在其周围的关键性因素。汽车产业集群具有根植性，集群的形成与发展是建立在该区域的制度文化基础之上的，对于那些还没有形成地方优势的产业集群区域，重要的是培育区域内的企业家和有利于创新的制度文化氛围；对于已经形成地方优势的汽车产业集群区域，也要重视制度文化的创新，以发挥产业集群的区域竞争优势。要组织省内汽车制造行业企业家论坛和企业家沙龙，鼓励企业家交流，积极培育有创新意识的企业家精神，从而营造一个推进汽车产业技术创新的有利环境。

四、加强汽车产业集群中介服务体系建设

产业集群不仅是一个产业概念、空间概念，而且是一个各种资源整合概念，产业集群的形成需要社会横向相关行业和各种资源的支撑，为其发展提供生产性服务。在市场竞争的社会里，要保证汽车产业集群的正常交流与合作，必须有规范化和制度化的组织机构来平衡和保护各方利益。汽车产业是一个复杂的装配产业，需要有完善的中介服务，因此要加快金融、信息和商务等中介服务机构的发展。市场经济是信息经济，中介机构是企业获得信息的重要来源。充分发育的市场中介服务是良好投资环境的一个重要组成部分，往往能够起到节约交易成本从而推动技术创新的作用。随着我国汽车保有量的增加，汽车后市场服务有着强劲的市场需求。汽车产业集群的发展不仅需要整车与零部件等企业的努力，还需要科研、教育、培训、咨询、检测、金融等中介组织的共同参与。因此，完善汽车中介组织服务主要是建立和完善汽车工业协会（或汽车行业协会）、汽车保险中介组织、汽车科技中介组织、汽车金融中介组织、汽车销售中介组织、汽车训练中介机构、汽车检测中介机构和汽车调查中介机构等组织机构和服务。要充分发挥行业协会在沟通政府与汽车制造企业关系、协调汽车行业纠纷、保证汽车行业公正等方面独有的作用，积极发挥各类汽车中介组织在改善产业集群经营环境和汽车消费环境中的积极作用。

第六章　提升辽宁汽车产业集群竞争力的对策建议

2009 年《汽车产业调整和振兴规划》把汽车产业结构调整升级作为重要内容，在政策的引导下，中国汽车产业结构调整取得了一定的成效，汽车消费结构优化、企业兼并重组、自主品牌占有率提升以及海外并购都取得了明显进展，为未来中国汽车产业的持续、健康、稳定增长奠定了重要基础。从增长动力看，国际金融危机后，许多地区在新一轮发展规划中都把发展汽车产业作为地区经济增长的重要动力；随着中国国民经济的快速发展和居民收入水平的不断提高，国外汽车企业也十分看好中国的汽车消费市场潜力。从增长潜力来看，2009 年中国千人汽车保有量达到了 40 辆，与同为资源紧张的日本千人汽车保有量 439 辆、韩国千人汽车保有量 219 辆（2004 年）相比还有很大差距，中国汽车产销还有很大的增长空间。但也要看到，中国整车制造企业空间布局还比较分散，零部件行业更是多种生产体系共存，难以充分利用巨大市场带来的规模经济；新能源汽车的研究开发取得了一定发展，但离商业化应用仍有较大距离；阻碍汽车产业结构调整升级的体制机制因素仍然存在。作为中国汽车产业的重要基地和省份之一，汽车产业是辽宁省最重要的支柱产业，在全国具有较强的竞争优势，目前已经形成了轿车、多功能车、轻型汽车（含轻型客车和轻型货车）、大中型客车、车用发动机和汽车零部件等功能齐全的汽车工业体系，在地域上形成了沈阳、丹东两大汽车生产基地以及沈阳—辽阳—营口—大连与沈阳—锦州—朝阳两条汽车长廊的产业集聚分布。辽宁汽车产业集群不但具有中国汽车产业集群发展中所存在的问题，还具有问题的特殊性，有着东南沿海地区所不具备的体制机制僵化，私营企业发展不足，企业社会负担重等问题。

辽宁省汽车产业集群发展必须以整车制造企业为核心、以零部件生产企业为主体、以产业园区为载体，走政府推动与市场运作相结合的汽车产业集群发展之路。产业集群的形成与发展是一个渐进的过程，一般需经历企业集中的低级阶段和产业集群高级阶段两个过程。就总体状况而言，辽宁汽车产业集群基本处于低级阶段，属于集中办企业阶段，还没有围绕产业链形成区域品牌。辽宁省应该针对汽车产业集群发展的阶段特点采取对策发展汽车产业集群，提升汽车产业集群的竞争力。

第一节　加快兼并重组步伐　做大做强汽车企业

　　2008 年中国整车企业超过 140 家，但生产集中度不高。中国单个最大汽车生产企业的年生产规模最高只有 172 万辆，而全球最大的汽车生产商日本丰田汽车公司一年的全球生产量就达 900 多万辆。为了尽快完成汽车产业结构调整、扶持企业做大做强，提高产业集中度，2009 年《汽车产业调整和振兴规划》明确指出要推进汽车产业重组，支持大型汽车企业集团进行兼并重组；支持汽车零部件骨干企业通过兼并重组扩大规模。2010 年国家出台了《国务院关于促进企业兼并重组的意见》，这是一个宏观的方向性文件。而为了进一步落实汽车行业的兼并重组，国家信息和工业化部已于 2011 年年初出台《促进汽车企业兼并重组指导意见》，中国汽车业将进入兼并重组时代。

　　事实上，汽车产业的兼并重组向来不易，它既是事关汽车产业发展的大事，也是一个多年来汽车行业一直比较难解决的"老、大、难"问题。有些时候，尽管企业重组的意愿不强，但政府靠行政的力量拉郎配，结果是强扭的瓜不甜，企业不能有效整合，反而加大了内耗。有些时候，尽管企业的重组动机很强烈，但由于我国实行"权利分割、财政分灶"制度，汽车产业在地方 GDP 增长中起到非常重要的作用。因此，许多地方政府不愿意自己辖区内的汽车企业被重组兼并，从而给兼并重组带来了难度。但是，作为汽车行业影响巨大的商业举措，任何一次汽车企业的兼并重组都牵扯着行业发展的神经；同时，其每一步骤的进展也都给后来者带有一定的指导意义。实际上，企业是兼并重组过程中的主体，市场在这一过程中占据主导地位，政府介入的作用主要是促成利益关系之间的协调。

一、政府要平衡好利益关系，不要人为设置障碍

汽车产业兼并重组政策细则的出台对于汽车行业兼并重组行为起到助推器的作用，但作为汽车企业兼并重组背后的重要推手，政府意识对于汽车产业兼并重组仍然具有决定性作用，比如天一合作、上南合作甚至到广汽和长丰的合作，除了国务院有关部委的支持外，背后都有地方政府在推动。汽车产业兼并重组是一项复杂的系统工程，必须在充分发挥市场配置资源的前提下，统筹规划，合理布局，强化政府的宏观规划、引导和促进作用。政府在产业项目、布局、方向等问题上要通盘考虑和长远打算，以汽车产业链为主线，引导跨产业、跨企业之间的技术、产品配套。辽宁省是计划经济色彩较为浓厚的地区，政府要调整与消除制约汽车产业集群发展的各种经济政策，要统筹政府相关部门的政策手段，形成共同扶持汽车产业兼并重组的合力。原则上政府将不再核准新建整车项目，符合条件的汽车企业进行兼并重组时，将享受税收、信贷等优惠。在汽车企业跨区域兼并重组中存在的障碍，如地方税收、员工就业和社会保障等难题，社保、财政各相关部门要出台相关配套政策。

在市场中，如果两家汽车企业之间有兼并重组的意愿，那么政府就应该在政策上加以扶持和推动。省政府相关部门要做好宏观调控、政策指导、协调督导工作；各地政府在省级政府领导下要大力支持发展本地汽车企业，避免因为出于地方保护主义而设置汽车产业跨区域重组障碍的行为。对于一些跨市的并购重组，应给予更多的政策和税收支持，同时也要平衡好地方政府和汽车企业之间的利益，合理分配税收。其实，汽车行业兼并重组具有双重性质，一方面是商业性质，具有投资风险，必须按照市场经济中商业运作规律来进行，只有这样才能避免运作风险；另一方面，汽车产业重组不只是投资风险问题，还有它的社会效应。任何汽车产业的兼并重组都将涉及地方税收以及就业等问题，在政企背景复杂、区域政策限制等因素的干预下，很多大型汽车企业的兼并重组都经历了漫长的"谈判"与"妥协"的过程。所以，在这个过程中政府要尊重市场规律，不要人为地设置障碍，要积极完善汽车产业兼并重组的环境和法规，让企业在激烈的市场竞争中形成寡头垄断市场

结构，提高汽车产业市场集中度。政府在资金扶持、税收减免、资产处置、土地房产、项目审批、技改贴息、职工安置和分离企业办社会等方面，扶持省内大型汽车制造企业进行兼并重组。这包括利用国内金融机构和政策性银行对并购重组优先给予零利率的并购贷款扶持和重组后的发展项目融资等支持；大力支持具备条件的并购重组企业通过公开发行股票和发行企业债券等方式筹集资金；大力支持在汽车并购重组中办理房产、其他资产转让过户以及相关税费给予全额减免。

二、开展多种联合重组方式，实施产业组织合理化

汽车产业是资金密集型产业，而辽宁汽车企业规模小，资产存量严重不足，可以通过企业联合重组来增加资产存量。从国外汽车发达国家来看，通过上市筹资和联合重组是增加资金投入和结构优化的重要手段。资本运营形式多种多样，包括上市、转配股、分拆、国有股权转让和出售、股份回购、发行可转换公司债券、国际租赁、对外股权投资、资产置换等，其高级形式为企业的并购、联合、重组。辽宁汽车行业企业并购可以采取购买式兼并、控股式兼并、承担债务式兼并、无偿式兼并、吸收股份式兼并等形式。从目前实际情况来看，企业联合重组不能普遍采取收购兼并方式，因为这需要兼并企业具有雄厚经济实力，而辽宁汽车行业绝大多数企业不具备这样的实力。从历史发展情况看，一大批跨国公司、大集团在联合重组过程中，都采用了多种多样的形式，如参股、控股等，使各大公司在发展中形成了"你中有我，我中有你"的局面，这在日本公司中最为典型。企业要抛弃联合重组就是收购兼并的传统观念，采取股份制或相互持股、交叉持股等多种资产融通方式。吸收股份式兼并应是中国汽车企业较为理想的重组模式，因为它不需要大额的现金支付即可取得企业控制权，为兼并企业节约了资金占用。吸收合并作为一种企业兼并重组新形式，开辟了一条依靠证券市场创造巨型公司的途径。吸收合并的另一大优点是可以实现友好合并，有利于企业合并之后的整合工作。以战略型并购开展大规模的行业重组，是中国汽车企业迅速成长为具有一定国际竞争力的大型企业集团的重要途径。[①]

---

① 于成英. 中日韩汽车产业比较研究 [D]. 延边：延边大学硕士学位论文，2002：34-35.

从目前辽宁汽车产业组织情况来看，以兼并重组为手段来调整辽宁汽车产业组织结构的空间很大。辽宁省现有整车制造企业 7 家，而没有达到规模生产要求的企业，2009 年产量最高的华晨金杯汽车有限公司也只有 34.83 万辆，在全国排在第 9 位。辽宁省汽车零部件制造企业 100 余家，而具有国际竞争能力、掌握核心技术的零部件企业少之又少，能够为上汽、一汽等国内大型汽车集团提供零部件配套的企业较少，更未融入全球采购体系。未来几年内，世界汽车产业将是几大汽车巨头垄断天下，这些公司的产量规模都将在 500 万辆以上。辽宁汽车工业企业规模小又分散，技术力量薄弱，如不能在几年之内兼并重组，实行产业组织合理化，壮大实力，几年后辽宁汽车厂家不但在国内进不了第一阵营，而且也将沦为国际汽车巨头的附庸。通过兼并重组，实施产业组织合理化，使企业获得节能高效发动机、智能技术和清洁燃料车技术等技术制高点和规模效应。

三、建立产业退出援助机制

建立产业退出援助机制主要是改变当前汽车产业政策中压制进入、强制退出、不管援助的状况，为避免退市企业和产品给消费者和市场秩序带来大的震荡，应建立以政府为主导的产业退出援助机制。产业退出援助机制是针对一些因产业调整而陷入困难的零部件企业进行援助的一项政策，建议从以下四个方面完善汽车企业和产品退出机制：一是以政府财政投入为主建立产业调整援助基金，对拟退出企业和产业转型提供一定的财政援助，重点解决其退出工程中的职工安置、优先债权和转岗培训等；二是监督退出企业在资产清盘时必须优先缴纳企业职工的各项社会保险；三是退出企业必须提供足够的在用车备件（如 3 年期限的备件），以解决产品退市后的车辆维修问题；四是建立非正常退出企业的责任追偿制度，对于那些借机逃债的不法企业要建立强有力的高效追偿机制。

四、要建立省内区域以及省外区域协调发展机制

一个城市的发展离不开其所在区域经济大格局的辐射和带动。辽宁的汽车产业主要在沈阳经济区，沈阳经济区上升为国家新型工业化综合配套改革试验区意味着辽宁汽车发展进入了一个新的阶段，要加强沈阳国家新型工业

化综合配套改革试验区与辽宁沿海经济带以及辽西走廊地区的协调发展，增强辽宁汽车产业跨越发展的动力，形成沿海与腹地良性互动、以点带面、协调发展的新格局。沈阳市汽车产业的快速发展，为辽宁省其他地区打造汽车产业配套基地创造了条件。目前，沈阳市拥有华晨金杯、华晨宝马等整车制造企业7家，年生产整车近40万辆、发动机50万台。在当今产业分工日趋精细化的趋势下，这些汽车生产企业，需要为其配套的企业达上万家以上。在沈阳和丹东两个整车制造基地的辐射带动下，辽宁省各地区要积极为它们提供汽车零部件配套，积极发展零部件配套产业。目前，仅辽阳市就有汽车零部件配套企业50多家，为沈阳金杯海狮、中华轿车和中顺汽车等厂家配套，包括内饰件、曲轴、弹簧、制动液、防冻液、汽车用纺织品、汽车专用树脂等10大类产品，而且配套的产品技术含量越来越高。辽宁省位于东北地区与环渤海地区的交界处，汽车产业集群的发展要具有长远的宏观战略眼光。辽宁汽车产业集群作为东北地区汽车产业集群和环渤海地区汽车产业集群的一个子系统，既要主动地融入到以一汽为主体的东北地区汽车产业之中，也要创造条件加快融入到环渤海地区汽车产业集群之中，与京津地区、山东地区汽车产业融合形成一个更大的专业化协作配套紧密的环渤海汽车产业集群。

五、培育龙头汽车集团，强化市场牵引效应

大型汽车集团是汽车产业集群形成和发展的主要力量，在汽车产业集群发展中发挥着巨大的作用。首先，大型汽车集团竞争力强，容易融入全球汽车产业分工体系，通过开展广泛的国际合作，支持和带动本地汽车产业集群建设。其次，龙头汽车集团在质量、服务、技术、价格等方面均有市场竞争力，占据较大的市场份额，能够培育出本地汽车企业的竞争优势。最后，产业集群中，大型汽车集团能够积极采购集群内的上游零部件配套产品，促进产业集群内同类配套企业的有序竞争。培育产业集群，关键是要引入或培育出一个具有较强衍生能力或具有一定示范性的关键企业，通过该企业的成功发展，逐步衍生或吸引越来越多的相同、相近与相关企业聚集该地，经过一

定时期（一般10年左右）的发展壮大，才能形成具有竞争优势的产业集群。①
我国《汽车产业调整和振兴规划》表明了政府对汽车产业发展的态度，即政
府要主导汽车生产企业的兼并重组，以行政的手段推动汽车行业的结构调
整。通过行政手段推动兼并，形成大的企业集团，只会急功近利，有损我国
汽车产业的发展。没有经历过竞争过程的兼并企业是不会实现真正强大的，
政府推动的企业兼并只能使企业"变大"，很难"变强"。从全球竞争的范围
来看，兼并形成的"大"企业在技术创新、企业治理以及品牌管理等方面难
以同国外那些在竞争的激流中生存下来的企业相竞争，②政府推动的兼并重
组政策很难提高汽车产业的竞争力。大企业要想提高自身的国际竞争力必须
积极参与市场竞争，只有在残酷的国内市场竞争中生产下来，才能提高技术
创新、企业治理以及品牌管理能力，才能走向国际市场成为国际跨国集团。
辽宁汽车企业兼并重组不但要建立大型汽车企业集团，最根本的目的是获得
技术、生产规模制高点，以达到掌握市场主动权目的。

六、鼓励民营汽车企业积极参与兼并重组

辽宁汽车工业发展主要以公有制经济为主体，私营企业在汽车产业集群
发展中占有重要地位，这是辽宁汽车产业集群发展的主要制约因素。目前，
全国汽车企业间的兼并重组绝大多数是在国企之间展开，很少有民营企业参
与，这虽然体现了一种政府意志，但却减少了市场主体，汽车产业兼并重组
最终成功与否不是取决于是国有企业，还是民营企业，而是取决于市场。因
此，为了促进辽宁省汽车产业集群发展，在汽车产业兼并重组时必须鼓励民
营企业积极参与兼并重组，放松汽车行业中对民营企业的行政性限制，鼓励
民间资本和境外资本投资汽车产业。鼓励民营汽车企业积极参与兼并重组，
其前提条件是鼓励民营汽车企业大发展，只有民营企业的大发展，才有可能
鼓励民营汽车企业参与兼并重组。辽宁省必须加大国有企业改革的力度，国
有整车制造企业要精练汽车核心业务，将非核心业务剥离出来，通过股份
制、股份合作制、资产租赁等方式转制，就近形成一个规模较大的外部零部

---

① 乜堪雄. 汽车产业集群效应与政府策略——基于重庆的实证研究 [J]. 工业技术经济，
2008，174（4）：5-6.

② 李正东，胡桂贤. 汽车产业政策与集中度——政府的角色定位 [J]. 中国集体经济，2010（6）：28.

件市场配套集群，吸引更多的非公有制企业通过兼并重组进入汽车零部件行业，形成充满活力的汽车产业集群微观主体。充分发挥华晨金杯、华晨宝马等整车制造企业的龙头带动作用，强化汽车的自主品牌和技术优势，以此为链条，进一步提高沈阳航天三菱、新光华晨等零部件制造企业的国内市场占有率和区域配套率。加快原有国有汽车零部件制造企业结构调整的步伐，通过一些扶持政策与措施把企业迁入到汽车产业园区中。要积极采取措施把优势零部件企业的改革、改造放在促进民营汽车企业发展的首位，要在主要生产要素投入和产品销售等方面给予重点支持。要积极推进包括民营企业在内的所有零部件企业共同建设汽车零部件配套体系，推荐汽车零部件企业到沈阳经济技术开发区、大东区、东陵区区域内及虎石台副城发展，促进辽宁汽车产业集群集聚和发展。

第二节　多渠道支持关键零部件技术创新

汽车零部件是汽车工业发展的基础，是支撑汽车工业持续健康发展的关键要素。如果没有强大的零部件产业作为后盾，就不可能有具备国际竞争力的汽车工业，可以说汽车制造业的竞争很大程度上是零部件产业的竞争。从发展趋势来看，零部件行业已经成为汽车技术创新非常活跃的领域，许多重大的技术创新都来自于零部件行业，国际著名的零部件公司已对整车企业的技术创新形成重要的支撑。世界汽车零部件产业发展的五大趋势是：全球采购，模块化集成供货，汽车零部件产业的地位逐步增强；兼并重组步伐加快，企业发展趋向集中，资本运作成为主要手段；安全、环保、低能耗成为推动产品技术进步的主要力量；高新技术产品发展迅速，以汽车电子为代表的现代汽车产品前景美好；高质量、低成本、准时供货、同步开发等新要求，使技术创新与资源整合能力成为企业竞争取胜的关键。"十二五"期间，中国汽车零部件在制造方面将呈现轻量化、环保、绿色制造趋势；企业间并购和重组加剧；零部件自主创新能力将得到稳步提升。在中国经济稳定增长、汽车产业持续发展的大环境下，辽宁汽车零部件产业和国际先进水平的差距在迅速缩小。近年来，辽宁汽车零部件行业配套体系趋于完善，整车生产和零部件生产不断引进技术，生产集中度和核心竞争力进一步增强，但世界零部件产业也在迅速发展和变化，价格优势不再成为零部件企业的主要优势，拥有自主研发能力和先进制造水平、掌握关键零部件核心技术成为零部件制造企业竞争力的基础，而辽宁汽车零部件的自主研发能力并没有达到相应的水平，其研究开发只停留在仿制或经验状态。尤其是在世界经济发展不平衡和汽车工业飞速发展的带动下，汽车零部件产业在技术市场组织战略和布局等方面都呈现出与过去截然不同的发展趋势。同时，鉴于目前国内汽车产业格局以及竞争力情况，辽宁汽车产业在增强华晨集团和辽宁曙光汽车集团竞争力，重点发展华晨宝马和中华牌轿车、轻型客车的同时，要重点发展各种汽车零部件。因此，要做大做强辽宁汽车工业及提高自主创新能力，必须要采取有效措施，加快零部件产业的发展。从政策的角度来看，零部件行业不同于整车行业，企业数量众多，产权关系也更为多元和复杂，通过设置市场准入条件或人为设定兼并重组主体的政策手段难以应用在零部件行业，需要从多个渠道来促进零部件企业做大做强。

一、鼓励建立汽车零部件基地，形成产业集群

产业集群不仅有利于就近配套降低成本，使整车制造企业和汽车零部件企业达成双赢，而且可以使某个企业专注于某个零部件或工艺环节，在个体规模较小的情况下能够在某个环节上形成规模，充分利用产业链的整体规模经济效应。中国汽车生产规模迅速扩大和巨大的市场前景，为全面提升辽宁汽车及零部件的自主创新能力，做强汽车零部件基地提供了良好的机遇。

（1）要大力支持汽车零部件工业加快发展。辽宁应从资金、信息、土地、政策等方面支持沈阳金杯汽车、曙光集团、本溪曲轴、辽宁五一八、锦州万得、锦州锦恒、航天三菱、一汽大众、华晨金杯、一汽大柴、东风朝柴等骨干汽车零部件企业的发展，扶持、保护和发展一批技术含量高的发动机、车桥、曲轴、汽车悬架、安全气囊、差速器、变速器、汽车转向器、增压器等零部件进行规模化生产，加快发展汽车电子技术和环保节能产品，培育一批具有自主知识产权的零部件企业和产品，关键零部件技术要实现自主化，发动机、变速器、转向系统、制动系统、传动系统、悬挂系统、汽车总

线控制系统中的关键零部件技术要实现自主化，对重点零部件质量认证、零部件企业参加国内外重要的汽车及零部件展览会给予适当资金补贴。要采用政府资金引导、吸引民间资本入股等形式，建立覆盖全省的汽车及零部件产业投资基金。新的国外零部件企业进入辽宁，要求在辽宁以合资的方式进行生产，外方可以控股，但应设定中方最小比例，这样既可带动本土零部件产业的发展，又防止外资实行行业垄断。由于辽宁地区市场经济发展不充分，因此要大力关注民营零部件企业的发展，对于本土和一些成长性较好的中小型零部件企业，要进行政策扶持。在项目安排上，对重点零部件企业和关键零部件项目，在用地、信贷、项目审批等方面给予优先考虑，从政策、资金、人才等方面积极促进零部件企业加快发展。针对辽宁省汽车零部件企业经济实力较弱，缺乏技术创新支持的实际情况，地方政府应该建立中小企业技术创新融资担保机制。可以借鉴美国、日本和欧盟等国的做法进行企业技术创新融资体系建设，以解决辽宁汽车企业技术创新面临的融资问题，从而有助于辽宁汽车产业技术创新能力的提升。

（2）加大企业间并购和重组。加强和培育大型汽车零部件优势企业集团的综合实力是辽宁省汽车零部件工业发展的当务之急，实行兼并重组是做大做强辽宁汽车零部件企业规模和推动技术升级的重要经验和有效举措。辽宁省要加快汽车零部件整合步伐，应彻底打破行业、部门界限，实行跨部门、跨地区的联合，以产品为龙头、资本为纽带，将最强的一批零部件企业联合起来，通过改组、兼并、参股、增发新股、定向扩股与配股以及租赁等资本运作方式，尽快组成一批在国内具有一定实力、在国际有一定影响力的大型零部件企业集团。省内大型汽车制造企业要剥离非核心业务，将一些零部件产品的生产从一些"全能型"的汽车公司中剥离出去，精干主业，实现强强联合，支持汽车产业集群内零部件行业的发展。对国内大型零部件企业应采取优惠政策，使之与外资、合资企业在同一个政策平台上进行竞争。鼓励政策、资本尤其是民间资本投向零部件优势企业集团，促使企业转变机制，从投资性向效益性转变。

（3）要鼓励有条件的零部件重点企业向系统开发、模块化供货方向发展，引导有条件的中小零部件企业通过与外商合资、合作等形式，提高自己的技术水平，大力发展二、三层次零部件产品，向"专、精、特、新"方向发展。重点培育一批外向型出口零部件，带动辽宁地区汽车零部件企业的发展与升级。辽宁省必须把汽车零部件尤其是轿车零部件放在优先发展的战略高度，着力于优化结构、规模经济和自主开发。加速从为中、轻型货车配套为主的产品结构，向为轿车配套为主的产品结构转变；从低水平、小批量组织建设和生产向高水平、规模经济组织建设和生产转变；从以单纯引进技术为主向以我为主的零部件开发体系转变，突破零部件工业发展滞后的被动局面；在零部件产品开发上，要把着眼点从目前的劳动密集型、通用型零部件开发转变到技术密集型以及新能源汽车零部件的开发上。

二、提高自主研发能力，支持关键零部件当地化

汽车工业属于战略性和关联度高的产业，目前辽宁省自主品牌汽车发展还不成熟，一些关键技术不掌握，研究开发投入、开发手段及装备不足，人才队伍不完整，生产规模不够大，关键零部件产品发展滞后等。这种差距的出现既来自关键零部件的研发与制造落后，也来自于上游机床、冲压设备、机械压力设备等基础制造业的薄弱。辽宁省应利用后发优势、外资企业的技术外溢以及已有的自主能力，实施关键汽车零部件创新工程，构建研发平台和零部件技术创新发展基金，调动全省的科技力量和有效资源，对汽车的关键技术进行联合攻关，短期内应选择电子应用技术、关键材料应用、车身设计等技术作为突破口，以增加汽车产品的技术含量，提高国际竞争力。汽车零部件企业要抓住机遇进行兼并整合，尽快提高自主研发能力，形成自己的特色和品牌，实现规模经营和多品种配套。应该说，我国汽车产业的零部件产业集群发展较快，目前已形成浙江台州等几个汽车零部件集群。但是辽宁省汽车零部件产业集群发展速度较慢，本地集群内配套率低。同时由于技术创新投入巨大，风险难以控制，并且具有很强的外部性，而且辽宁老工业基地资金缺乏，特别是用于技术创新和汽车基本理论研究的投资少，往往使集群内的零部件企业缺乏创新的动力和产业升级的能力，这也在一定程度上制约着零部件行业的技术创新，造成高端的零部件基本上被外资或外地垄断的局面。要改变这一局面，需要政府来搭建零部件技术创新公共平台，由单个零部件供货向部件供货、模块系统供货转变。做到这一点，关键要大力提升零部件企业的技术和工艺水平，关键零部件要做到与整车同步研发、同步设

计。一方面，要整合全省汽车及零部件生产的各种资源，加快其更快地发展，以更好地为全省整车制造企业服务；另一方面，积极引导零部件企业与高等院校、科研院所合作，积极支持企业建立国家级、省级的零部件技术中心，鼓励航天三菱发动机公司、航天新光集团公司、辽宁五一八内燃机配件有限公司、辽宁承业汽车零部件制造有限公司等有条件的零部件企业到国内其他地区或国外设立研发中心。此外，还要通过建立人才通道，积极吸引国内外汽车领域高端人才来辽宁省创业。

国际企业界普遍认为，汽车行业企业的研究开发经费占销售额5%以上，企业才有竞争力。因此，应加大研发投入，努力提高整车和零部件企业的自主研发能力，力争开发出高附加值和高技术含量的零部件产品，最终推动整个汽车产业的发展。对于关键技术的研发，政府要从财政上直接或间接地加大对汽车产业技术创新的扶持。拓宽融资渠道，吸收社会资本，实行多元投资，建立以增强零部件技术创新能力为宗旨的关键零部件技术创新发展基金。重点支持对整车制造关联作用较大的共性、关键性和前瞻性零部件的技术研发，选项集中于可提高汽车整体竞争力的关键零部件和重点通用零部件的发展，如汽车电子产业，竞争前的产业共性技术研发项目、中试项目、大型产学研联合项目、企业间协同创新项目、面向中小企业的研发中心和技术服务中心建设项目等。同时扶优扶强，支持龙头企业购买国外先进技术、提高研发能力和加大技术改造。扶持龙头企业也是一个重要的思路，可以在龙头企业内设置开放性的国家实验室和国家工程中心，由龙头企业来牵头进行研究开发。另外，鼓励龙头企业在世界经济尚未完全复苏的情况下并购国外技术型的零部件企业，可在外汇使用、并购审批上给予便利和支持。辽宁省应从有利于自主开发能力形成的角度调整国际合作的方向，在支持引进先进生产技术的同时更多地支持企业引进源技术，在支持购买产品技术的同时更多地鼓励国际性合作开发、技术交流和研讨活动。

三、创新整车和零部件企业关系

整车制造企业与零部件企业在汽车产业的发展过程中，两者是一个利益共同体，整车制造企业拥有强大的品牌，有赖于技术与管理先进、成本合理、质量可靠的零部件企业的支撑；同时整车制造企业强大的品牌又可以通过它的销售为零部件企业保证稳定的市场。因此，这两者之间只有彼此共同前进，才会共同发展，是一种共存共荣的关系。目前，汽车工业产业格局正在发生变革，新一轮兼并重组正在进行，整车制造与零部件寡头垄断的局面渐趋明显。既竞争又合作的整车与零部件企业战略联盟已经成为共识；而以"最佳采购原则"为基础的全球零部件采购正在成为整车制造企业普遍认同和接受的经营行为。在今后的发展中，整车制造企业与零部件制造企业的专业化分工将愈加清晰，即整车制造企业搞车型的开发设计、积木式整车组装和经营品牌；零部件制造企业则负责零部件的模块化、系统化开发设计与制造。在这样的市场趋势下，零部件制造工业，必须树立面向全球竞争的市场观念，顺应世界汽车发展的潮流，打破"门户之见"和"大而全"、"小而全"的传统经营思想，鼓励省内整车制造企业与主要汽车零部件供应商通过合资参股、控股等方式，形成有资产联系的、完整的、协调的、多层次的生产供应体系，尽快形成在国内具有一定垄断地位的零部件制造企业或企业集团，这样才有实力在国际上可能成为寡头垄断中的一员，参与市场发言。辽宁在重点开发轻型客车和轿车的同时，还需加快汽车零部件生产的集成化、规模化发展，加强与华晨金杯、华晨宝马和上海通用（沈阳）北盛汽车有限公司三大整车企业的配套能力。鼓励省内零部件汽车制造企业创立名牌，政府要对企业品牌宣传纳入行业管理范畴。目前，无论是整车厂内部零部件企业，还是独立的零部件企业均缺乏品牌经营意识；零部件与整车共用商标是行业的普遍现象，由此严重妨碍了企业本应做到的面向市场全方位全系列的发展格局，也带来了市场的无序竞争。今后，整车制造企业要加强已有品牌的建设，而零部件要加强品牌创建工作，实行创名牌工程。

四、寻求合作，拓展产业的深层次合作

在汽车零部件行业招商引资方面，要提升招商引资水平，引进高水平的技术和零部件产品，逐步形成完整的汽车产业链。对于浙江、上海、江苏等为辽宁整车制造企业提供零部件配套的重点区域，可以建立零部件产业专项招商，尤其是重点零部件企业和关键产品，要实行"一对一"招商，提高招商引资的针对性和成功率。要积极引导国内外资本投向辽宁省汽车零部件产业，特别要注重发挥有外资背景的零部件企业的国际资源优势，引进更多的

国际汽车零部件企业来辽宁省投资建厂，省内整车企业要适当增加配套份额。对于核心零部件产品，可以采取省内整车制造企业入股并提供一定的配套比例，积极吸引战略投资者共同研发生产。在汽车零部件产业的建设和发展中，要发挥整车制造企业的带动作用，充分发挥华晨金杯、华晨宝马、沈阳中顺等整车制造企业的主导作用，积极引导省外为其配套的零部件企业到辽宁省来投资设厂，实行本地化生产，缩短配套半径，降低采购成本，提高配套效率。对于同类产品，在技术工艺水平相当的条件下，省内整车制造企业要优先采购本省的零部件产品，并且在价格上要一视同仁。同时，政府要引导省内整车制造企业与零部件制造企业建立战略性的合作伙伴关系，使更多的零部件制造企业成为省内整车厂的一、二级供应商，真正实现以整车制造企业带动零部件制造企业、以零部件制造企业促进整个整车制造企业发展的良性发展模式。

五、创新汽车零部件销售渠道

创新汽车零部件销售渠道包括创新零部件出口政策和创新零部件国内销售渠道两个方面。目前，我国出口汽车零部件不足世界总额的 0.4%，与我国汽车生产总量占世界汽车产量 1/5 强的地位极不相称。未来我国零部件工业将会面临国际化、全球化的激烈竞争，辽宁作为我国重要的自主品牌汽车生产基地，竞争将更加激烈。只有引进技术、消化吸收，使产品在满足国内需求的基础上，参与国际竞争，进入国际汽车零部件采购体系，才能走向零部件成熟发展之路。因此，必须制定鼓励出口和走出去的优惠政策，积极扩大和国外大型汽车零部件集团的合作，尤其是在技术合作的深度和广度上更要进一步加强。

在汽车走进千家万户成为人们日常的代步工具以及汽车后服务市场的不断成熟之际，创新汽车零部件的销售渠道成为了必然趋势。据了解，目前国内汽车零部件的销售渠道主要有汽车配件交易市场、零部件品牌专营店和汽车维修连锁店三种。汽车配件交易市场仍然是目前最主要的汽车零配件销售渠道，据了解，汽车维修用零部件 60% 来自汽车配件城。目前，国内有大大小小的汽配城 300 多家，其中已形成规模的汽配城有上海东方汽配城、武汉万国汽配城、天津汽车配件城等。为了避免产品层层批发带来的价格混乱，并树立零部件品牌的良好形象，一些零部件厂商已经开始设立零部件品牌专卖店或授权经销商。在专卖店体系内，零部件产品执行统一销售价，这样就避免了不良价格竞争，而且产品品质和品牌形象都能够得到保证。汽车维修连锁店是集汽车维修、零部件销售以及快速养护为一体的综合性修理厂，成为以整车厂为主导的4S店模式的强有力竞争者和补充。4S店包含整车销售（Sale）、零配件（Sparepart）、售后服务（Service）、资讯回馈（Survey），相当于专卖店，是由厂家统一设计，根据厂家的模式经营管理的。

在加强完善汽车零部件传统销售模式的基础上，汽车零部件制造企业要积极创新网络营销、汽车配件网络超市、行业展览会等新型汽车零部件销售模式。据市场调查显示，网络营销意识最强的是乘用车生产厂商，80%以上的轿车生产厂商对网络营销十分重视，绝大多数都制定了专门的互联网行销战略；意识最弱的是汽车零部件制造商，网络营销尚处起步阶段，大约只有不到10%的汽车零部件公司有利用网络电子商务来为公司带来商机和品牌提升的意识。行业展览会为汽车零部件行业传达汽配产品最新信息的同时，也为零部件产品展销提供了平台。目前，国内举行的汽车配件展览会主要有中国（重庆）国际汽车零部件展览会、中国（上海）国际跨国采购大会、中国（北京）国际汽车零部件博览会、中国（北京）国际汽车制造及生产设备博览会、宁波国际汽车零部件（用品）进出口交易会、中国沈阳国际汽车工业博览会、大连国际汽车工业展览会和中国（广州）国际汽车展览会等。中国内地汽车产业集群所在地都有较固定的汽车行业展览会，而作为汽车产业大省的辽宁应尽快形成固定的、全球范围内的汽车分行业的展览会，以促进本地汽车零部件和零配件的销售。

六、大力引进和培育创新型汽车人才

辽宁汽车工业自主开发能力弱，除了研发投入低因素外，另外一个重要原因就是缺乏人才。收入少是辽宁省汽车制造企业人才流失严重的原因之一，但是从更深层次来看，这是一个人才激励问题。创新型人才是汽车产业集群创新的主体，培育创新型人才并且留住人才是促进汽车产业集群和汽车零部件技术创新的基础手段。一是要通过财政资助等多种手段，大力建设汽车学院或在相关学校内成立汽车产业的各种专业，培养和造就具有创新意识和创新能力的高素质汽车技术创新人才；二是建立吸纳和使用创新型企业家队伍的制度和机制，努力创造优秀创新型企业家人尽其才的优良环境；三是要有计划地推进区域教育体系建设，培养一支拥有现代汽车技术和各种专业知识及技能的庞大人才队伍，为汽车产业集群提供源源不断的人才支持；四是积极实施人才战略，建立有效的激励机制和收入分配制度，在待遇措施上要有所创新，形成一种切实可行的操作方法，建立良性的引才、育才、用才机制；五是对掌握零部件关键技术和进行零部件研发的人才除了给予基薪、津贴和各项福利之外，可通过职工持股、技术入股以及期股和期权等股权激励的办法吸引和留住；六是吸引高层次留学回国人才进入汽车企业工作，让他们以专利发明、专有技术等参与分配，共享合作委托研究开发的科研成果。

第三节　加大新能源汽车研发和商业化支持力度

发展新能源汽车不仅是一个产业问题，而且是一个国家重大的战略问题、全球重要的战略问题。目前，中国经济发展已经进入一个新的转折点，在这个转折点中，经济承受的资源环境压力在加大，原有的生产要素低成本优势也在逐渐减弱。"十二五"期间，为了适应气候变化和资源节约环境友好型社会建设的要求，国家将进一步加大对节能环保汽车的政策支持，小排量汽车和新能源汽车将成为国内汽车的发展方向。所以，中国既要在汽车传统技术上奋力追赶，不断提高中国汽车技术自主化的程度，缩小与国际先进水平的技术差距，又要在新能源汽车技术上加大研究开发力度，争取在新能源汽车的研究开发和商业化应用上走在世界前列，实现跨越式发展，从根本上提升中国汽车产业的竞争力。在节能环保方面，引导小排量汽车消费、发展新能源，是汽车产业必须承担的社会责任。中国将通过制定产业政策、颁布法规和条例等方式加大汽车节能减排工作。

在新能源汽车领域，未来10年将是我国新能源汽车发展的关键时期，新能源汽车将逐步推广到城市公交、环卫车以及家庭用车。中国发展新能源汽车具有消费市场增长快、规模大，制造成本低，技术取得局部突破，资源保障能力强四大优势，同时也存在着主要企业技术来源依靠合资外方、技术基础不牢固、重点设施需大规模投资三大劣势。从国内发展情况来看，中信国安盟固利、比亚迪等企业已经投资 10 多亿元，建设磷酸铁锂或锰酸锂动力电池的生产基地，比克、力神、北大先行、威利克、寰宇、海霸、万向等企业也在加快投资。目前，辽宁许多汽车企业正处于发展成长期，与北京、上海等发达地区相比，辽宁汽车企业发展还面临着许多挑战，但若充分抓住新能源汽车发展这一重大机遇，可以加快企业的成长，抢占行业制高点。另外，辽宁可利用雄厚的产业基础优势和沈阳经济区、辽宁五点一线沿海经济带的政策机遇，大力引进人才，积极参与研发新能源轿车和轻型商用车，增强企业发展后劲。

　　发展节能与新能源汽车是贯彻落实国务院节能减排战略，培育战略性新兴产业的重要举措，也是从根本上破解我国汽车产业发展的能源"瓶颈"，优化产业结构的重要内容。目前，我国已制定《节能与新能源汽车产业规划（2011-2020）》，总目标为节能与新能源汽车总规模世界第一，确定了电动汽车作为汽车产业转型的重要战略方向，明确提出新能源汽车的范围：插电式混合动力汽车、纯电动汽车和燃料电池汽车。一般混合动力汽车划归节能汽车范畴，我国提出节能与新能源汽车具体发展目标是：到 2020 年新能源汽车产业化和市场规模达到全球第一，其中新能源汽车保有量达到 500 万辆，以混合动力汽车为代表的节能汽车年销量达到世界第一，年产销量达到 1500 万辆，并制定了私人购车标准。未来中国汽车排放标准（法规）将与欧、美、日等发达国家和地区实现同步，在小排量、轻量化汽车领域将形成国际竞争优势。特别是在新能源汽车领域，目前，中国已经形成混合动力、纯电动和燃料电池三类新能源汽车研发体系。在政府的大力支持下，中国车用动力电池、电机和电控的研发及生产技术已经取得重大进展，电动汽车技术趋向于成熟。随着国家新能源汽车准入政策、消费政策相继制定、落实，未来 5~10 年，中国有可能在全球率先实现新能源汽车产业化和规模化。如果抓住机遇，战略得当，措施得力，完全可以通过新能源汽车的发展改变中国汽车技术长期落后于发达国家的被动局面，实现汽车产业和技术的跨越式发展，真正实现汽车大国向汽车强国的转变。在目前国家宏观层面发展电动汽车规划、技术路线和发展重点已经明确的情况下，辽宁省要未雨绸缪，进一步加大对新能源汽车研发和产业化的支持力度。

一、加大对电动汽车研发的支持力度

在电动汽车研发阶段，美国、日本、欧盟都在政府层面给予资金支持和财政税收扶持。美国奥巴马政府积极投资先进汽车技术，并将重点放在研发先进电池技术方面来延续美国在汽车领域中的领导地位，为了鼓励众多的人购买节能、混合动力汽车，奥巴马政府将为每个购买新能源汽车的消费者提供7000美元直接的或可转换的税收抵免。目前，辽宁省新能源汽车的自主创新还面临着一些制约因素，在研发和产业化方面与国际和国内先进水平相比仍有较大差距；部分企业不注重研发水平提升，忽视自主知识产权建设工作；科技人才和管理人才存在较大缺口；汽车基础知识研究和关键零部件以及材料的研究薄弱。鉴于以上情况，首先，辽宁省可以依托省内整车制造企业、科研院所和高等院校，加强官、产、学、研、用的有效衔接，整合学科优势资源，发挥节能与新能源汽车快速发展各个环节方面的主观能动性和积极性，重点突破关键技术和系统集成技术，构建综合服务平台，形成整体研发体系，将会更快地推动节能与新能源汽车整车、关键零部件的研发和产业化。其次，通过财政政策加大支持电动汽车整车和关键核心技术的研发力度。辽宁省可以单独设立电动汽车产业化专项资金，重点支持关键核心技术（如动力电池）的产业化，资金主要用于中试能力、试验认证能力等方面的建设以及投资项目的贴息。最后，还需要整合各部门的相关政府资金，在支持项目的选择方面增加协调性，进一步提高政府资金的使用效率，进一步加大节能与新能源汽车的研发投入，力争在可靠性、耐久性及低成本等核心技术上有所突破。

二、制定中长期电动汽车基础设施建设规划

在电动汽车进入市场的初期，美国、日本等发达国家政府都制定有力措施来推动电动汽车产业化。日本政府补贴电动汽车成本增加额的50%给消费者，同时，在东京及周边地区建设了十几个类型各不相同的电动汽车充电站。为了推广电动车，使消费者接受这种新能源产品，完善为电动车充电的场所等基础设施是必需的，否则这些硬性因素会制约电动车的产业发展。为

了加快电动车的产业化，其推广使用时的电动汽车基础设施必须先行。停车设施不足，电动汽车充电设施不完善是电动车推广时遇到的主要问题，需要对重点设施进行大规模的投资，这是中国与其他发达国家相比发展电动汽车的劣势之一。政府需联合电力部门制定电动汽车基础设施发展规划，在城市路网、公路线、居民区、公共停车场等地点建立电动汽车充电设施，鼓励社会力量参与建设和经营，鼓励探索多种形式的充电方式和商业模式（如更换电池）。鼓励地方政府建立电动汽车应用示范区，积极推广电动汽车的应用。研究峰谷电价政策，引导和鼓励电动车用户利用低谷电。

三、积极加强教育引导和购置补贴

电动车发展并不是孤立的，如果想要消费者踊跃购买，正确的消费引导、适当时机的财政补贴以及汽车本身的吸引力是不可缺少的。除了物质刺激消费者使用新能源汽车外，还应加强对消费者的引导教育，改变人们的观念，使科学发展观深入普通消费者心中，成为购买使用新能源汽车的不懈动力。2009年1月财政部和科技部颁布《节能与新能源汽车示范推广财政补助资金管理暂行办法》等一系列政策，旨在推动新能源汽车在公共交通领域的推广。2010年6月国家四大相关部委联合出台《关于开展私人购买新能源汽车补贴试点的通知》，目的在于推动私人购置新能源汽车。但目前看，政策效果尚不明显，私人新能源汽车消费市场依然冷清，所以必须加大对消费者使用新能源汽车的宣传引导。在新能源汽车购置补贴政策上，要选择适当时机将补贴政策扩大到普通消费者。一方面，要减免新能源汽车购置税和消费税，在这个过程中要处理好产业化进展与购置补贴政策引入时机的关系，既要避免购置补贴政策实施过早而起不到支持企业技术创新的作用，也要充分发挥支持政策对企业的激励作用；另一方面，要完善购置补贴政策，要在购置税中提取一定比例作为专项基金支持新能源汽车产品研发，视技术成熟情况加大对关键技术的补贴力度。例如，美国对插电式混合动力汽车加大购置补贴力度，才使插电式混合动力成为本国的优势技术。辽宁省可以在驱动电机、动力蓄电池、电子控制、电动化底盘等节能与新能源汽车关键零部件研发与使用上给予大力支持。此外，购置补贴政策应给出实施期限，并逐步减少补贴额，以激励企业致力于降低成本。

四、积极推动电动汽车商业化使用

研发新能源汽车的最终目的在于商业化使用。推动新能源汽车的商业化使用，主要有两条途径：

（1）鼓励政府组织大规模商业化应用。目前，我国节能与新能源汽车正处于从研发向规模产业化过渡的重要阶段。由于电动汽车大量采用高新技术，在市场导入期其成本仍然明显高于传统汽车。尽管目前市场还难以接受，根据世界发达国家在混合动力汽车产业化和我国内燃机汽车推广的成功经验，由政府组织开展大规模商业化使用，是推动节能与新能源汽车产业化的有效途径。政府可以优先在城市公交系统、定线专用运输、机场及景区等区域采用节能与新能源汽车；在公交系统中广泛推广混合动力客车和纯电动客车；按照一定比例采购自主品牌的混合动力轿车作为公务用车；鼓励在特定区域和特殊用途的场合使用纯电动车辆。[①]

（2）成立并完善电动车租赁服务中介组织。政府可以考虑将电动汽车商业化使用的运作交由电动汽车租赁服务企业或机构来进行，政府对这些中介服务机构进行支持，积极培育电动汽车市场和降低消费者购买风险。如消费者无须考虑电动汽车的价格和电池的使用寿命，将养护、年检和回收等问题交给汽车租赁服务公司处理；租赁服务公司对动力电池进行专业充电和维护，会大大提高电动汽车的使用寿命；通过对电动车全寿命周期的集中管理，降低电动车使用与回收过程中的风险。但实行租赁模式的前提是政府对电动汽车租赁服务企业补偿，抵消其承担的额外风险。

第四节　鼓励出口和海外并购　提高汽车产业国际贸易地位

汽车业是全球的开放领域，要成为一个真正有实力、有竞争力的国际化

---

① 万钢. 我国节能与新能源汽车发展模式的思考与探索 [J]. 交通与运输，2008（2）：3.

汽车企业，一定要走出去，尽可能多地参与国际化竞争，才能够尽可能地成长起来。汽车工业是跨国性生产与经营的先锋，随着汽车市场国际化的推进，国外投资、合作生产和销售等比重逐步提升，并形成了发达国家之间互相渗透和热点转向发展中国家的特点。汽车出口在全球进出贸易中占有重要的地位，汽车出口（含汽车零部件）贸易额约占全球产品出口总额的1/10。中国加入WTO后，随着汽车进口配额的取消、关税的进一步降低以及服务贸易的开放，这些都将加快外资、国外产品和服务的进入，我国汽车产业全方位的竞争进入了新的阶段。随着世界汽车产业的迅速发展，我国出口零部件产品如汽车轮胎、玻璃、车轮等资源型、劳动密集型和附加值低的产品也逐渐受到其他发展中国家产品的挑战，而技术含量较高的自动变速器、燃油喷射装置等却需要大量进口。在汽车产品出口方面，商务部、工信部等六部委联合出台的《关于促进中国汽车产品出口持续健康发展的意见》首次明确了到2015年，汽车和零部件出口达到850亿美元，年均增长约20%；到2020年实现中国汽车及零部件出口额占世界汽车产品贸易总额10%的战略目标，政策扶持力度也将不断加大。在汽车产业高度国际化的背景下，辽宁汽车企业积极实施"走出去"的国际化发展战略是必然选择。目前，奇瑞、长城、一汽、长安、江淮等国内汽车生产企业纷纷走出国门已取得初步成效，但仍然面临诸多困难和风险。辽宁汽车企业要吸收国内汽车生产企业走出去的经验教训，自身应该做好充足的准备，政府在外部应给予必要的支持。

一、加快华晨金杯等大型企业的海外并购重组

现代汽车制造业是典型的规模经济，集中度高，择机进行外海并购重组是辽宁汽车制造业提高对外开放和国际合作水平的必由之路。辽宁汽车企业进行海外并购重组不仅可以获得资源优化组合，而且还可以有效地避免汽车贸易摩擦，增强抵抗国际市场风险的能力。通过与国外汽车企业的强强联合，建立完善的研发—制造—营销—服务的一条龙的产业链等重组形式，实现规模经济和核心技术的掌握以及先进的管理经验。鼓励华晨金杯对外投资，在海外建厂设点，扩大海外生产规模，贴近销售市场，带动汽车产品、技术和服务出口。鼓励华晨金杯等企业建立海外研究开发中心，在消化引进技术的基础上，开发具有自主知识产权的新产品和新技术。支持华晨金杯和

华晨宝马等企业建立健全海外营销体系，鼓励企业通过多种形式建立境外营销中心和营销网络，完善出口产品的零件供应、维修服务体系。积极引导华晨金杯在国际市场加大品牌建设投入，支持企业开展商标和知识产权的国外注册保护等。

二、加快辽宁汽车及零部件出口基地建设

辽宁是中国汽车产业自主创新产品——中华轿车的诞生地，应该在大力发展为辽宁整车制造企业提供配套的同时，加强本地零部件企业为国内一汽、上汽等大型汽车集团提供零部件配套，这样随着国内大型汽车企业集团的海外拓展，辽宁汽车零部件也逐渐走向海外。因此，辽宁应该积极建设汽车及零部件出口基地，并争取建设成为中国汽车工业自主创新、规范出口秩序和保护产权的示范基地，世界汽车产业转移、国际交流与合作的重要承接载体。鼓励出口基地企业自主创新和技术改造，重点支持基地企业技术创新、技术改造和新能源汽车及关键零部件发展。加大对公共服务平台的支持力度，按照《国家汽车及零部件出口基地管理办法》的要求，加快出口基地建设。加大汽车产品出口的外汇支持，适当放宽境外投资购汇管理，创造良好的用汇条件，降低企业对外投资的成本，简化用汇审批程序。支持出口基地搭建技术研发、信息服务、产品认证、检验检测、人员培训等公共服务平台，发挥政府、部门、银行和企业之间的横向沟通作用，对出口基地企业生产经营进行监测分析，及时防范和化解汽车和零部件出口时的各种风险。

三、加大辽宁地区汽车产品出口中介服务机构建设

（1）加强辽宁汽车产品出口担保机构建设。鼓励融资性担保机构为企业向商业银行申请贷款提供担保，建立多种资金来源、多种形式参与、多层次结构的汽车产品出口信用担保体系；鼓励商业性保险机构扩大对汽车整车出口的产品责任险承保，简化其承保和理赔程序；完善省内金融机构国外分支机构功能，向出口企业提供客户及买方银行信用咨询服务，对海外分销商及终端用户提供融资贷款支持，充分利用进出口买卖方信贷等措施。

（2）通过辽宁汽车工业协会加强汽车行业信用等级评估，规范汽车产品出口秩序。有省汽车工业协会会同其他汽车中介组织开展企业信用等级评

估，依据信用等级建立汽车整车制造企业和零部件供应商名录库，对信用状态良好的汽车及零部件出口企业，以一定的方式向国际采购商、国外行业协会公示和推荐。严厉打击假冒伪劣行为，取消不合格生产企业的出口资格，建立汽车零部件诚信登记查询系统。

（3）充分发挥中介机构在应对和化解贸易摩擦中的作用，密切跟踪、收集和整理汽车产品贸易相关信息，组织企业早准备、早应付，最大限度地维护我国汽车出口企业的权益。

（4）积极探索产业、贸易和物流有机结合的运作方式，大力推动省内汽车整车出口生产企业与国内航运企业建立长期的战略合作联盟，创建中国远洋汽车运输船队。

四、强化政府对汽车产品出口企业的政策支持力度

（1）建议针对汽车产业特点，实行消费型增值税。消费型增值税制允许企业固定资产增值税在购进当年抵扣，有利于固定资产投资比重大的汽车企业降低成本和增加现金流入，提高开发投入能力。世界上绝大多数国家都实行消费型增值税，这也是我国汽车企业在国际竞争中处于不利地位的因素之一。

（2）建议统一内、外资企业所得税制，创造公平竞争环境，鼓励自主创新。合资企业所得税率为15%，且享受"两免三减半"的优惠政策，使得我国的企业在竞争中处于不利地位，因此政府应该创造一个良好的环境，使我国企业和国外企业处在同一个起跑线。[①]

（3）积极建立应对和化解贸易摩擦预警机制。加快建立符合国际通行规则的技术性贸易措施体系，完善通报协调机制。密切跟踪、收集和整理国外汽车产品相关认证及技术法规信息，引导企业按照国际和先进标准组织生产，增强国际竞争能力。本着互惠互利的原则，积极推动与其他国家实现产品检验结果的双边互认，有步骤地推动与中东、东欧、非洲、中南美洲等与中国汽车整车出口具有较大增长潜力的地区签订汽车产品政府之间互认协议的工作。

---

① 张艳. 海外并购与中国汽车业的国际化［J］. 经营管理者，2010（6）：159.

（4）加强出口企业保障体系建设，大力实施贸易便利化，综合运用海关对企业的分类管理、分类通关、预约通关、担保验放等多项便利措施，提高货物通关效率。建立统一的海外投资审批机构，改革纷繁冗杂的海外投资审批程序，为企业海外投资营造良好的法律环境。

五、鼓励企业吸引海外技术和人才等智力资源，增强出口支持能力

辽宁省汽车产业研发以及生产技术在国内并不具有较大的优势，因此，为了进入国内汽车产业第一阵营和为汽车产品出口做支撑，辽宁汽车制造企业必须加快汽车人才和技术引进，鼓励企业积极引进国外技术、人才、营销网络，通过海内外兼并等方式掌握关键零部件等相关技术，提高研发能力。引导企业采用国内外先进技术标准，主动接轨国际标准体系，推动产品的国际安全、质量和标准认证工作，支持企业参与国家和国际标准的制定和修订。整合研发资源和科研力量，建立分工协作、利益共享、共同进步的机制，鼓励科研院所和产业集群加强产、学联合，积极吸引跨国公司在辽宁设立研究开发中心、采购中心和地区总部。建议加大汽车共性技术研发的政府投入，目前辽宁轿车的关键零部件，如安全气囊、ABS、电喷、电控系统、发动机等大部分必须进口，而在燃料电池、电动车、清洁汽车和混合燃料等新技术方面取得突破可使辽宁汽车产业实现跨越式发展。所以，在辽宁汽车企业目前难以独立承担相应研发投入的情况下，政府要与企业共同出资建立技术研发中心，整合产、学、研相关技术资源，以提高产业整体发展水平。

第五节　以汽车电子产业自主化为突破口　提高汽车产业自主创新能力

汽车电子技术的应用和创新极大地推动了汽车工业的进步和发展，对提高汽车的动力性、经济性、安全性，改善汽车行驶稳定性、舒适性，降低汽

车排放污染、燃料消耗起到了非常关键的作用，同时也使汽车具备了娱乐、办公和通讯等增值功能。随着汽车产业与信息产业的充分结合，信息技术和微电子技术在汽车领域将更加广泛地应用。常见的汽车电子产品按照用途可以分为发动机及变速器电控系统（也称动力总成电控系统）类、底盘电控系统类、车身电控系统类、新能源汽车电控系统类、集中综合控制系统类、网络总线和车用集成电子及元器件类、信息系统平台类、智能汽车与智能交通类八类。从汽车电子产品的功能看，则可划分为决定车辆节能、环保、安全性的控制类汽车电子产品和提高车辆驾驶便捷性的车载汽车电子系统两类。在相关政策的鼓励和支持下，中国大型汽车企业集团将具备世界先进水平的产品平台研发能力，整车和汽车零部件研发及制造技术水平将全面提升，自主品牌汽车市场竞争力将有较大幅度的增强，销售速度快于整体汽车增长速度，市场份额将进一步提高。在汽车的关键零部件中，控制类汽车电子产品最为关键。控制类汽车电子产品包括汽车动力电控系统、底盘电控系统和与车辆安全性有关的车身电控系统，它们均由传感器、电控单元 ECU 和执行机构三部分组成。

与美国、日本等汽车发达国家相比，我国汽车电子产品应用层次还很落后，具有极大的发展潜力和空间。2003 年全球平均每辆新车的汽车电子支出达到 2025 美元，约占整车成本的 26.2%；而同期我国平均每辆新车的汽车电子支出仅为 885 美元，约占整车成本的 4.8%。[①]据统计，2003 年全球汽车电子的市场规模已达到 1150 亿美元，2004 年包括汽车音响系统、汽车导航系统、汽车视频影视系统等在内的汽车电子领域的产值已超过 2000 亿美元。汽车电子的重要性和诱惑力也吸引了中国政府的关注，未来汽车电子的价值将大于汽车机械本身的价值，汽车将成为真正的高附加值产品，未来的汽车将是硬件制造技术与 IT 软件技术完美融合的产物。对于未来中国控制类汽车电子产品的发展，中央政府也给予了极大的关注和支持。国家发改委在 2009 年 3 月颁布的《汽车产业调整和振兴规划》中明确提出要"发展提升整车性能的关键零部件。重点支持研发车身稳定、悬架控制、驱动防滑控制、电子液压制动、车身总线、数字化仪表等电子控制系统等产品"。这些关键

---

① 景文. 北京扶持汽车电子企业 3 年建立汽车电子生产体系 [N]. 中国工业报，2004-08-06.

零部件的技术核心均涉及汽车电子技术，汽车电子技术是新能源汽车产业的重要支撑，具有集成化、网络化和智能化的特点。在《汽车产业调整和振兴规划》中也提出："推动纯电动汽车、充电式混合动力汽车及其关键零部件的产业化。"而这些新能源汽车关键零部件的技术实现，更加依赖汽车电子技术的发展，底盘和车身电控技术是制约新能源汽车发展的关键技术。同时汽车电子技术也是支撑现代汽车信息服务业发展的重要基础产业，因此提高控制类汽车电子产品的开发能力是企业提高竞争力和应对市场变化的自身需要。

一、做好汽车电子产品的技术创新

经过多年的技术攻关和引进产品的应用实践，从机械部件生产（如制动器等）或低端电器产品（如喇叭、音响系统、仪表等）生产发展起来的本土汽车电子生产企业的技术能力有所提高。特别是近五年来，不少企业认为中国自主研发汽车电控系统的时机已经成熟，所需人才、技术、研发手段等条件已初步具备，并纷纷加大了对自主研发的投入，中国汽车电子产业已经到了由引进为主加速转向自主创新为主的时候。但是也应该看到，中国汽车电子技术和产业起步较晚，本土汽车电子企业发展面临着很多问题，如整车厂与协作厂之间没有建立实质性的战略合作关系；产业链个别环节能力缺失对产业健康发展造成制约；跨国汽车电子企业的垄断问题已经不可回避；缺少能够引领汽车电子领域发展方向的龙头企业；国家和行业标准以及跨国汽车电子企业标准壁垒难以打破，汽车电子企业实现自主创新还将面临巨大的挑战。

在这种情况下，辽宁省要摆脱现状，必须建立和发展具有自主知识产权的汽车电子控制系统和车载汽车电子装置等汽车电子产业。辽宁省有东大阿尔派等著名汽车电子生产企业，汽车电子产业基础较好，需要通过联合相关部门，组织有关企事业单位，依托现有的电子信息技术基础攻克核心的技术，进行拥有自主知识产权的研发，坚持以市场需求为导向，政府规范性地引导，由汽车主体部门实施，支持汽车电子企业走自主开发之路。在汽车电子产业发展上，辽宁省要做出赶超世界先进产品水平的规划，组织各有关产、学、研单位既要选好定位和方向，又要支持国家行业宏观规划的实施。

在汽车电子开发上，要积极开拓汽车办公电子、汽车学习培训电子、汽车娱乐休闲电子、汽车交通安全电子等，满足消费者对汽车智能化、信息化、网络化的要求。汽车电子新产品开发一定要跟踪国际技术趋势，力争尽早进入跨国汽车公司零部件采购链。在技术创新上，辽宁省要重点放在控制类汽车电子产品创新上，要采取引进消化创新和自主开发相结合的道路，跟着外国企业技术跑或完全自主开发走极端都是不可取的，要处理好消化吸收与自主创新的关系，要坚持以自主研发为主，引进为辅的原则。因为汽车电子技术更新换代快，用市场换技术永远落在别人后面，永远得不到核心的关键技术，因此要在坚持自主创新战略的前提下完善创新模式，选择正确的发展路径和创新方式，强化消化、吸收、再创新；要坚持从模仿到创新的路径，在模仿的基础上努力实现从复制性模仿到创造性模仿的飞跃；要实现从渐进性创新到突破性创新、从局部创新到整体创新的突破。辽宁省汽车制造企业要更好地利用外资企业的技术溢出效应，吸收掌握先进技术，提高自主创新能力。

二、规范汽车电子行业标准管理

技术标准是汽车电子的发展核心。在 ISO/IEC、SAE、JASO 等著名的标准化组织中，汽车电子标准是非常活跃的一个领域，而国内在汽车电子标准化工作上，相对来说还非常滞后。

辽宁汽车电子生产企业要想为国内外大型汽车集团提供电子产品，必须实行汽车电子标准战略工程，成立专门的组织机构，负责辽宁汽车电子产品的研发、生产和营销，使辽宁汽车电子产品形成技术水平先进、功能齐全、配套好的技术体系。首先，辽宁汽车电子生产企业要跟踪研究并掌握国外先进标准化信息，进入国际汽车厂家配套体系，取得进驻厂的国际质量认证体系，建立符合国际标准的产品质量认证体系，建立适应国际、国内市场需要的销售网络系统和与国际接轨的服务体系，只有这样才能融入到国际汽车生产体系之中。其次，做好企业信息化管理，建立全球分销网络管理系统，做好 ERP 及 B2B 的电子商务，形成全球资源一体化。最后，加强汽车相关法规、技术标准的研究和制定。尤其应当重视新能源汽车法规和技术标准的研究及制定，因为这将带来车用能源供应模式、汽车产业商业模式和汽车使用模式的变革。辽宁省要抓住共性关键问题，采取先进技术平台，建立高起点的技术标准，以客户需求为宗旨，实施集成化、个性化、模块化设计，重视专利和名牌产品工作，实现跨越式发展。

三、抓好汽车电子行业人才队伍建设

汽车电子控制系统因涉及汽车和电子两大专业，辽宁省内缺乏人才，也缺乏技术和经验积累，因此汽车电子行业人才队伍建设是提高辽宁汽车电子行业技术水平的有力保证。首先，要培养大量的汽车电子行业人才。辽宁省要从高等教育改革和工程师继续教育体系建立两方面入手，提高人才培养水平。要利用高校多的优势，大力培养汽车电子行业人才、高级工程技术人才、高级技术工人，尤其是要培养一批高质量的国际型汽车电子行业人才，积极开拓国际市场。从国外引进汽车电子行业人才，增强自主开发能力，比引进技术更有效。为汽车电子行业培养的人才队伍要懂市场、懂技术、懂国际规则、懂外语，要搞好产、学、研合作。其次，产、学、研合作是辽宁汽车电子产业提升创新能力的有效途径之一。在中国汽车市场国际化竞争程度较高、控制类汽车电子企业创新基础条件较薄弱的背景下，通过产、学、研之间的联合创新，针对控制类汽车电子产业发展的共性技术和关键技术，有效整合和利用产、学、研三方面的优势，搭建起控制类汽车电子技术研究平台，进行联合攻关，节约研发成本，缩短研发周期。汽车电子产、学、研之间的联合创新要坚持以需求为引导，避免技术刚一研发出来就已经或很快过时，或被产业抛弃。最后，建立学习型企业组织。辽宁省汽车电子行业企业文化薄弱，要加强企业文化建设，建立企业核心价值观，以此吸引和留住人才。同时在知识经济时代，技术、管理等新知识、新成果不断涌现，企业员工必须不断学习新能源汽车以及汽车电子行业方面的相关知识，做到用高新技术武装员工、武装产品、武装市场。

四、实施汽车电子合作工程

辽宁省汽车科研创新能力并不是很强，因此要坚持"引进来"与"走出去"相结合的原则，充分利用国内外两个资源、两个市场，开展广泛的国际交流与合作。由于车载汽车电子装置产品和汽车性能无关，可独立开发，具有开发能力的国内企业很多，技术水平与国外相比差距不大。除高端电子控制系统外，倒车雷达、车窗、座椅控制这类汽车电子以及汽车售后服务市场中为旧车加装的电子设备等，国内制造成本都很低，因此可以采取"引进来"的战略，直接为整车制造企业进行配套或在售后服务市场中使用。真正的汽车电子是指那些关乎汽车性能、安全、环保节能的电子控制装置，如发动机、中央底盘、刹车控制管理系统及安全气囊等，这些代表当代主流新技术的电子控制技术是制约辽宁汽车产业技术升级的"瓶颈"，辽宁省要在动力传动控制系统、底盘电子控制系统和车载电子装备系统的技术方面尽快掌握开发的核心技术。首先，最好的办法，电子企业与汽车企业合作，结成战略合作伙伴，同时利用高校和科研单位已经取得的成果，协同作战，完成控制类汽车电子产品的开发和应用，利益共享。其次，电子企业可配合整车制造企业新车型的开发，利用其已有的生产和试验设备进行新产品试制，这样既可以省去购置试验设备所需的大量资金，又可以培养和锻炼整车制造企业的技术队伍，增强企业自主开发能力。最后，汽车电子产业的发展与核心竞争力的提高，有赖于上游半导体产品和集成模块的研究开发，因此，辽宁省要加强汽车电子企业与相关半导体企业的合作，建立企业自主开发平台，进行车用半导体器件，特别是核心器件的设计开发，以实现产品的国产化，提高产品技术竞争力。

五、加大对汽车电子产业自主发展的政策支持力度

未来汽车电子技术将面临着国内外汽车需求增长、汽车电子业快速发展、国家政策和车厂重视三大新机遇，同时也面临着国外厂商参与竞争、零部件采购全球化趋势等新挑战。辽宁汽车企业可以在电子产业比较发达的基础上，把汽车新技术革命的核心和关键——汽车电子，作为做强汽车工业的切入点和提升点。要加强政府政策引导与宣传工作，积极通过出台支持专项实施的相关政策，为技术研发产业化提供政策保证。首先，强化自主创新激励政策和政府对自主品牌汽车的采购政策，这是政策支持的首位目标和重点。对于自主研发的控制类汽车电子产品，要鼓励在全省范围内大量使用，特别是鼓励自主品牌汽车产品采用自主开发的汽车电子产品，可以在拥有自主知识产权的载货车、客车、中低档轿车中率先使用自主研发的控制类汽车

电子产品。其次，继续优化国家财税政策，鼓励发展新技术和新产品，引导更多的企业进入汽车电子领域。例如，采用减免一定比例的所得税、减免消费税、抵扣部分增值税、出口退税及专项基金补贴等方式，鼓励汽车电子技术和产品的应用，尤其是对控制类汽车电子产品的开发、生产与应用，以推动具有自主知识产权的汽车电子技术产品的应用和产业发展。

第六节　加快汽车产业信息化步伐

　　国际汽车市场竞争实质上是现代科技的较量，是技术创新的竞争。当今世界各大汽车公司已经把主攻方向从实施精益生产、提高规模效益，转向微电子技术和信息技术等高新技术，对汽车工业的开发、生产、销售、服务和回收的全过程进行提升，围绕安全、环保、节能等重点领域占领技术制高点。目前，汽车及零部件工业正在实现全过程的信息化和高新技术化，汽车电子技术已经广泛地应用于汽车发动机控制、汽车底盘控制、车身控制、故障诊断以及音响、视频、通信、娱乐、导航等领域，大大提高了汽车的安全性能、排放性能、经济性能和舒适性能，使汽车更加智能化。目前世界各大汽车公司都在积极推进信息技术，实现信息化，但美国、欧洲和日本的汽车公司在汽车信息技术的侧重上各有特点。美国汽车公司信息化解决方案推崇的是竞争与开放式的理念，致力于解决采购业务的繁杂和供应链中的浪费，以减少制造成本和交易成本。源自美国三大汽车公司的"全球化采购系统"（covisint）将多种企业文化融合在一起，为采购商和供应商的关系找到平衡，使之具有技术和商业潜力。日本汽车企业信息化强调的是消除生产全过程中各非增值环节带来的浪费，信息管理系统吸收日本先进的管理思想和方法已成为日本汽车企业信息化建设的优势，现广泛应用于 MRP（制造资源计划）和 ERP（企业资源计划）等管理软件中，对汽车生产企业的管理产生了重要的影响。扎根于欧洲汽车公司的模块化信息技术和供货方式，为解决欧洲市场消费层次的多元化和汽车产品的特性化提供了一条途径。例如，戴姆勒－克莱斯勒集团在其生产的 Smart 轿车中引入模块化技术，系统商被要求在设计初期即对车型的开发提供意见，提交模块化配套的规划。在生产过程中，生产线的备件基本是"零储备"，供应商必须与生产节拍相一致，无论是一批同规格的制件还是同品种不同规格的制件，均要求在指定的时间内进入装配线。在企业间实现模块化供货的一个重要支撑条件就是企业内部实现信息化管理，①汽车电子化被认为是汽车技术发展进程中的一次革命，汽车电子化的程度被看做是衡量现代化汽车水平的重要标志，是用来开发新车型、改进性能最重要的技术措施。

相对于美国、德国、日本和法国等汽车发达国家，我国汽车行业规模小、资本少、技术差、成本高、基础弱、效率低，特别是在产品研发、产品制造和企业管理水平方面，存在着明显的差距。同时，国内汽车市场近年来已逐步呈现出局部市场供大于求的趋势，竞争进一步加剧。整个汽车产业面临着空前的降低成本、缩短交货期、提高产品质量、提升创新能力、改善服务水平的压力。面对市场需求放缓，中国汽车企业多数采取了降价促销的手段，中国汽车产业产品销售收入增长的同时，利润却在下降。同时由于在整体自主创新能力以及核心技术掌握方面，与美国、日本等汽车强国差距较大，中国在世界汽车产业格局中只赚取了微薄的利润。日益被削薄利润的中国汽车工业危机四伏，如何摆脱价值链低端的禁锢，信息化无疑成为中国汽车产业转型的重要手段之一。目前，我国大型汽车整车制造企业和零部件企业均不同程度地应用了产品研发和企业管理领域中的信息技术，信息化建设已经给这些企业带来了明显的效益。但是，总体上我国汽车行业的信息化普及程度还比较低，大多数汽车零部件企业还处于信息化建设的初级阶段。其中整车制造企业内部的信息化水平最高，而零部件供应商信息化平均水平相对较低，汽车经销服务商的信息化水平最弱。更重要的是存在着新老系统整合，重复投资，IT 和业务协同不足，缺乏弹性，不能很好地支持业务，很容易受到国家竞争环境变化的冲击。即使有些企业的信息化程度相对较高，但其本身的商业模式不成熟甚至存在缺陷，因此无法应对国际竞争的需要。总之，中国汽车企业要在全球化背景下做大做强，必须在信息化方面追赶上欧美等发达国家。

---

① 杜威. 国外汽车企业信息化发展综述 [J]. 汽车科技，2003（2）：4–5.

由于世界市场对汽车的安全、环保、节能性能的要求不断提高，各国政府法规标准日益严格，消费者对产品个性化、多样化的需求日益增强，这对汽车整车制造企业和零部件供应商的信息化进程和标准提出了更高的要求。汽车整车制造企业和零部件供应商的信息化进程就是汽车电子技术向集中综合控制、智能化、信息化方向发展，整车中电子化零部件的比重越来越高，作用越来越大。汽车产业信息化就是把信息技术应用于汽车生产、技术、经营管理等领域，不断提高信息资源开发效率，获取信息经济效益的过程。目前，各国汽车零部件供应商纷纷把航空、航天、电子等领域的新技术应用于汽车零部件和集成上，安全技术、电子技术、节能技术和环保技术已在汽车上得到广泛应用。国外汽车厂商正是借助于信息技术和互联网技术，把先进的企业管理模式和管理理念融合在信息系统和网络技术中，对汽车企业的组织、生产方式和经营模式进行质的变革而保持强大的国际竞争力。在20世纪80年代，我国许多大型汽车企业引入了大中型计算机，开始了信息化建设，整体信息化水平已经达到了较高水平，一汽大众、上海大众、上海通用、长安汽车等都基本实现了先进的信息化制造。但是，辽宁汽车工业信息化建设水平相比国外还处于较低的水平，在国内也只处于中游水平，还存在着产品创新、管理创新和汽车电子发展滞后的三大"数字鸿沟"，很多汽车电子部件中的核心部件大多依靠进口，汽车生产、研发的信息化管理手段落后。因此，借鉴国外汽车企业信息化的成功经验，利用本土优势，积极探索辽宁汽车工业信息化发展模式，实现业务流程再造，是辽宁汽车工业追赶世界汽车工业的捷径。

一、以现代信息技术变革汽车工业的研发模式

汽车行业信息化建设的重点之一就是提高企业的技术开发能力。事实上，从计算机辅助设计（CAD）和辅助工程技术（CAE）到虚拟现实技术（Virtual Reality），信息技术已经在汽车行业的技术开发中得到了充分的应用。正是在信息技术的推动下，汽车工业由传统的机械技术体系向高新技术集成转变。信息技术缩短了汽车的研发时间，提高了企业的核心竞争力。随着互联网的兴起，跨国汽车公司又开始着手把分布在全球的开发部门和技术伙伴通过互联网联结在一起，从而大大缩短了汽车开发所需要的时间。同

时，汽车开发的流程也将更多地运用互联网技术，从互联网上收集用户的需求信息并对这些信息进行数据挖掘，到整车和零部件企业在互联网上不间断地进行开发，再到开发的 3D 原型在互联网上接收最终用户的评价，所有的一切都将使得汽车技术开发能够在更短的时间里拿出更加符合用户需求的设计产品。

目前，一些有优势的汽车制造厂商和产品开发公司都把虚拟产品开发（VPD）作为企业总体经营战略，努力发挥它的最大潜力。如美国的克莱斯勒和福特汽车公司、德国的大众汽车公司以及日本的丰田汽车公司都在积极采用 VPD 技术。辽宁汽车企业的研发与市场信息脱节，较少采用 VPD 技术。福特公司的发展规划中希望用一个产品数据管理系统（PDM）把计算机辅助设计（CAD）、计算机辅助工程分析（CAE）、计算机辅助制造（CAM）集成起来，融汇到一个遍布全球的功用数据系统之中，即 C3P（CAD/CAM/CAE/PDM）。这样的思路同样适合于辽宁的汽车制造企业以及国内其他地区的汽车制造业。今后，小排量和新能源汽车的设计研发将加大整车厂和汽配企业对于研发和先进制造的投入，数字化制造、数字工厂、柔性制造等项目的上马将带来以 PLM 和 MES 为主的应用软件和服务的需求。

二、以信息系统的应用改变汽车工业的生产模式

随着全球对气候问题关注程度的不断提高，低碳经济有可能成为今后汽车工业生产的重要发展模式。西方发达国家高度重视温室气体排放、汽车节能减排等工作，提出了更为严格的燃油消耗限值要求和生产标准，进一步刺激零部件电子化和新能源汽车的研发。汽车零部件电子化是汽车工业信息化的基础。汽车电子化程度逐步提高，为零部件工业不断创新、提升产业水平创造了机遇。现代汽车产品平均每辆车上电子装备已占整车成本的 20%~30%，微处理器数量已达数十个。电子技术已被广泛应用于汽车发动机控制、底盘控制、排放控制及故障诊断等方面，显著提高了车辆的动力性、经济性和安全性。

目前，北美和欧洲的汽车公司需要 30~70 天才能按照订单将车辆送到客户手中，未来汽车业的目标是把这个过程缩短到 10~15 天乃至更短。汽车生产的组织由以企业为中心向以消费者为中心转变，汽车产品的生产模式从规

模生产转变为个性定制是世界汽车工业发展的趋势，而这些发展必须建立在汽车工业信息化基础之上。只有在信息技术的推动下，在汽车企业研发能力和制造技术的提高以及开辟网络分销渠道的基础上，实现个性化定制和订单生产才能成为可能。

为实现订单生产，国外汽车企业信息化建设的范畴不再仅限于单个企业的内部系统，而是扩展到与不同产业背景的业务伙伴共同建立有利于整个价值链信息流畅通的全行业系统。包括最初的客户定制和经销商接单、企业的生产调度、零部件公司的配件供应到物流公司的衔接运输，所有这一切都需要有庞大的信息系统来实现和确保信息流在价值链中畅通无阻。

三、以现代化信息技术带动汽车工业的管理创新

汽车制造业的发展经历过许多阶段，管理方式方法也在不断地创新。随着互联的迅速发展，世界上与汽车相关的技术、产品、质量、资金全部实现了网络运营，企业的经营重心也从资本运作转向信息化运作，通过信息化运作为企业带来直接的经济效应。信息技术与企业管理的发展与融合，使企业竞争战略管理不断创新，企业竞争力不断提高。汽车行业专有的技术、复杂的业务流程、庞杂的分销网络给各企业信息管理和信息协调带来难度。网络管理系统和信息系统共建、共享、共赢的思想使国外汽车企业满足了那些拥有多品种的跨国公司的经营需求。企业良好的信息协调能力为信息交换提供便利，增强了市场应变能力，增加了客户满意度，降低了经营成本。制造资源计划（MRP）、企业资源计划（ERP）、供应链管理（SCM）、客户关系管理（CRM）、企业信息门户（EIP）等概念的提出，可以清楚地看到汽车信息化不仅作用于汽车企业供应、生产、销售，也作用于企业文化、企业管理等所有领域。网络技术所导致的现代管理的发展，产生了企业在信息与资源协调能力上的基础竞争差距。企业的信息协调能力，从 MRP 到 MRP Ⅱ，再到 ERP，然后扩展到企业内外，产生了 SCM 和 CRM。在信息全面掌握的基础上，形成高层管理技术。例如，福特和通用汽车公司，分别与 Yahoo! 和美国在线合作，Yahoo! 和美国在线负责为福特和通用提供在线服务，包括在线维护、买卖和统计信息。国外汽车厂商还利用互联网，将业务向金融、保险、租赁、维修等相关领域延伸。丰田公司加紧通过网络向服务产业渗透，

它不仅拥有自己的网络销售公司，同时还拥有自己的保险公司、信用公司和证券公司。丰田公司希望利用其下属的保险、信用以及网络销售公司所提供的信息，建立强大的顾客信息库，汽车企业就更能够及时地掌握顾客的购物信息。

以信息技术加快企业的业务流程重组，改变传统的管理模式与组织形式，使原有的塔式结构转变为精良、敏捷、具有创新精神的扁平化动态网络结构，取代企业大部分中层管理部门的职能，增强企业内部沟通与交流，实现机构精简和效率提高。库存管理中加大柔性制造技术的应用，灵活调度企业现有资源，减少库存量，提高资源的使用效益。大力发展电子商务，缩短企业与消费者的距离，提高企业获取新技术、新工艺、新产品、新思路的能力，有利于企业对市场的变化做出快速、准确的反应，不断向市场提供差别化的产品和服务。由于汽车制造内外部供应链复杂，不仅需要企业自身理顺研发与管理，还需要零部件制造商和整车生产商、原材料供应商、物流提供商、代理商、销售商之间进行高度协同。因此，汽车企业不但要在企业内部加速实施信息化，而且要重点解决上下游企业间的协同问题，实现产业链上的信息化管理。

四、建立和推广汽车零部件信息网建设

要加快建立全省汽车零部件产业信息网，包括省内主要零部件供应商目录、零部件产品目录、整车配套产品需求等，为整车制造企业采购和零部件企业配套搭建信息网络平台。要对辽宁省的汽车零部件制造企业实行 CIMS 信息应用工程和产品开发信息系统，一是将企业的市场需求、产品开发、生产计划、物资采购、生产制造、财务管理、人员管理等相关的物流、资金流、信息流等信息，建成高效的信息运行系统，用于支持企业的科学管理、决策、降低成本和提高效率；二是将产品市场信息、使用信息、原材料信息等，实时提供给设计人员，以支持方便快捷地开发出市场需求的新产品，并降低开发成本。要以企业体制创新、管理创新和技术创新为动力，以高科技汽车产品设计制造一体化系统以及信息资源集成化管理系统为重点，以信息网络建设为基础，以建立信息深度应用、信息资源共享为目的，逐步用现代先进的管理理念、先进的管理架构和先进的管理手段改造企业，全方位推进

科研、生产、经营和管理的数字化、网络化。通过技术、人才、科研资源的整合，促进汽车电子产业发展所需要的基础研发、信息交流、产品测试认证、成果孵化等服务平台的建设，形成支持汽车产业发展的公共服务体系。①

① 张泉. 安徽汽车零部件产业发展战略研究 [D]. 合肥：合肥工业大学硕士学位论文，2009：35-36.

第七章 结论与展望

第一节 主要研究结论

一、研究结论

本书的研究结论大致可以归为以下四点：

1. 对汽车产业集群竞争力理论的完善

本书在阅读大量参考文献的基础上，归纳出产业集群的三种形成机制，即市场创造型、政府引导型和混合型三种形成机制；完善了汽车产业集群竞争力理论；在论述产业竞争力理论基础中，创新性地把比较优势分为传统比较优势理论和比较优势演化理论；创新地按照比较主体、比较客体和比较条件来研究了产业竞争力的层次。

2. 对辽宁汽车产业集群竞争力的客观认识

在阐述辽宁汽车产业集群的发展概况、特征以及存在问题的基础上，运用 SWOT 分析法分析了辽宁汽车产业发展中的优势、劣势、机遇和挑战，并从区域集群和省份两个角度对辽宁汽车产业集群的国内竞争力进行了分析，得出辽宁汽车产业竞争力在国内六大汽车产业集群中竞争力最弱，而与国内其他省份比较时，经营规模和获利能力具有一定优势，但经营效益较差。

3. 辽宁汽车产业集群保障体系的构建

任何汽车产业集群的形成和发展，都必须具有一定的保障体系。本书通过分析得出促进辽宁汽车产业集群竞争力提高的保障体系，主要有市场服务体系建设、技术创新体系建设、完善政府支持体系、建立高科技产业园区和宏观环境建设五个方面，为辽宁省通过政府的宏观调控提升汽车产业集群竞争力提供了理论指导。

4. 提出提升辽宁汽车产业集群竞争力的对策建议

结合辽宁汽车产业集群发展的实际，本书提出了提升辽宁汽车产业集群竞争力的对策建议，主要是加快汽车产业兼并重组步伐；多渠道支持关键零部件技术创新；加大新能源汽车研发和商业化支持力度；鼓励出口和海外并购，提高汽车产业国际贸易地位；以汽车电子产业自主化为突破口，提高汽车产业自主创新能力；加快汽车产业信息化步伐。

二、研究中的不足

本书研究虽然取得了一定的成果，基本达到了事前预期的结果，但是仍然存在着一些不足。

1. 研究过程中以数理模型为基础的定量研究不足

本书在理论研究过程中，更多地借助定性分析来阐释理论和思想，在运用数理模型分析方面存在着欠缺，这是本书的重大不足。出现这种情况的主要原因：一是有关汽车产业集群发展的相关数据资料少，而且本人查阅的可用于汽车产业集群数理模型的数据资料少，可用于汽车产业集群竞争力量化模型的数据更少；二是本人计量经济分析方法与建模的功底较差，驾驭数理模型的能力较低。

2. 研究结论缺乏独到的创新性

本书在研究汽车产业集群竞争力保障体系以及提升辽宁汽车产业集群竞争力的对策时，有很多保障措施和提升对策虽然有一定的创新性，但缺乏原创性，很多保障措施和提升对策都是中国汽车产业发展中所运用的，而且本书的很多地方也存在着与辽宁汽车产业集群联系不紧密的现象。导致出现上述问题的主要原因在于本人对汽车产业集群竞争力知识的缺乏以及调查的工作量太大和取得典型企业资料较困难，结果导致了对企业指导的针对性不强和实证研究有些欠缺。

第二节　研究展望

本书由于受到主客观条件的限制，在很多方面还存在着一定的不足，需要今后通过更广泛、更深入的研究来加以完善。这里就本书今后可能进行的深入研究提出一些初步的看法。

1. 对产业集群竞争力定量研究有待深入

要想更加深入地研究汽车产业集群竞争力，探讨集群竞争力提升的对策，必须搞好定量模型研究，探讨与辽宁汽车产业集群相匹配的竞争力提升策略。这是本人在今后的研究工作中必须加强学习的方面，以努力提高自身的建模技能。

2. 完善辽宁汽车产业集群竞争力保障体系研究

产业集群是一个介于企业和市场之间的组织形式，由于集群是由多个单个企业组成的，应该进一步从微观研究的角度入手，研究影响企业层面竞争力成长的因素，这样才能为研究汽车产业集群竞争力保障体系提供更为完善的研究角度。

附　录

附表 1　2000~2009 年中国汽车产量占世界汽车产量的比重

年　份	中国产量（万辆）	世界产量（万辆）	中国占世界比重（%）
2000	207	5759	3.6
2001	234	5577	4.2
2002	325	5878	5.5
2003	444	6058	7.3
2004	507	6450	7.9
2005	571	6655	8.6
2006	728	6922	10.5
2007	888	7327	12.1
2008	935	7053	13.3
2009	1379	6099	22.6

数据来源：2000~2008 年数据来自于相应年份的《中国汽车工业年鉴》，2009 年世界汽车产量数据来自于世界汽车制造商协会。

附表 2　2000~2009 年辽宁省汽车产量

	2000 年	2001 年	2002 年	2003 年	2004 年	2005 年	2006 年	2007 年	2008 年	2009 年
产量（辆）	82243	78989	90106	130005	142825	150488	290085	377145	340778	508452
与上年比（%）	—	96.04	114.07	144.28	109.86	105.37	192.76	130.01	90.36	149.20

数据来源：《辽宁统计年鉴（2010)》和《辽宁统计年鉴（2007)》。

参 考 文 献

[1] 胡安生，冯夏勇. 中国汽车产业集群发展雏形及评价（上）[J]. 上海汽车，2005（1）：2-4.

[2] 唐晓华等. 产业集群：辽宁经济增长的路径选择 [M]. 北京：经济管理出版社，2006：252-255.

[3] 邱华祯. 福建汽车产业集群发展研究 [D]. 福州：福建师范大学硕士学位论文，2007：12.

[4] [英] 阿弗里德·马歇尔. 经济学原理（上册）[M]. 廉运杰译. 北京：华夏出版社，2005：324-331.

[5] [德] 阿尔弗雷德·韦伯. 工业区位论（中译本）[M]. 李刚剑，陈志人，张英保译. 北京：商务印书馆，1997：117-120.

[6] [美] 迈克尔·波特. 国家竞争优势 [M]. 李明轩，邱如美译. 北京：中信出版社，2007：70-116.

[7] 杨旭. 中国汽车产业国际竞争力及贸易战略研究 [D]. 北京：首都经济贸易大学硕士学位论文，2007：3.

[8] Luehrman, Timothy A. Exchange Rate Changes and the Distribution of Industry Value [J]. Journal of International Business Studies, 1991.

[9] Geoffrey S. Kirkman, Carlos A. Osorio and Jeffrey D. Sachs. The Networked Readiness Index: Measuring the Preparedness of Nations for the Networked World. Center for International Development（CID）at Harvard University, 2002.

[10] Sumila Gulyani. Effects of Poor Transportation on Lean Production and Industrial Clustering: Evidence from the Indian Auto Industry [J]. World Development, 2001, 29（7）: 1157-1177.

[11] O. Granster, et al. External technology acquisition in large multi-technology corporations [C]. R&D Management, 1992, 22 (2):118.

[12] Drejer. The discipline of management of technology, based on considerations related to technology [C]. Technovation, 1997, 17 (5): 253-265.

[13] 周红梅, 何苇杭, 魏双盈. 产业集群与汽车工业的区域竞争优势 [J]. 武汉理工大学学报 (社会科学版), 2004 (10): 614-617.

[14] 黄水灵. 产业集群与我国汽车产业 [J]. 北京汽车, 2004 (3): 29-32.

[15] 李元. 产业国际竞争力的模糊综合评判模型探析 [J]. 工业技术经济, 2002, 124 (6): 80-81.

[16] 朱小娟. 产业竞争力研究的理论、方法和应用 [D]. 北京: 首都经济贸易大学博士学位论文, 2004: 112-208.

[17] 张丽莉. 丰田汽车产业集群的发展及启示 [J]. 汽车工业研究, 2005 (3): 2-7.

[18] 王彦森. 中国汽车产业集群化发展的可行性研究 [J]. 上海汽车, 2004 (7): 6-7.

[19] 陈伟, 刘秋, 刘冬. 我国汽车产业国际竞争力分析与研究 [J]. 商业研究, 2005, 321 (13): 92-94.

[20] 王宁, 黄立平, 袁胜军. 基于价值链的汽车产业供应链协同管理分析 [J]. 工业工程, 2006, 9 (6): 28-34.

[21] 杨莹, 张莉. 汽车产业自主知识产权与自主品牌 [J]. 科学学与科学技术管理, 2007 (2): 175-176.

[22] 颜炳祥, 王立新. 全球化背景下的我国汽车产业集群竞争力研究 [J]. 科技进步与对策, 2007, 24 (9): 170.

[23] 朱杰, 李溥. 我国汽车产业集群创新平台的构建 [J]. 科技进步与对策, 2008, 25 (8): 89-92.

[24] 邓恢华, 杨建梅. 从集群品牌视角探讨广州汽车产业集群竞争力的提升 [J]. 南方经济, 2005 (9): 59-61.

[25] 吴璇. 广州汽车产业集群发展的影响因素分析 [D]. 广州: 广东外语外贸大学硕士学位论文, 2009: 10-44.

[26] 侯春峰. 国际汽车产业集群的发展模式与广州汽车产业集群模式选

择 [D]. 广州：暨南大学硕士学位论文，2005：33-62.

[27] 雷鹏. 谈北京汽车产业集群的发展 [J]. 兰州学刊，2005（2）：95-97.

[28] 贾凯军. 安徽汽车零部件产业发展的 SWOT 分析 [J]. 合肥工业大学学报（社会科学版），2008，22（2）：28-31.

[29] 何玉芹. 湖北汽车产业集群的效应研究 [D]. 武汉：武汉理工大学硕士学位论文，2009：20-59.

[30] 周敏. 湖南汽车工业技术创新模式分析 [J]. 湖南商学院学报，2009，16（2）：54-58.

[31] 佟岩. 产业集群竞争力的实证分析——以沈阳市汽车产业集群为例 [J]. 辽宁大学学报（哲学社会科学版），2007，35（3）：6-11.

[32] 王翰钊，题正义，张子瑛. 产业集群竞争力分析——以辽宁汽车产业集群为例 [J]. 科技与产业，2008（12）：4-6.

[33] [英] 亚当·斯密. 国民财富的性质和原因的研究（中译本，上卷）[M]. 郭大力，王亚南译. 北京：商务印书馆，2003：280.

[34] [英] 马歇尔. 经济学原理（中译本，上卷）[M]. 朱志泰译. 北京：商务印书馆，2005：28.

[35] 冯德连，王蕾. 国外企业群落理论的演变与启示 [J]. 财贸研究，2000（5）：1-5.

[36] [美] 奥利弗·E. 威廉姆森. 市场与等级制（中译本）[M]. 北京：商务印书馆，2003：82.

[37] [美] 迈克尔·波特. 竞争论 [M]. 高登第，李明轩译. 北京：中信出版社，2003：210.

[38] 曾忠禄. 产业集群与区域经济发展 [J]. 南开经济研究，1997（1）：69-73.

[39] 徐康宁. 开放经济条件下的产业集群及其竞争力 [J]. 中国工业经济，2001（11）：22-27.

[40] 符正平. 论企业集群的产生条件与形成机制 [J]. 中国工业经济，2002，175（10）：20-26.

[41] 刘友金，黄鲁成. 产业集群的区域创新优势与我国高新区的发展

[J]. 中国工业经济，2001（1）：33-37.

[42] 沈玉芳，张超. 加入 WTO 后我国地区产业调控机制和模式的转型研究 [J]. 世界地理经济，2002（1）：15-23.

[43] 仇保兴. 小企业集群研究 [M]. 上海：复旦大学出版社，1999：45.

[44] 慕继丰，冯宗宪，李国平. 基于企业网络的经济和区域发展理论 [J]. 外国经济与管理，2001（3）：26-29.

[45] 吴思华. 产业网络与产业经理机制之探讨 [C]. 台北：第一届产业管理研讨会，1992.

[46] 王春晓，和丕禅. 信任、契约与规制：集群内企业间信任机制动态变迁研究 [J]. 中国农业大学学报（社会科学版），2003，51（2）：32-33.

[47] 郑春颖，郭舒. 企业间信任机制变迁：一个集群的观点 [J]. 渤海大学学报（哲学社会科学版），2010（5）：12.

[48] 王缉慈. 地方产业群战略 [J]. 中国工业经济，2002（3）：18-25.

[49] 惠宁. 产业集群理论的形成及其发展 [J]. 山西师大学报（社会科学版），2005，32（6）：40-43.

[50] 安虎森，朱妍. 产业集群理论及其进展 [J]. 南开经济研究，2003（3）：33.

[51] 曹彩杰，臧良运. 产业集群理论及其效应研究 [J]. 商业经济，2005，267（6）：100.

[52] 饶宝红，徐维祥，陆央央等. 产业集群与城市化发展的实证研究——以浙江义乌、江苏昆山为例 [J]. 经济问题探索，2006（9）：149.

[53] Krugman, P. Increasing returns and economic geography [J]. Journal of Political Economics, 1991, 99（3）：483-499.

[54] Martin, Sunley. Paul Krugman's geographical economics and its implications for regional development theory [J]. Economic Geography, 1996：3.

[55] 梁琦. 产业集聚论 [M]. 北京：商务印书馆，2006：64.

[56] 段世德，寿厉冰. 漂移与叠加——增长极的两种成长模式及启示 [G]. 城市经济、区域经济（复印报刊资料）. 中国人民大学书报资料中心，2008（9）：3.

[57] 闵越. 装备制造业结构升级与产业聚集互动机制研究 [D]. 大连：

大连理工大学硕士学位论文，2005：11.

[58] 魏后凯. 对产业集群和竞争力关系的考察 [J]. 经济管理，2003 (6)：3-8.

[59] 金碚. 中国工业国际竞争力——理论、方法和实证研究 [M]. 北京：经济管理出版社，1997.

[60] 张金昌. 国际竞争力评价的理论和方法 [M]. 北京：经济科学出版社，2002.

[61] 陈柳钦. 产业集群与产业竞争力 [J]. 中国海洋大学学报（社会科学版），2005（2）：47-48.

[62] 陶良虎，张道金. 论产业竞争力理论体系 [J]. 湖北行政学院学报，2006（4）：54.

[63] 唐志红. 区域层次上的产业竞争力分析 [J]. 财经科学，2003（6）：107-111.

[64] [美] 曼昆. 经济学原理微观经济学分册（第4版）[M]. 梁小民译. 北京：北京大学出版社，2006：52.

[65] [美] 保罗·萨缪尔森，威廉·诺德豪斯. 经济学（第十七版）[M]. 萧琛主译. 北京：人民邮电出版社，2004：241.

[66] Alan V. Deardorff. Benefits and Costs of Following Comparative Advantage [A]. Discussion Paper No. 423. Research Seminar of International Economics [R]. Ann Arbor，USA：School of Public Policy，The University of Michigan，1998.

[67] 梁小民. 西方经济学 [M]、北京:中央广播电视大学出版社，2002：400-402.

[68] Steven M. Suranovic. The Theory of Comparative Advantage-Ovrview [EB/OL]. http://internationalecon.com/v1.0/ch40/ 40c000.htm1，1997-11-19.

[69] Steven M. Suranovic. The Heckscher-Ohlin（Factor Proportions）Model [EB/OL] http://internationalecon.com/v1.0/ch60/60c010.html，1998-07-08.

[70] 王元颖. 从斯密到杨小凯：内生比较优势理论起源与发展 [J]. 技术经济，2005，206（2）：37.

[71] Morrow P. M. East is East and West:a Ricardian –Heckscher –Ohlin model of comparative advantage [R]. Working Paper, University of Toronto, 2007.

[72] Leamer E. E. The Leontief paradox reconsidered [J]. Journal of Political Economy, 1980 (88): 495-503.

[73] 王瑞祥，穆荣平. 三种优势理论及政府在产业发展中的作用 [J]. 研究与发展管理，2003 (4): 66.

[74] 林毅夫，李永军. 比较优势、竞争优势与发展中国家的经济发展 [J]. 管理世界，2003 (7): 22-27.

[75] 李曼. 比较优势理论与竞争优势理论关系探究 [J]. 国际商务研究，2008 (6): 20.

[76] 缪国书. 比较优势、竞争优势与中部崛起的路径依赖 [J]. 中南财经政法大学学报，2006，156 (3): 124.

[77] 张二震. 国际贸易分工理论演变与发展述评 [J]. 南京大学学报（哲学·人文科学·社会科学），2003，151 (1): 67.

[78] 汤萌，木明. 比较优势、竞争优势与区域经济发展战略选择 [J]. 理论前沿，2003 (17): 42-43.

[79] 魏后凯. 比较优势、竞争优势与区域发展战略 [J]. 福建论坛（人文社会科学版），2004 (9): 11.

[80] 刘小铁，欧阳康. 产业竞争力研究综述 [J]. 当代财经，2003，228 (11): 87.

[81] 秦琴，熊丽. 湖北汽车产业的区域集群效应研究 [J]. 商场现代化，2005 (8): 245.

[82] 张旭明，李辉，王亚玲. 我国汽车产业集群研究 [J]. 汽车工业研究，2007 (9): 11-16.

[83] 祖强，孙军. 跨国公司 FDI 对我国产业集聚和产业升级的影响 [J]. 世界经济与政治论坛，2005 (5): 29.

[84] 李小建. 经济地理学 [M]. 北京：高等教育出版社，1999: 86-100.

[85] Krugman, P. Trade and Geography [M]. Cambridge MA: MIT Press, 1991.

[86] 陈柳钦. 关于产业集群竞争力的主要理论述评 [EB/OL]. http://www.3722.cn/softdown/list.asp？id=254401.

[87] 袁阡佑. 东北产业集群研究——基于长三角产业集群的经验 [D]. 上海：复旦大学博士学位论文，2006：41.

[88] [英] 阿弗里德·马歇尔. 经济学原理 [M]. 廉运杰译. 北京：华夏出版社，2005：225.

[89] 袁中华. 企业集群形成与发展机制研究 [D]. 成都：西南财经大学硕士学位论文，2004：12-13.

[90] 裴长洪，王镭. 试论国际竞争力的理论概念与分析方法 [J]. 中国工业经济，1998，2002（4）：41-45.

[91] 叶丹丹. 产业集群与区域竞争力的关系研究 [J]. 厦门：厦门大学硕士学位论文，2008：21.

[92] 王福君. 东北经济区的产业结构演进与优化研究 [M]. 沈阳：辽宁大学出版社，2007：87.

[93] 佟岩. 汽车产业技术进步路径转换研究——以辽宁汽车产业为例 [M]. 北京：中国社会科学出版社，2008：173.

[94] 王福君. 区域比较优势与辽宁装备制造业升级研究 [M]. 北京：中国经济出版社，2010：149-151.

[95] 唐晓华，王伟光. 辽宁产业集群：现状、思路与对策 [N]. 辽宁日报，2008-5-26.

[96] 王勇. 中国汽车产业国际竞争力研究——基于贸易竞争力指数的分析 [D]. 南京：东南大学硕士学位论文，2006：29.

[97] 李鹏. 中国汽车产业国际竞争力研究 [J]. 现代管理科学，2010（11）：83.

[98] 欧阳峣，徐姝. 我国汽车产业国际竞争力现状与提升对策 [J]. 中南大学学报（社会科学版）. 2007，13（3）：17.

[99] 王今，黄永和，时间，吴松泉. 我国汽车产业国际竞争力评价研究 [J]. 汽车工业研究，2005（2）：20-22.

[100] 国务院发展研究中心产业经济研究部，中国汽车工程学会，大众汽车集团（中国）. 中国汽车产业发展报告 [M]. 北京：社会科学文献出版

社，2010：8-12.

[101] 王福君. 基于特殊分工基础上的产业内升级程度评价指标体系研究 [J]. 学术交流，2009（12）：167-168.

[102] 徐顽强，张雄. 城市中介组织管理 [M]. 北京：科学出版社，2009：4.

[103] 王伟，杜传进. 我国汽车保险中介组织发展状况分析 [J]. 武汉科技学院学报，2005（11）：148-150.

[104] 陈凤. 汽车后市场体系结构及其运行模式研究 [D]. 重庆：重庆大学硕士学位论文，2006：42.

[105] 张丹宁. 沈阳汽车产业网络 AARS 范式实证研究——基于复杂网络视角 [M]. 北京：中国社会科学出版社，2009：75.

[106] 吴勇. 解读《汽车金融公司管理办法》[J]. 汽车工业研究，2003（11）：25.

[107] 潘庐婴. 建立汽车金融服务体系之我见 [J]. 现代交通管理，2003（11）：13.

[108] 黄树博. 中国汽车产业国际竞争力研究 [D]. 北京：北京工商大学硕士学位论文，2008：44.

[109] Sumila Gulyani. Effects of Poor Transportation on Lean Production and Industrial Clustering：Evidence from the Indian Auto Industry [J]. World Development，2001，29（7）：1157-1177.

[110] 颜炳祥. 中国汽车产业集群理论及实证的研究 [D]. 上海：上海交通大学博士学位论文，2008：79.

[111] 陈建国，杨涛. 中国对外贸易的金融促进效应分析 [J]. 财贸经济，2005（1）：83-86.

[112] 范方志，张立军. 中国地区金融结构转变与产业结构升级研究 [J]. 金融研究，2003（11）：36-48.

[113] 傅雨梅. 试论产业结构调整中的金融支持 [J]. 现代经济信息，2009（10）：74.

[114] 韩筱笛. 促进浙江产业集群升级的区域金融发展探索 [J]. 特区经济，2009（5）：47.

[115] 潘慧明. 产业集群创新研究 [J]. 武汉科技学院学报，2006，19（5）：49-50.

[116] 曾祥林. 中国汽车工业技术创新模式选择研究 [D]. 长沙：湖南师范大学硕士学位论文，2010：16.

[117] 赵鹏飞. 我国汽车工业技术创新中存在的问题及对策 [J]. 湖北社会科学，2005（1）：71.

[118] 汤书昆，赵林捷. 安徽江淮汽车集团自主创新模式分析 [J]. 中国科技论坛，2007（7）：51.

[119] 王江，吕朋，巩顺龙. 我国汽车产业技术创新可行模式探析 [J]. 经济纵横，2009（9）：66-67.

[120] 阳芙蓉. 我国汽车工业几种技术创新模式的对比研究 [D]. 重庆：西南大学硕士学位论文，2008：31.

[121] 赵茗. 产业集群创新的政府责任 [J]. 青岛师范大学师范学院学报，2007，24（3）：25-28.

[122] 汪秀婷，管顺丰，胡树华. 中国汽车产业技术创新平台的构建[J]. 武汉理工大学学报（信息管理工程版），2002，24（6）：12-16.

[123] 余婷. 基于产业集群的技术创新及扩散系统分析 [D]. 武汉：华中科技大学硕士学位论文，2007：26-28.

[124] 姜义平. 基于产业集群的产业园区发展研究 [J]. 中国国情国力，2010（2）：63-64.

[125] 王晓雪，马锦华. 政府在产业集群发展中的作用 [J]. 经济论坛，2006（2）：5.

[126] 王雪丽. 政府在产业集群发展中的作用研究 [J]. 沿海企业与科技，2010（2）：23-24.

[127] 吴敬琏. 发展中小企业的几个方针性问题 [J]. 决策咨询通讯，2000（1）：46.

[128] 王虹，王红梅，丁荣娥. 从美国的科研创新环境看营造创新环境的重要性 [J]. 农业科技管理，2004（3）：21-23.

[129] 钱娟，郑文范. 我国政府在企业技术创新外部环境建设中的作用分析 [J]. 东北大学学报（社会科学版），2003，5（2）：88-89.

[130] 肖广岭，柳卸林. 技术创新环境建设应是政府工作的重点 [J]. 科技导报，2001 (2)：19.

[131] 窦虎. 基于产业集群发展的政府政策研究 [J]. 东岳论丛，2005 (5)：83.

[132] 于成英. 中日韩汽车产业比较研究 [D]. 延边：延边大学硕士学位论文，2002：34-35.

[133] 乜堪雄. 汽车产业集群效应与政府策略——基于重庆的实证研究 [J]. 工业技术经济，2008，174 (4)：5-6.

[134] 李正东，胡桂贤. 汽车产业政策与集中度——政府的角色定位[J]. 中国集体经济，2010 (6)：28.

[135] 万钢. 我国节能与新能源汽车发展模式的思考与探索 [J]. 交通与运输，2008 (2)：3.

[136] 张艳. 海外并购与中国汽车业的国际化 [J]. 经营管理者，2010 (6)：159.

[137] 景文. 北京扶持汽车电子企业 3 年建立汽车电子生产体系 [N]. 中国工业报，2004-08-06.

[138] 杜威. 国外汽车企业信息化发展综述 [J]. 汽车科技，2003 (2)：4-5.

[139] 张泉. 安徽汽车零部件产业发展战略研究 [D]. 合肥：合肥工业大学硕士学位论文，2009：35-36.

后 记

当我提笔写这篇后记时，感激之情油然而生。

首先要感谢我的博士后指导老师——吉林大学商学院博士生导师沈颂东教授。在我刚进入吉林大学应用经济学博士后流动站时，沈老师就对我提出了很高的要求，希望我不仅能够认真、扎实地学习产业经济学方面的基础理论知识，而且还要学会经济计量方法等分析工具，勇于用数字和数学模型来说明问题。在这之后，沈老师给我推荐了《产业组织理论与实践》（［美］唐·E.沃德曼、伊丽莎白·J.詹森著，李宝伟、武立东、张云译）等书籍，希望我的学术素养能够得到更大的提高。在博士后出站报告写作期间，沈老师给我提出了很多非常宝贵的指导意见，并时刻关心研究的进展和一些相关论文的写作。沈老师学术功底深厚，指导高屋建瓴，使我得以顺利地完成了出站报告的写作。我从沈老师身上所学到的东西已经远远地超越了学术，他将是我今后人生道路上永远的学习榜样。

我今天能够在区域产业结构优化研究道路上前行，要非常感谢我的博士生导师——东北师范大学东北研究院博士生导师宋玉祥教授。四年的博士学习生活，我逐渐了解了区域经济学并对其产生兴趣。宋老师治学严谨，为人宽厚谦和，在他的指导下，我对区域经济学的研究有了更深刻的认识。博士毕业后，宋老师非常关心我的科研，积极推荐我进入吉林大学应用经济学博士后流动站。没有宋老师的鼓励和支持，我是无法在学术上继续攀登的。在此，向宋老师表达最衷心的感谢和最美好的祝愿。

感谢我的工作单位——鞍山师范学院，给我提供了继续学习深造的机会，使我在愉快而紧张的工作环境中能够抓住难得的学习机会，并按照自己的兴趣和设想进行研究。在博士后出站报告写作期间，我的同事刘丹、安甜甜和黄海洋，他们帮助我收集了不少材料，并在图形和数据处理过程中给予了我很大的帮助，在此一并表示感谢。

在博士后流动站期间，要特别感谢一直默默支持和关心我的家人。我的妻子徐威女士对我的学习给予了巨大的支持，承担起了照顾老人和女儿的重担，使我能够全身心地投入到学习和工作中来。祝愿我的女儿在高中期间学习成绩优异，能够进入一所理想的大学。

作　者

2011 年 6 月